스스로 좋은 투자에 이르는
주식 공부

스스로 좋은 투자에 이르는 주식 공부

초판 1쇄 발행 2021년 1월 25일
초판 3쇄 발행 2022년 9월 23일

지은이 송선재

기획 장동원 이상욱
책임편집 오윤근　**디자인** 위하영
제작 제이오엘앤피

펴낸곳 워터베어프레스　**등록** 2017년 3월 3일 제2017-000028호
주소 서울시 마포구 성미산로 29안길 7 3층 워터베어프레스
홈페이지 www.waterbearpress.com
이메일 bookwaterbearpress.com
ISBN 979-11-961590-8-5 03320

＊ 책값은 뒤표지에 있습니다. 잘못된 책은 구입하신 곳에서 바꿔 드립니다.

INVESTMENT PRINCIPLES
투자의 원칙 02

베스트 애널리스트에게 직접 배우는
투자에 임하는 마음, 주식을 분석하는 기술
SONG SUN JAE

스스로 좋은 투자에 이르는
주식 공부

송선재(와이민) 지음

WATER BEAR PRESS

추천사

와이민의 『스스로 좋은 투자에 이르는 주식 공부』를 읽었습니다. 프롤로그의 커피숍 주인처럼 투자를 해 온 사람이 적지 않을 것이란 생각이 들었습니다. 그러나 주식 투자를 어떻게 공부하고, 어떻게 실천하고, 다시 어떻게 개선해서 공부의 사이클을 돌릴지 알기도 쉽지 않은 것 같습니다. 요즘 같은 유튜브 시대에는 정보를 알려주는 채널은 많아졌지만, 투자 방법론을 알려주는 채널을 찾기 쉽지 않거든요. 이 책은 그런 방법론들 중 가장 기본적인 것, 즉 공시 자료를 꼼꼼히 보는 방법부터 투자 대상 기업의 목표가를 산출하는 방법, 더 나아가 다양한 투자 팁(이라 쓰고 원칙이라 읽음)을 담고 있습니다. 평소 차분한 와이민의 성격을 알기 때문에 책도 차분한 어투이긴 하나, 곁에 오래 두고 찾아볼 책이라는 것은 분명하단 생각이 듭니다. 많은 분들이 투자를 이제 막 시작하거나, 혹은 성과가 좋지 않을 때 이 책을 보셨으면 좋겠습니다.

- 채상욱, 전 건설 분야 베스트 애널리스트, 『주식 부자 프로젝트』 저자

가끔 저에게 왜 책을 쓰지 않는지 물어 보는 분들이 종종 있습니다. 그런 분들에게 어떻게 대답을 해야 할지 궁색할 때가 많았는데, 이번에 확실한 답을 찾았습니다. 이 책보다 더 잘 쓸 자신이 없기 때문이고, 내가 하고 싶은 말이 이 책에 다 담겨 있기 때문이라고 말입니다. 제가 다시 유튜브 채널에 가치 투자 기초 강의 연재를 시작한다면 이 책을 1순위로 부교재로 사용할 것입니

다. 가치 투자에 있어서 갖춰야 할 요소 중 어느 하나 빠진 것이 없는 완벽한 교과서입니다. 저자는 투자에 성공하기 위해서는 '공부 → 실행 → 공부 → 실행'이라는 과정을 무한 반복해야 한다고 말하고 있습니다. 여기서 중요한 한 단어가 빠져 있습니다. 바로 '이 책으로'라는 단어가 말입니다. '주식 초보를 위한 23가지 조언' 부분은 너무나도 공감되어 붓글씨를 잘 쓰시는 분이 계시다면 그 분에게 부탁해서 병풍으로 만들어 우리 집 거실에 세워 놓고 싶을 지경입니다. 여러분이 읽은 주식 투자 관련 책 100권 중에 5위 안에 들어갈 책이라고 자신 있게 추천드립니다. 이 책으로 더 이상 책을 쓸 의지를 잃어 버렸습니다. 강추합니다.

- 김철광, 삼프로TV 출연 직장인 투자자, 네이버 주식 카페
〈보수적인 투자자는 마음이 편하다〉 대표 매니저

장기적인 투자 수익은 투입하는 지적 노력에 비례합니다. 하지만 올바른 원칙과 태도가 뒷받침되지 못한 노력은 오히려 커다란 실패를 가져올 수 있습니다. 건강한 투자의 기초를 다질 수 있도록 안내하는 최고의 책입니다. 일독을 권합니다.

- 박성진, 이언투자자문 대표, 『현명한 투자자의 인문학』 번역자

어떤 일이든 초보자에게 알기 쉽게 설명하는 것이 가장 힘듭니다. 두 가지 조건이 만족돼야 합니다. 첫째, 정말 잘 알고 있어야 합니다. 그래야 적절하게 예시를 들고 비교할 수 있습니다. 둘째, 애정을 갖고 있어야 합니다. 그래야 알기 쉬운 어휘와 유연한 문장을 이용해 필요한 내용을 빠짐없이 전개할 수 있습니다. 와이민의 글은 인사이트가 넘치면서도 꼼꼼하고 친절합니다. 투자자에 대한 깊은 애정을 느낄 수 있어 투자서지만 따뜻합니다. 재무제표를 보면서 항상 '왜'라는 질문을 해 보라는 말은 과거가 아닌 미래를 전망해야 하

는 투자자에게 중요한 경구라고 할 수 있겠습니다.

　　　　　　　　　　- 박종대, 소비재 분야 베스트 애널리스트, 하나금융투자

뿌듯함과 반성감!! 이야기꾼 와이민의 첫 저서를 읽어 내려가며 들었던 감정입니다. 기업공시 해석법과 같은 내용은 주식 투자의 기본인데도 친절한 설명을 접하기 힘듭니다. 저부터 너무 건성건성 설명했기에 드는 기분인 것 같습니다. 이 책을 처음부터 마지막까지 꼭꼭 씹어 소화시킨다면 '주식 농사짓는 법'을 깨우칠 수 있을 것입니다.

　　　　　　- 서준식, 숭실대학교 경제학과 교수, 전 신한BNP자산운용 부사장,
　　　　　　　　　　　　　　　　『다시 쓰는 주식 투자 교과서』 저자

저금리, 저성장, 그리고 전 국민 주식 투자 시대에 수년간 베스트 애널리스트로 선정된 실력이 입증된 저자가 주식 투자자에게 드리는 진정한 조언서입니다. 주식 투자 초보자, 충동 매매로 좌절하는 투자자, 그리고 안정적인 장기 고수익을 추구하는 투자자라면 반드시 읽어야 합니다.

　　　　　　　- 유병옥, 전업 투자자, 전 하나UBS자산운용 주식운용본부장

주식 투자는 인생과 같습니다. 생각지도 못한 행운이 찾아오기도 하지만, 준비가 안 된 상태에서 위기를 맞기도 합니다. 인생도 그렇지만 주식 시장에서 오랫동안 흔들리지 않고 살아남기 위해서는 튼튼한 기초 체력과 단단한 멘탈을 갖추어야 합니다. 나들이 하기도 어려운 시기에 『스스로 좋은 투자에 이르는 주식 공부』를 읽으며 주식 투자에 필요한 기초 체력을 다져 보는 것은 어떨까요?

　　　　　　　　　- 이건규, 르네상스자산운용 대표, 『투자의 가치』 저자

책에 이런 말이 있습니다. "스스로 투자의 본질에 다가가지 못한다면, 수없이 변화하는 투자 환경 속에서 중심을 잡기 힘듭니다." 제 아이들이 성년이 되면 이 책을 가장 먼저 읽힐 생각입니다. 스스로 투자의 본질을 찾아가는 데 이 책보다 더 적합한 책을 고르기 어렵다고 생각하기 때문입니다. 최고의 애널리스트인 저자의 경험과 조언이 담긴 이 책을 읽고, 성년이 되는 자녀들에게도 선물하십시오. 주식 시장을 황금알을 낳는 거위로 만드는 데 훌륭한 길잡이가 되어줄 것입니다.

- 정채진, 삼프로TV 출연 전업 투자자, 『운과 실력의 성공 방정식』 번역자

20권의 가치 투자 서적을 한 번에 읽은 효과를 볼 수 있다. 주식 투자를 대하는 마음가짐부터 기업 분석 방법과 포트폴리오 관리까지 어느 요소 하나 빠짐없이 꼼꼼하게 잘 정리되어 있다. 오랫동안 현업에서 훌륭한 성과를 낸 사람이 전하는 실전 이야기들은 현장감을 더한다. 적절한 톤 조절과 독자를 배려하는 눈높이를 갖춘 훌륭한 투자 입문서다. 이 책의 내용을 소화하지 못한다면 주식 투자를 안 하는 것을 권장하고 싶다.

- 홍진채 라쿤자산운용 대표, 『주식하는 마음』 저자

CONTENTS

추천사   4
프롤로그   12

---

1. 주식 투자도 공부가 필요하다   16

지속 가능한 여유로운 삶을 위한 준비   16
투자란 무엇인가?   21
복리 시스템을 구축하라   25
누구나 버핏이 되기를 원한다   29
투자는 기댓값의 예술이다   33
투자 실력과 아이디어의 실패를 구분하라   35

[와이민 콕!] 투자 공부를 하는데, 왜 투자 실력은 늘지 않을까?   39

2. 개념을 알면 투자의 길이 보인다   42

주식 투자, 어떤 방법으로 해야 할까?   42
가치 투자의 의미   44
가치란 무엇인가?   48
가치와 가격의 4분면을 이해하자   49
안전마진을 기억하라   51
능력 범위에 머물러라   54
안전마진 구현의 한 방법, 분산 투자   57
분산 투자냐, 집중 투자냐?   61
장기 투자를 해야 할까?   63

[와이민이 콕!] 가치 투자와 게으름 투자   69

3. 주식을 공부하지 말고, 기업을 공부하라   72

종목이냐, 기업이냐?   73
좋은 기업의 핵심은 좋은 사업이다   75
이익과 성장의 관계   79
경제적 해자를 찾아라   88
경영진에 주목하라   96

[와이민이 콕!] 가치 투자와 성장 투자의 구분은 무의미하다   107

4. 좋은 기업 찾기의 출발점, 사업보고서 — 114

재무 분석이 필요한 이유 — 114
사업보고서를 보는 법 — 115

[와이민 콕!] 투자자의 질문법 — 135

5. 기업 분석의 꽃, 재무제표 읽기 — 138

의외로 주석이 중요하다 — 138
현재와 흐름에 집중하라 — 149

6. 투자할 만한 기업을 골라내는 가치평가의 기술 — 166

어떤 자료를 보아야 하는가? — 167
기업 실적의 핵심 요소 찾기 — 172
가치평가를 통해 적정 주가 산정하기 — 173

[와이민 콕!] '3년에 2배'라는 질문의 힘 — 188

7. 가치평가를 할 때 주의해야 하는 것들 — 191

어떤 가치평가 방법을 선택할 것인가 — 191
가치평가는 수학이 아니다 — 192
비싸게 사는 것의 위험 — 197

[와이민 콕!] 사업과 가치평가의 관계 — 201

8. 기업과 주식을 연결하는 법   203

쯔위 팬, JYP를 사서 대박나다   204
주가 상승의 두 가지 동력   207
가치 흐름과 가격 흐름을 이해하라   210

[와이민 콕!] 투자 경험담 위주의 책은 어떻게 읽어야 할까?   223

9. 실전 투자에서 유용한 팁들   226

레버리지를 써야 할까?   226
자본의 질이 중요하다   228
자본의 성격에 맞춰 투자하라   231
고수의 의견에 너무 의존하지 마라   233
기대 수준을 낮출까, 기준을 낮출까   235
조바심을 경계하라   237
부처를 만나면 부처를 죽여라   239
원금을 유지할 것인가, 확대할 것인가   241
직장인으로서 200% 수익을 낸 단순한 비결   244
주식 초보를 위한 23가지 조언   247

에필로그   255
이 책에서 소개한 추천 도서 목록   258

프롤로그

집 근처에 자주 가는 커피숍이 있습니다. 프랜차이즈 커피숍이 넘쳐 나는 시기에 로스팅 전문가가 실력을 기반으로 창업한 개인 커피숍입니다. 바로 옆에 대형 프랜차이즈 커피숍이 3개나 있는데, 이 커피숍은 작고 인테리어가 오래되었음에도 커피 맛이 좋아서 단골을 대상으로 8년째 영업 중입니다.

하루는 커피숍에 손님이 없어서 사장과 1시간 정도 이런저런 이야기를 나눴는데, 본인의 주식 투자 경험담도 풀어놓더군요. 2017년부터 최근까지 주식 투자로 상당한 손해를 보고 주식을 끊었다고 했습니다. 2017년에 주식 시장이 좋았는데 손실을 봤다는 것이 의아해서 도대체 무슨 주식을 샀냐고 물었습니다. 주식 이름을 듣고 나니 이해가 갔습니다.

제가 커피숍 사장에게 아쉬웠던 건 투자할 주식을 선정한 과정이었습니다. 일단 그 주식이 무엇을 하는 기업의 주식인지 잘 모르더군요. 그래서 왜 샀냐고 물으니 주식 이야기를 하는 사람들이 모인 단톡방에 들어가 있는데, 거기서 누가 추천을 해서 샀다고 했습니다. 단톡방에 계신 분들은 수익을 냈냐고 물으니 입을 다물었습니다.

커피숍 사장이 한 실수는 많은 초보 투자자가 저지르는 실수입니다. 자신은 잘 모른다고 생각해 주변에 주식을 좀 했다는 사람들을 맹목적으로 신뢰하는 것이죠. 주식을 조금 했다는 사람들이 전문 용어(?)를 섞어서 말하면 신뢰도가 확 오르고, 어떤 주식으로 돈을 벌었다는 이야기까지 더해지면 욕망에 불이 붙습니다. 그리고 자신도 돈을 벌고 싶다는 생각에 그 사람이 추천한 종목과 매매 타이밍에 의존합니다.

이런 분은 보통 주식을 매매하는 아주 기본적인 방법만 배우고 주식 자체는 공부하지 않습니다. 기업이 어떤 일을 하고, 어떻게 돈을 벌고, 전망은 어떠하고, 주식 가격이 그것을 어떻게 반영하고 있는지 잘 모릅니다. 주식 가격이 올라 수익이 나면 다행이지만 하락하게 되면 판단 능력이 없으니 우왕좌왕합니다. 손실 구간에 들어가면 아쉬워하면서 손절매를 하지도 못하지요. 주식의 가치를 모르니 추천한 사람에게만 의지합니다. 정말 잘못된 투자 습관입니다.

펀드 가입을 제외하면, 개인이 주식을 잘하는 방법은 두 가지밖에 없습니다. 본인이 정말 열심히 공부해서 가치와 가격을 판단할 수 있는 능력을 갖추거나, 아니면 주변에 정말 뛰어난 가치 판단자가 있어서 그 사람과 긴밀하게 공조(?)하는 것이지요. 그런데 주변에 뛰어난 가치 판단자는 많지 않고, 있더라도 바쁘거나 잘 신경 써주지 않습니다. 그 정도의 실력자라면 본인 계좌를 관리하고 본인에게 금전적으로 도움이 되는 사람에게 신경을 더 쓰기 때문에 매 순간 연락이 닿지 않을 가능성이 높습니다. 즉, 주식 투자를 잘하기 위한 가장 현실적인 방법은 결국 자신이 직접 공부하는 것인 셈이죠.

주식 투자를 몇 년간 해 왔다고 해서 꼭 잘하는 것은 아닙니다. 경험이 실력을 의미하지는 않습니다. 투자의 원리를 이해하고 건전한 철학과 방법을 유지하는 것이 중요하지요. 솔직히 투자는 쉽지 않습니다. 어려우니까 투자로 돈을 번 부자가 적은 게 아닐까요? 여기서의 부자는 정당한 방법과 노력을 통해 부를 이룩한 특별한 소수를 의미합니다. 투자를 제대로 배우려면 당연히 어려운 것을 습득해야 합니다.

그러나 투자가 전문가만이 할 수 있을 정도로 복잡한 것은 아닙니다. 물론 아무런 노력 없이 가능할 만큼 손쉽지는 않지만, 방향을 잘 잡고 체계적으로 노력하면 충분히 도전할 수 있습니다. 꼭 복잡한 자료를 해석할 전문 능력이 있거나 일반인은 볼 수 없는 숨겨진 자료에 접근할 수 있어야만 투자를 잘 하는 것은 아닙니다. 그래서 초보 투자자에겐 투자를 단편적으로 아는 것보다 기초를 잡는 게 더 중요합니다. 투자의 기초는 앞으로 맞닥뜨릴 수 있는 수많은 상황에서 의사결정의 기준이 되어 줄 것입니다. 기초를 충분히 닦지 않고 기술만 배우면 언젠가 위기가 왔을 때 대응하지 못하고 허둥지둥하게 됩니다. 빨리 하고 싶은 조급함을 버리고 투자의 기초를 닦아야 합니다.

이 책은 바로 그 건강한 기초에 집중합니다. 그 기초를 9가지로 나누어 차근차근 다루어 나갈 예정입니다. 1장은 투자란 무엇이고, 돈의 원리와 투자를 잘한다는 것의 의미를 살펴보겠습니다. 2장에서는 기업의 가치를 평가하는데 있어서 기본 개념들인 가치와 가격, 안전마진 등에 대해 알아보고, 3~5장에서는 좋은 기업을 발견하기 위한 방법들을 살펴볼 것입니다. 6장과 7장에서는 좋은 기업의 적정주가를 어떻게 산정할 것인가와 관련하여 자료를 조사하고 보는 법, PER와 PBR 등 가치평가 방법들에 대해 알려드릴 것입니다. 8장에서는 기업과 주식을 연결하는 법, 마지막으로 9장에서는 그 밖에 실전 투자에서 유용한 팁들을 말씀드리겠습니다.

이 글을 읽고 있는 분은 어려운 과정을 이겨내고 부자가 되고자 하는 돈에 대한 의지가 강한 분일 것입니다. 돈에 대한 의지라고 표현하니 세속적으로 들리지만, 솔직한 표현입니다. 부자가 되겠다는 의지가 중요합니다. 이런 의지가 있어야지 책도 찾아 읽고, 강의도 챙겨 듣고, 고수를 쫓아가서 배웁니다. 자신의 성향을 제대로 알고, 돈에 대한 의지가 있다면 '자신에게 꼭 맞는 돈 버는 재주'를 배울 수 있다고 확신합니다.

이미 이 책을 선택하신 분은 다들 그런 의지가 충만하고, 상당수는 이미 초보나 중수 투자자일 거라고 생각합니다. 어떤 정보에 목말라 하실지 다시 한번 생각하니 글을 쓰는 데 더 큰 무게감이 느껴집니다. 제 글이 미칠 수 있는 영향을 생각하니 더욱 신중하게 됩니다. 초보 분도 따라올 수 있도록 최대한 쉽고, 도움이 되는 글을 쓰겠다고 수십 번 다짐하면서 내용을 고쳐 썼습니다. 모쪼록 이 책이 투자할 때 좋은 나침반이 될 수 있다면 더할 나위 없이 행복하겠습니다.

회사 일을 마친 늦은 밤과 주말에 책을 쓰느라 소홀할 수밖에 없었던 가정을 든든히 지켜주고 큰 응원을 해 준 현명한 아내 심춘희와 세상에서 가장 사랑하는 아들 송여민(a.k.a 와이민), 그리고 저를 세상에 존재하게 해 주신 부모님과 형·동생, 장인·장모, 처가 식구들에게도 고마움을 전합니다. "당신들이 저를 채워줍니다 You complete me."

와이민(송선재)
2021년 1월

1

주식 투자도 공부가 필요하다

지속 가능한 여유로운 삶을 위한 준비

먼저 제 가까운 지인 A의 사례로 이야기를 시작하겠습니다. 대기업에서 부장급인 직장인의 평균 연봉은 약 9,400만 원 정도라고 합니다. A는 최근에 부장을 달았으니 연봉이 약 9,000만 원 정도일 겁니다. 국민연금, 건강보험, 근로소득세 등을 제외하면 연간 실수령액은 7,500만 원 정도일 것이고, 이를 월급으로 계산하면 630만 원 정도입니다. 결코 적은 금액이 아닙니다.

그런데 A는 늘 재정난에 허덕입니다. 집은 반전세고 월세로 100만 원을 지출합니다. 매달 외제차 두 대의 렌트 할부금을 내고 있습니다. 자녀 교육비로 월간 100만 원 넘게 지출하고 있고, 통신비용과 부모님 용돈 등 기타비로 월 50만 원 정도가 고정으로 나갑니다. 결국 월급 630만 원 중에서 자유롭게 지출 가능한 금액은 230만 원 정도밖에 안 됩니다. 밥을 먹고 옷을 사는 등의 생활비로 월 200만 원 정도를 쓴다고 하면, 월 630만 원을 벌어도 저축이나 투자를 할 여유가 생기지 않습니다.

A는 '인생은 욜로YOLO'라고 생각합니다. 하고 싶은 것은 꼭 해야 직성이 풀리고, 소위 '가오'를 중요시하는 성격이죠. 해외 여행을 가면 좋은 호텔에 머물고 싶어 하고, 제가 옆에서 가성비를 따지고 그러면 조잔하다고 합니다. 전 삶의 다양성을 존중하고, 저와 다른 삶이 '틀리다'고 생각하지 않습니다. 다만, 전 A가 좀 걱정이 되긴 합니다.

이런 삶의 방식은 끊임없이 현금흐름이 발생하면 상관없습니다. A의 현금흐름의 원천은 직장이고, 상대적으로 안정적인 대기업 직원입니다. 게다가 부장이라 지금은 현금흐름이 넉넉한 편이죠. 그런데 대기업 임원이 되기는 굉장히 어렵습니다. 보통 부장급에서 10년 정도 머무르다가 임원이 되지 못하면 한직으로 물러나거나 퇴직 압력에 처하는 경우가 많습니다. 그렇다면 A는 향후 10년 동안 평균 월 700만 원의 현금 유입이 발생할 것이라 가정할 수 있습니다. 뭐, 나쁘지 않습니다.

그런데 그 이후는요? 자녀가 대학에 들어가면 학비가 확 올라갑니다. 퇴직 후에도 평균 20~30년 정도 더 삽니다. 이때 만약 현금 유입이 없다면 어떻게 될까요? 인생에는 수많은 변수가 도사리고 있습니다. 우리는 몇 번의 금융 위기를 통해 국가와 직장이 자신을 지켜주지 않는다는 사실을 경험했습니다.

제가 투자에 있어 좋아하는 말 중 하나가 '미래는 알 수 없고 우리의 앎은 한계가 있다'입니다. 인생도 똑같습니다. 미래는 알 수 없고, 우리 능력은 한계가 있습니다. 직장에서는 뛰어난 능력이 그 울타리를 벗어나면 아무런 쓸모가 없는 경우가 많습니다. 직장에 상관없이 삶을 영위하는 데 불편함이 없는 금수저라면 괜찮겠지요. 하지만 금수저는 극히 소수입니다.

저는 A에게 현금흐름이 좋을 때, 지출을 다이어트를 해 보라고 제안했습니다. 정말 필요한 지출인지 고민해 보고, 다른 방법으로 그 지출을 대신할 수 있는 방법을 생각해 보라고 말이죠. 월세를 내는 대신 대출로 집을 사고 대출 이자를 내는 게 현실적으로 더 쌀 거라고 말했고, 차를 꼭 두 대 가져야 할 필요성이 있는지 물었습니다. 또 자녀 교육비를 줄이라고 했습니다. 미래는 지식보다 지혜가 우선인 사회가 될 거라고 봅니다. 단순 지식 전달 교육은 줄일 필요가 있습니다. 이 정도만 줄여도 한 달에 130만 원이 절감됩니다. 여기서 남은 돈으로 저축을 하여 투자에 나서면 어떨까 합니다. 어떻게 될지 모를 미래를 위해서요.

<현재>	
월 실수령액	630만 원
(-)월세	100만 원
(-)관리비	30만 원
(-)차량 할부금	120만 원
(-)교육비	100만 원
(-)기본 지출비	50만 원
자유 지출가능 금액	230만 원
월 지출	230만 원
저축	0만 원

<지출 다이어트>	
월 실수령액	630만 원
(-)대출이자	80만 원
(-)관리비	30만 원
(-)차량 할부금	60만 원
(-)교육비	50만 원
(-)기본 지출비	50만 원
자유 지출가능 금액	360만 원
월 지출	230만 원
저축	130만 원

매달 130만 원을 저축하면, 1년 저축액이 1,560만 원이 됩니다(약간의 이자가 있다면 조금 더 많겠지만, 요즘 은행 이자는 너무 낮지요). 1년 차 저축액 1,560만 원부터 투자를 시작하면 됩니다. 연간 5% 수익을 낼 수 있는 투자법을 공부하고 실행하면, 1년 차 저축액 1,560만 원은 2년 후에 1,638만 원으로 불어나 있을 것입니다. 그 기간에 다시 1,560만 원을 저축할 수 있습니다. 1년 차 저축액의 2년 차 투자 수익 금액인 1,638만 원과 2년 차 저축액 1,560만 원을 다시 5% 수익으로 투자를 하면 3년 차에 각각 1,720만 원, 1,638만 원으로 늘어나 있을 것입니다. 3년 차에도 매달 130만 원을 저축하면 저축액은 1,560만 원이 됩니다. 이런 식으로 저축과 투자를 병행하면, 5년 후 자산은 8,620만 원으로 늘어나 있을 것입니다. 5년 후 자산 8,620만 원 중 저축액은 7,800만 원이고, 투자 수익은 820만 원입니다.

(단위: 만 원)

	1년	2년	3년	4년	5년	20년 후
1년차 저축액	1,560	1,638	1,720	1,806	1,896	3,942
2년차 저축액		1,560	1,638	1,720	1,806	3,754
3년차 저축액			1,560	1,638	1,720	3,576
4년차 저축액				1,560	1,638	3,405
5년 차 저축액					1,560	3,243
누적 합산액	1,560	3,198	4,918	6,724	8,620	51,583
총저축액	1,560	3,120	4,680	6,240	7,800	31,200
투자 수익		78	238	484	820	20,383

이것을 20년 동안 한다면 어찌 될까요? 1년 차 저축액은 매년 5% 수익을 내고 20년 후에는 3,942만 원이 되어 있을 것이고, 2년 차 저축액은 3,754만 원이 되어 있을 것입니다. 같은 방법으로 19년 차 저축액까지 투자를 할 수 있습니다. 그리고 20년 후에도 매달 130만 원을 저축하여 저축액은 1,560만 원을 모을 수 있습니다. 20년 동안 꾸준히 저축과 투자를 한 결과, 총자산은 5억 1,583만 원이 되고, 그중 총저축액은 3억 1,200만 원, 투자 수익은 2억 383만 원이 됩니다. 어떤가요? 이 정도 금액이면 이젠 은퇴하고도 충분히 욜로 생활을 즐길 수 있을 것입니다. 중간에 임원이 되지 못하고, 10년 후 퇴사를 한다고 하더라도 1억 9,622만 원의 자금이 모여 있을 테니까요.

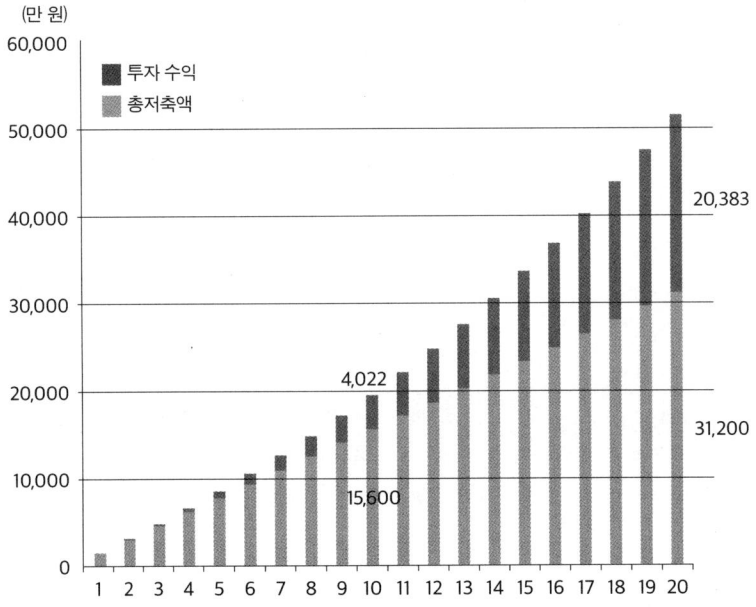

제가 A에게 조언을 한 이유는 욜로라는 삶의 방식을 포기하게 만들기 위함이 아닙니다. 원하는 삶의 방식을 은퇴 후에도 유지할 수 있게 돕기 위해서였습니다. 우리의 삶은 길고, 그 삶을 위한 경제적 자원이 필요합니다. 현재의 즐거움을 조금 줄이고, 매달 저축액을 늘려 자금을 만들어서 투자를 시작해 보세요. 지금부터 하실 투자 공부는 미래의 안락함을 위한 것입니다.

투자란 무엇인가?

주식 투자에 대해 이야기하기 앞서, 먼저 좀 더 넓은 의미에서 '투자'란 무엇인지에 대해서 생각해 보려고 합니다. 사전에서 '투자'를 찾으면 "장차 얻을 수 있는 수익을 위해 현재 자금을 지출하는 것"이라고 되어 있습니다. 즉, 투자란 더 나은 미래를 위해 현재의 효용을 뒤로 미루는 것입니다.

이 말이 와닿지 않는 분이 많을 것 같아 제이 파파산Jay Papasan이란 미국의 부동산 업자가 소개한 '돈의 흐름The Path of Money'이란 제목의 슬라이드 한 장을 통해 돈이 어떻게 흐르고, 왜 투자를 해야 하는지 이야기하려고 합니다. 참고로, 제이 파파산은 게리 켈러Gary Keller와 함께 『백만장자 부동산 투자자The Millionaire Real Estate Investor』라는 책을 써서 『뉴욕타임스The New York Times』 베스트셀러 작가가 되었고, 아래 슬라이드도 이 책의 내용입니다.

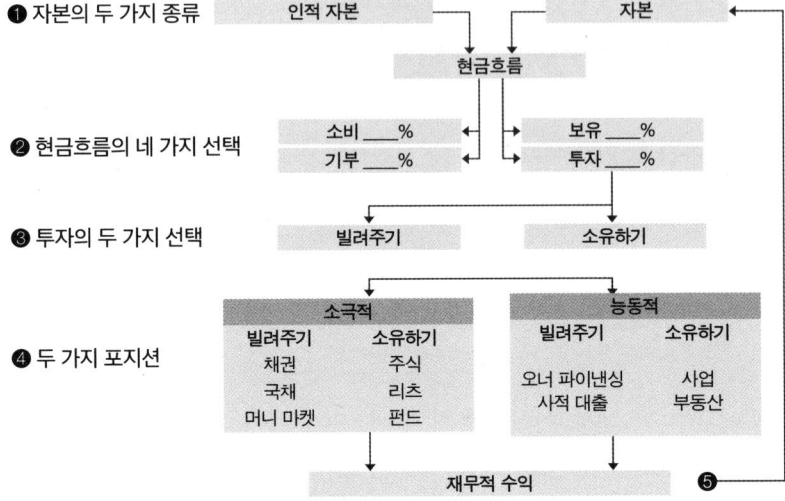

출처: Jay Papasan, Wealth Building with the One Thing & the Millionaire Series

대부분의 사람에게 돈이 나오는 원천은 두 가지입니다. 돈을 벌기 위해 일하는 것, 즉 인적 자원Human Capital과 돈이 사람을 위해 일하는 것, 즉 자본Capital Assets입니다. 이 두 가지 원천에서 나온 돈을 여기선 '현금흐름Cash Flow'이라고 부릅니다.

우리가 현금흐름을 가지고 할 수 있는 일은 보통 네 가지입니다.

1. 돈을 쓴다.
2. 돈을 기부한다.
3. 돈을 보유한다.
4. 돈을 투자한다.

위 네 가지 선택지 중에서 '투자'를 제외하고는 모두 현금흐름이 멈추게 됩니다.

투자를 선택하게 되면 다시 두 가지 선택과 맞닥뜨리게 됩니다. 돈을 빌려줄 수도 있고, 소유할 수도 있습니다. 그리고 그 두 가지 선택 모두 또다시 두 가지 선택지로 나뉘죠. 소극적passive이냐 적극적active이냐입니다. 이는 돈의 흐름에 지배권을 행사할 수 있느냐와 관련 있습니다.

소극적으로 돈을 빌려주는 대표적인 방법은 채권bonds을 사는 것입니다. 채권을 사는 행위는 국가, 지방정부, 기업에게 돈을 빌려주는 행위이죠. 돈을 빌려준 쪽은 확정 이자를 받고, 빌린 쪽은 이를 활용해서 추가 수익을 창출합니다.

소극적으로 소유하는 방법은 주식stocks, 리츠reits, 펀드funds에 투자하는 것입니다. 여기서 주목할 점은 주식이 '소극적' 소유의 한 형태라는 것입니다. 소유자로서 기업의 경영과 주가의 흐름에 영향을 줄 수 없기 때문입니다. 의아한 분이 있을 것입니다. 주식은 당연히 적극적인 투자라고 생각하기 쉬우니까요. 하지만 여기서 말하는 '소극적'이라는 것은 의사결정의 영향을 기준으로 구분한 것이니 헷갈리지 마세요.

적극적으로 돈을 빌려주는 방법으로는 오너 파이낸싱owner financing 같은 것이 있습니다. 오너 파이낸싱은 부동산을 팔기 어려울 때, 매도자가 매수자에게 일부 돈을 높은 이자로 빌려주는 것이죠. 쉽게 말하면, 일부 돈을 받고 소유권을 넘기면서 나머지 돈은 높은 이자로 추후에 받는 것이라 할 수 있습니다. 채권과 같이 낮은 이자에 만족하지 못하고, 좀 더 높은 이자를 위해 위험이 큰 사적 대출private lending을 하는 경우도 있습니다.

적극적 소유는 사업을 하거나 부동산에 투자하는 행위입니다. 부동산과 주식에 투자하는 것이 똑같은데, 왜 부동산은 적극적이고 주식은 소극적이냐고 물을 수 있습니다. 부동산은 소유자로서 가치를 향상시키기 위한 적극적인 개입, 예를 들면 대대적인 인테리어 시공이 가능하기 때문입니다.

투자는 재무적 수익financial returns으로 돌아옵니다. 그리고 이 재무적 수익은 다시 처음 단계인 돈의 원천으로 올라가 앞서 살펴본 두 개의 원천 중 자본을 형성하게 됩니다. 돈의 원천은 현금흐름을 만들고, 이 현금흐름 중 일부가 네 가지 선택 중에서 투자로 흘러 들어가게 되면 다시 재무적 수익을 만드는 사이클을 지속하게 됩니다. 이 사이클을 '복리수익 사이클cycle of compounding returns'이라고 부릅니다. 지속적으로 재투자re-invest되는 것이죠.

여기가 투자하는 사람이 목표로 하는 티핑 포인트tipping point입니다. 티핑 포인트란, 작은 변화들이 지속적으로 쌓인 후 작은 변화가 하나만 더 추가되어도 갑자기 큰 영향을 초래할 수 있는 상태를 말합니다. 즉, 복리수익 사이클이 지속되면서 자본이 만들어 내는 돈이 인적 자원이 만들어 내는 돈보다 많아지는 시기가 옵니다. 이를 '경제적 자유'라고 부릅니다.

복리수익 사이클의 핵심은 투자자가 돈에게 어디로 가야 할지를 말해야 한다는 것입니다. 돈의 흐름이 원천으로부터 발생해서 멈추지 않고 투자의 단계로 흘러 들어간다고 할 때, 여러 선택지 중에서 어떤 선택지에 얼마만큼의 비중으로 돈을 투자하여 수익을 추구할지 돈의 주인인 투자자가 스스로 방향을 정해야 한다는 것이죠. 이를 위해서는 역시 돈에 대한 올바른 철학과 여러 선택지 그리고 현명한 선택이 필요합니다.

복리 시스템을 구축하라

제이 파파산의 슬라이드처럼, 우리는 현금흐름을 놓고 언제나 '소비'와 '투자'의 갈림길에서 고민하게 됩니다. 나 자신 혹은 소중한 사람들과의 행복한 현재를 위해 소비하는 것도 의미 있는 일이지만, 미래의 더 큰 행복을 위해 현재의 불편을 감수하는 것을 선택할 수도 있습니다. 미래를 위해 투자를 한다고 결정했다면, 이제 현금흐름이 어디로 가야 하는지를 결정해야 합니다.

투자용 현금흐름의 방향을 결정하는 일은 자신의 능력과 기대 수익, 그리고 위험의 수용도에 따라 달라집니다. 본인이 현금흐름을 적극적으로 운용할 능력이 되지 않는다면, 타인에게 돈을 빌려주고 이자 수익으로 만족할 수 있습니다. 이는 기대 수익이 낮지만 다양한 법적, 물적 장치로 원금을 받을 수 있기 때문에 위험도가 낮은 편입니다.

주식 투자도 기본적으로는 타인에게 돈을 빌려주는 행위입니다. 그 타인이 사업을 운영하는 것이고, 원금 상환과 이자를 확정받지 않고 사업 운영을 통해 창출한 이익을 지분의 비율대로 돌려받는 것입니다. 사업을 운영할 능력이 필요하지는 않지만, 좋은 사업과 운영하는 사람의 능력을 분별할 수 있어야 합니다.

현금 대여를 통한 이자 수익이든지, 주식 투자를 통한 이익 배분이든지 결국 우리가 투자한 돈은 현금을 만들어 냅니다. 그 현금은 다시 자본을 형성하게 되고, 우리는 그 자본을 가지고 소비냐 투자냐의 의사결정과 투자처 선택을 하게 됩니다. 그러한 활동의 반복이 투자라는 사이클이고, 중간에 큰 소비를 통한 투자 재원의 고갈 혹은 유출이 없다면 이 사이클은 그 크기가 점점 커집니다. 그것이 '복리 수익'의 흐름입니다. 투자자의 궁극적인 목표는 이 복리 수익 사이클이 충분히 커지는 것입니다.

결국 투자라는 의사결정의 핵심은 이 복리 수익 사이클을 작동시키는 시작 버튼을 누르는 겁니다. 인적 자원과 자본을 통해 창출된 현금흐름을 소비하는 대신 투자를 선택하면 복리 수익 사이클이 시작될 수 있습니다. 시작이 없으면 사이클도 없습니다. 복리 수익 사이클의 시작을 위해서는 투자라는 의사결정을 할 수 있는 동기와 그 동기가 지속될 수 있는 의지가 필요합니다.

물론, 복리 수익 사이클의 시작 버튼을 눌렀다고 다 끝난 것은 아닙니다. 우리는 최종적으로 가능한 가장 큰 원을 그리고 싶어합니다. 원의 크기를 결정하는 것은 한 사이클을 얼마나 빨리 도느냐와 얼마나 크게 도느냐, 그리고 그 사이클을 얼마나 오래 지속하느냐 입니다. 얼마나 빨리 도느냐는 회전율과 관련이 있고, 얼마나 크게 도느냐는 원금이 창출하는 평균 수익률이며, 얼마나 오래 지속하느냐는 이를 가능한 길게 반복할 수 있어야 한다는 것입니다.

이 점이 중요합니다. 한 사이클을 가능한 한 빨리 그리고 크게 돌아야 하고, 그 사이클을 오랜 시간 동안 유지할 수 있어야 합니다. 결국 이는 투자 능력과 연관이 있는 것이죠. 우리는 앞으로 이 능력을 키우는 법을 배울 것입니다.

복리의 중요성에 대해서는 아래 표를 통해서 설명해 보겠습니다.

(단위: 만 원)

경과년수	5%	6%	차이 (6%-5%)	10%	차이 (10%-5%)	10% (10년 차 실수)	차이 (10%-실수10%)
0	1,000	1,000	0	1,000	0	1,000	0
1	1,050	1,060	10	1,100	50	1,100	0
2	1,103	1,124	21	1,210	108	1,210	0
3	1,158	1,191	33	1,331	173	1,331	0
4	1,216	1,262	47	1,464	249	1,464	0
5	1,276	1,338	62	1,611	334	1,611	0
6	1,340	1,419	78	1,772	431	1,772	0
7	1,407	1,504	97	1,949	542	1,949	0
8	1,477	1,594	116	2,144	666	2,144	0
9	1,551	1,689	138	2,358	807	2,358	0
10	1,629	1,791	162	2,594	965	2,122	-472
11	1,710	1,898	188	2,853	1,143	2,334	-519
12	1,796	2,012	216	3,138	1,343	2,568	-571
13	1,886	2,133	247	3,452	1,567	2,825	-628
14	1,980	2,261	281	3,797	1,818	3,107	-690
15	2,079	2,397	318	4,177	2,098	3,418	-759
16	2,183	2,540	357	4,595	2,412	3,760	-835
17	2,292	2,693	401	5,054	2,762	4,135	-919
18	2,407	2,854	448	5,560	3,153	4,549	-1,011
19	2,527	3,026	499	6,116	3,589	5,004	-1,112
20	2,653	3,207	554	6,727	4,074	5,504	-1,223
투자금 대비			55%		407%		122%

최초 1,000만 원이라는 돈을 가지고 투자를 시작한다고 가정해 보겠습니다. 1년 후 연간 5%의 수익률을 내는 사람과 연간 6%의 수익률을 내는 사람 간의 부의 차이는 10만 원에 불과합니다. 하지만 그 차이는 시간이 지날수록 늘어납니다. 10년 후에는 162만 원, 20년 후에는 554만 원의 차이가 납니다. 만약 6%가 아닌 10% 수익률이라면 차이는 훨씬 커집니다. 20년 후 10% 수익률은 6,727만 원으로 5% 수익률보다 무려 4,074만 원이 많습니다. 앞에서 설명한 원을 크게 도는 것과 오래 지속하는 것이 중요하다는 말이 이해가 되시는지요?

그런데 여기서 또 하나 말씀드리고 싶은 것이 있습니다. 중간에 손실을 보지 않는 것이 중요합니다. 10% 수익률을 내는 사람이 만약 10년 차에 딱 한 번 10% 손실을 봤다고 가정하면, 손실을 내지 않은 사람과 차이가 큽니다. 손실 없이 20년이 경과하면 10% 수익률은 6,727만 원이지만, 10년 차에 한 번 손실을 본 사람은 5,504만 원을 가지게 됩니다. 차이가 무려 1,223만 원, 즉 원금보다도 많은 차이입니다.

복리 수익 사이클에서 중요한 개념을 다시 한번 정리해 보겠습니다. 성경의 욥기 8장 7절을 기억하시면 됩니다. "네 시작은 미약하였으나 네 나중은 심히 창대하리라." 네, 성경은 복리를 말한 것이 아니지만, 이 말만큼 복리의 중요성을 잘 나타내는 문장은 없을 것입니다. 복리는 시간이 많으면 많을수록 더 커지는 눈덩이와 같습니다. 세계 최고의 투자자인 버핏의 나이가 많다는 것도 생각해 볼 문제입니다. 버핏이 단명했다면, 버핏은 오늘날의 부와 명예를 일구지 못했을 것입니다. 버핏은 뛰어난 능력을 가지고 오래 살았기 때문에 세계 최고가 된 것입니다. 마지막으로 강조하고 싶은 것은 수익률도 중요하지만, 잃지 않는 것도 상당히 중요하다는 것입니다.

결국 투자자로서 우리가 해야 할 것은 다음과 같습니다.

- 가능한 투자금 seed money을 빨리 모은다.
- 복리 효과를 누릴 수 있게 가능한 빨리 투자를 시작한다.
- 작은 수익률 차이가 나중에는 가용 자금의 큰 차이를 불러 일으키니 작은 수익률을 우습게 보지 않는다.
- 복리 효과가 끊기지 않게 중간에 손실이 나지 않게 한다.

누구나 버핏이 되기를 원한다

투자 천재인 워런 버핏 Warren Buffett은 주식 투자를 전혀 모르는 일반인도 알고 있는 유명인입니다. 한때 세계 부호 순위 1위를 하기도 했고, 코카콜라, 아메리칸 익스프레스, 애플 등 우리가 잘 아는 유명 기업의 주주이기도 하지요. 워런 버핏이 투자에 대해 언급한 어록은 수많은 책으로 출판되었고, 투자를 한다는 사람들은 웬만하면 그를 존경하는 투자자 1순위로 꼽습니다.

1965년부터 2017년까지 그의 연평균 수익률(버핏의 회사인 버크셔 해서웨이의 주당순자산 시장 가치 기준)은 20.9%로 S&P 500 지수(미국의 우량주 500종목을 대상으로 작성하는 주가 지수)의 수익률 9.9% 대비 2배 이상의 성과를 거두었습니다. 1965년 S&P 500 지수에 100달러를 투자했다면 그 돈은 2017년 약 15,000달러로 증가했겠지만, 만약 워런 버핏이 이끄는 버크셔 해서웨이에 100달러를 맡겼다면 그 돈은 무려 240만 달러로 증가했을 것입니다. 연간 11.0%의 수익률 차이가 53년간 지속되면서 1965년 워런 버핏과 시장에 동일하게 투자한 원금은 2017년 말 기준으로 155배의 차이가 나게 됩니다.

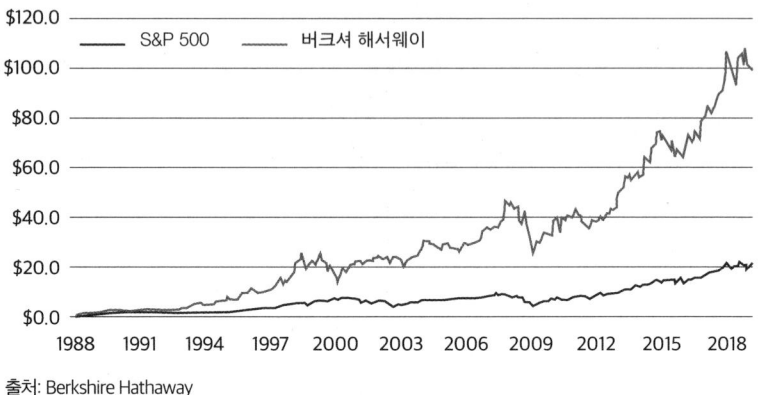
출처: Berkshire Hathaway

　1965년 당시에 일반인이 버크셔 해서웨이에 투자하기는 어려웠을 것입니다. 대신 일반인이 투자할 수 있었던 버크셔 해서웨이의 A주식(버크셔 해서웨이의 주식에는 A주식과 B주식이 있다)을 1990년 상장 당일에 샀다면, 2018년 말 기준으로 그 주식은 43배 상승했을 것이고, 이는 S&P 500 지수와 6배 이상의 차이가 납니다.

　워런 버핏이 그토록 유명한 이유는 이처럼 그가 투자만으로 엄청난 부를 일구었다는 사실 때문일 것입니다. 일반 투자자에게 '아, 투자만으로도 저렇게 부자가 될 수 있구나. 나도 저 사람의 투자법을 공부해서 부자가 돼야지'라는 강력한 동기 부여를 해 줍니다.

　심지어 그의 투자법은 쉬워 보이기까지 합니다. 버핏의 투자 철학은 "능력 있고, 정직한 사람이 경영하는 훌륭한 기업을 합리적인 가격으로 매수해서 장기로 투자한다"는 것입니다. 언뜻 보면 단순한 이 투자법으로 세계 최고의 부자까지 되었다? 누구에게나 매력적인 가능성을 열어 줍니다.

하지만 우리는 버핏이 아닙니다. 버핏은 뛰어난 천재 투자자인 동시에 사업가로서 사람을 보는 능력이 있습니다. 엄청난 자본을 가지고 있지만 인수 기업의 경영에는 관여하지 않아 좋은 기업들이 알아서 찾아옵니다. 현실적으로 현재의 워런 버핏은 일반인이 접근 불가능한 배경을 많이 가지고 있습니다.

그렇다면 버핏의 투자 성과를 배울 수 없는 것일까요? 아닙니다. 현재 워런 버핏의 배경은 잊고 버핏의 투자법에만 초점을 맞추면 됩니다. 가장 좋은 방법은 '투자자로서의 버핏'을 따르고 그의 철학을 받아들이되, 구체적인 실행 방법은 본인에게 맞는 것을 스스로 체득해 나가면 됩니다. 단, 실행 방법론은 철저히 투자 철학 안에서 움직여야 합니다.

많은 분이 철학과 방법을 혼동하여 방법을 철학이라고 오해하는 우를 범하곤 합니다. 투자를 하기 전에 반드시 원리, 철학, 방법을 명확하게 구분해야 합니다.

투자 원리는 말 그대로 투자란 무엇인가에 대한 기본 정의이고 진리입니다. 구체적으로 정의하기는 힘들지만, 기본적으로 돈을 버는 원리는 똑같습니다. 가치 대비 가격이 매우 저렴한 것을 사서 가격이 가치를 반영할 때까지 기다리면 됩니다. 그 과정에서 가치를 보는 눈과 가치 대비 가격이 현저히 저렴한가에 대한 판단, 그리고 가격이 가치를 반영할 때까지 기다릴 수 있는 인내심 등이 필요합니다. 이는 주식, 부동산, 채권 등 모든 투자 자산에 적용되는 기본 원리이고, 주식을 성장주, 자산주, 턴어라운드주 등 세부적으로 나눈다고 해도 모두에 적용되는 일반적인 내용입니다. 즉, 투자의 원리를 부정하는 사람은 아무도 없고, 그러하기에 투자의 기본 원리에 대한 이해는 필수입니다.

투자 철학은 자신이 지향하는 바입니다. 투자의 철학은 진리가 아닌 믿음이요, 자신의 선택입니다. 저는 가치 투자를 믿고 선택했습니다. 다른 누군가는 모멘텀 투자를 믿고 그걸 하실 수 있습니다. 다른 누군가는 단타 매매를 믿습니다. 저는 그 방법이 잘못되었다고 생각하지 않습니다. 투자의 원리는 진리지만, 그 원리를 실행하는 철학은 다양할 수 있습니다.

결국 투자를 공부한다는 것은 투자의 원리를 이해하고, 그 원리를 실행하는 철학을 선택하고, 그 철학을 구현하는 세부 방법의 다양함을 이해하려는 노력을 뜻합니다. 초보 투자자들이 하는 실수 중에 하나가 세부 방법에만 매몰되어 그 방법 상위에 있는 철학이나 원리는 소홀히 여기는 것입니다. 하지만 제 경험상 투자 성과의 차이는 결국 '방법 → 철학 → 원리'의 순서가 아닌 '원리 → 철학 → 방법'의 순서로 결정되는 것 같습니다.

관련하여 읽을 책은 『스위스 은행가가 가르쳐주는 돈의 원리The Zurich Axioms』입니다. 이 책은 뛰어난 은행가이자 투자자를 아버지로 두고 있고, 본인 스스로도 은행가로 활동하고 있는 막스 컨터Max Gunther라는 사람이 아버지와 주변 부호, 그리고 본인의 경험을 토대로 돈의 원리를 설명하고 있는 책입니다. 12가지의 원리와 16가지의 보조 원리가 투자의 기본 철학을 다지는 데 도움이 됩니다.

투자는 기댓값의 예술이다

제가 투자 초기에 선배들에게 많이 듣던 이야기가 "투자는 과학이 아니고, 예술이다"라는 말이었습니다. 저는 그 당시에는 투자가 기업의 재무제표를 보고, PER, PBR, DCF 등의 가치평가 방법을 통해 적정 주가를 산출하는 과학이라고 생각했기 때문에, 선배들의 이런 말에 상당한 반발이 있었습니다. 그 선배들을 증권업계에서 소위 '마바라(증권가 은어로 실력이 없고 남에게 흔들리는 하수)'라고 부르는 부류로 생각하기도 했습니다. 그렇지만 지금 돌이켜보면, 제가 한참 하수였습니다.

저는 투자가 과학이 아니라는 것을 뒤늦게 깨달았지만, 이 글을 읽고 있는 여러분은 저보다 빠르게 이해할 수 있을 것입니다. 만약 투자가 과학이었다면, 세계 최고의 부자들은 높은 아이큐를 가진 천재나 과학자로 채워져 있을 것입니다. 하지만 아이작 뉴턴Isaac Newton은 남해 버블에서 크게 실패했고, 미국이 낳은 천재 경제학자였던 어빙 피셔Irving Fisher는 "주가가 더 이상 떨어질 수 없는 고원에 이르렀다"라는 말을 하고 며칠 지나지 않아 대공황이 왔습니다.

투자가 과학이 아니라는 것은 투자를 둘러싼 환경과 실행자의 대응을 보면 알 수 있습니다. 투자가 과학이 되려면 작동 원리가 규칙적이고, 거기에 적당한 입력값을 넣으면 미래 결과가 나와야 합니다. 하지만 작동 원리를 세부적으로 들여다보면 규칙적일 수 없다는 것을 금방 알 수 있습니다.

현재 상황이 낯익은 요소로 채워져 있다 하더라도, 그 상황은 과거와 다른 완전히 새로운 상황입니다. 즉, 과거와 동일한 현재가 존재하지 않기 때문에 입력값 자체가 같을 수 없고, 그렇기 때문에 어떠한 원리도 동일한 형태로 작동하지 않게 됩니다. 입력하고자 하는 입력값 자체도 투자자의 해석에 좌우되기 때문에 투자 과정 전체는 인문학과 과학의 합작품이죠. 그렇기 때문에 포괄적인 의미에서 '예술'이라고 말하는 것입니다.

하지만 투자를 예술로 받아들인다는 것은 그때그때의 상황에 맞게 작위적으로 실행한다는 의미가 아닙니다. 즉, 번뜩이는 아이디어에만 의존하는 것이 아닙니다. 예술로서의 투자는 똑같은 상황은 반복되지 않고 미래는 예측할 수 없기 때문에, 확률적 관점에서 투자를 보고 확률의 기댓값을 내기 위해서는 다수의 실행이 필요하다는 것을 인정합니다. 실패할 확률을 겸허하게 받아들이고 안전마진과 분산 투자를 수용해야 합니다. 아래 그림을 봅시다.

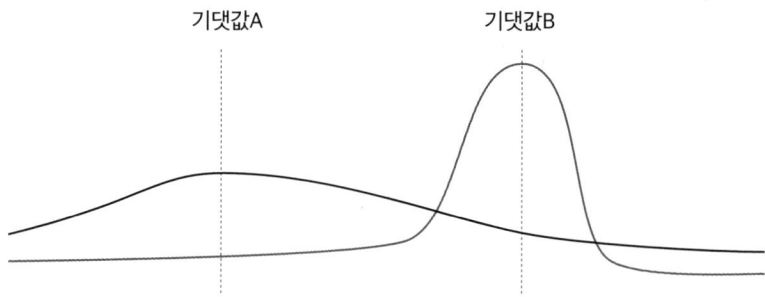

왼쪽 그래프는 기댓값 A를 가지고 양옆으로 넓게 퍼진 확률 분포이고, 오른쪽 그래프는 기댓값 B를 가지고 뾰족하게 솟아 있는 확률 분포입니다. 기댓값 B는 기댓값 A에 비해 높고, 다수의 실행을 했을 때 나오는 값입니다. 투자 실력이 늘어난다는 것은 기본적으로 오른쪽 그래프를 지향하는 것입니다.

투자 실력과 아이디어의 실패를 구분하라

기댓값의 중요성을 살펴보기 위해 제 지인의 사례를 하나 봅시다.

모 IT 부품 기업의 간부였던 a라는 분은 퇴사하고 몇 년간 개인 주식 투자를 했습니다. a는 IT업계의 경험을 기반으로 어느 제품이 잘 팔리면 어느 부품의 사용이 많아지는지를 너무 잘 알고 있었습니다. 그래서 신문 뉴스를 통해 휴대폰 기업의 대규모 투자 소식을 접한 후 관련 부품 기업의 실적이 좋아질 것으로 판단하여 투자하기로 마음먹고 본인이 가진 돈과 대출 등을 합쳐 몇 억을 투자하여 그 기업 주식을 샀습니다. 그 후 2년 동안 그 주식은 꾸준히 올라서 최대 5배가 올랐다고 합니다. 덕분에 40대 초반의 나이에 20억 원이 넘는 돈을 벌게 되었습니다.

자신감을 얻은 a는 다시 자신의 돈과 지인들의 돈까지 빌려 잘 아는 IT 부품 기업을 위주로 투자를 했습니다. 매도했던 기업의 주식도 꽤 떨어지자 다시 매수를 했고요. 그런데 상황이 자기가 생각했던 대로 돌아가지 않았다고 합니다. 휴대폰 기업은 예상보다 성과가 저조하자 투자를 줄이기 시작했고, IT 부품 기업의 실적이 급격히 나빠지기 시작하여 1년 만에 주가는 3분의 1로 하락했습니다. 지인들의 돈까지 빌렸으니 가진 돈은 거의 바닥이 났고, 다시 재취업을 할 수밖에 없었다고 하네요. a는 무엇을 잘못한 것일까요? 답은 어렵지 않습니다.

우선 '운'을 본인의 '실력'으로 착각했습니다. a의 운은 IT 기업에 근무했다는 것, 그리고 본인이 투자할 여력이 있는 시기에 업황이 좋았던 것입니다. 기업을 잘 아니 실적이 어느 정도 날지를 예상할 수 있었겠지요. 운이 좋아 돈을 크게 벌었고, 본인의 실력을 과대평가하기 시작했습니다. 본인 실력에 대한 자신감이 넘쳐 본인 자금뿐만 아니라 지인들 자금까지 끌어들여 더 큰 투자를 단행하는 실수를 범합니다.

둘째, 본인의 경험도 과대평가했습니다. IT 산업이라는 본인이 잘 아는 범위에 머무르기는 했지만, 확보한 IT 산업의 정보를 통해 파악한 그 산업의 특징을 과연 투자에 잘 적용한 것인지는 의문입니다. IT 산업은 흐름이 빠릅니다. 특히 부품 기업의 경우는 고객사의 전략에 따라 급격하게 실적이 요동칩니다. 과거의 성공 경험을 기반으로 똑같은 성공 방정식을 설정한 것이 무리였습니다. 산업 정보를 아는 것과 그것을 투자에 적용하는 것은 다른 차원의 문제입니다.

결국 모든 실수의 근원은 결과에 초점을 맞춰서 생각했기 때문입니다. IT 기업 투자 성공이라는 결과에 초점을 맞추었기 때문에 운을 실력으로 오해하고 그 경험을 과대평가한 것이지요. 그래서 투자에 성공하더라도 과연 과정이 성공적이었는지를 따져보는 것이 중요합니다. 회사를 그만두고 개인 투자를 시작하기 전에, 내가 과연 IT 기업에 근무하지 않았다면 투자를 할 수 있었을까, 그때 업황이 좋지 않았다면 투자에 성공했을까를 따져 봤다면 빚을 져가면서까지 투자하는 실수를 막을 수 있지 않았을까요? 그래서 결과가 아닌 과정에 기반해서 투자를 판단하는 것이 중요합니다.

물론, 제가 드리는 이야기도 결과를 보고 말하는 것일 수 있습니다. a가 퇴사 후 IT 기업에 재투자했을 때 또 성공했다면, 이 이야기는 실패담이 아닌 엄청난 성공 무용담이 되었을 겁니다. 그렇지만 a가 이후에도 투자의 스펙트럼을 넓히지 않고 투자 과정의 실력을 높이지 않았다면, 저는 언젠가 이번처럼 크게 실수할 가능성이 높다고 생각합니다.

한두 번의 실행을 통해서 투자에 성공한 것은 운 혹은 아이디어의 성공이지 실력의 성공이 아닙니다. 실력이 뛰어나지 않다고 하더라도 투자 아이디어가 성공하는 사례는 가능합니다. 하지만 투자 아이디어를 발전시켜 나가는 과정 자체가 다수의 실행을 가능하게 하는 실력이고, 이것이 지속적인 성공의 요인입니다. 그리고 바로 그 과정을 평가하는 중요한 기준이 '기댓값'입니다. 다시 그래프를 봅시다.

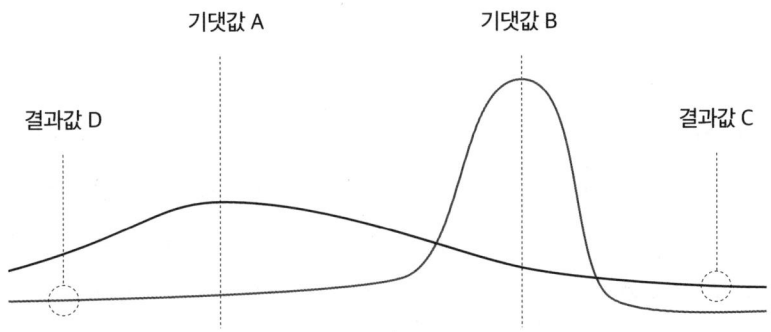

앞서 설명했듯이 한두 번의 투자 실행에서 나오는 결과값은 다수 실행에서 나오는 기댓값과는 다릅니다. 즉, 기댓값 A가 낮은 왼쪽 그래프에서도 높은 수익이 나오는 결과값 C가 나올 수 있고, 기댓값 B가 높은 오른쪽 그래프에서도 낮은 수익이 나오는 결과값 D가 나올 수 있습니다.

문제는 이러한 결과값 C와 기댓값 A를 혼동하고, 결과값 D와 기댓값 B를 착각하는 것입니다. 이것이 바로 결과에 초점을 맞춰서

운과 실력을 혼동하는 경우입니다. 결과값 C와 결과값 D는 한 번의 실행에서 나타난 아이디어의 차이일 뿐이고, 기댓값 A와 기댓값 B의 차이가 여러 번의 실행을 기반으로 한 투자 실력의 차이입니다. 그런데 결과에 초점을 맞춰서 판단을 하게 되면 결과값 C를 보고 기댓값을 C라고 생각합니다. 실제 기댓값은 A인데 말이죠.

우리가 궁극적으로 지향해야 하는 것은 결과값이 아닌 기댓값이고, 아이디어의 실패를 투자 실력으로 오판하지 말아야 합니다. 아이디어의 실패는 운이 나쁜 것이었을 수도 있고, 자신이 그 아이디어에 대해서만 잘못 본 것일 수도 있습니다. 반면, 투자 실력은 아이디어 실패를 한두 번 하더라도 다수 실행에서는 우수한 기댓값을 낼 수 있게 도와줍니다. 투자에 실패하는 것은 낮은 기댓값을 내기 때문입니다.

다행인 것은 꾸준한 공부와 실행을 통해 기댓값을 변화시킬 수 있다는 것입니다. 투자 실력을 늘리는 방법은 공부를 통해 투자 아이디어를 발전시키고, 그 아이디어를 실행하면서 그 아이디어에 대한 피드백을 받는 것입니다. 긍정적 피드백(=투자 아이디어의 성공)은 아이디어 발전 과정을 강화시키고, 부정적 피드백(=투자 아이디어의 실패)은 반대로 그 과정을 수정시킵니다. 이렇게 아이디어를 발전, 수정하는 과정을 무한 반복하면서 확률의 기댓값을 높이는 행위가 투자 공부입니다.

[와이민 콕!]
투자 공부를 하는데, 왜 투자 실력은 늘지 않을까?

투자 공부를 시작하기로 결심한 이후, 실제 주식에 관한 책도 읽고 블로그 글도 열심히 읽고 공부했는데 그것이 실제 투자 성과로 이어지지는 않아 속상하다는 분들을 많이 보곤 합니다. 공부와 실제 투자 사이의 간극이 있는 듯한 느낌, 이 느낌을 없애려면 어떻게 해야 할까요?

저는 투자를 위한 공부가 성과로 이어지려면, 총 세 단계의 과정을 거쳐야 한다고 생각합니다. 첫 번째는 제대로 공부하는 것, 두 번째는 그 공부를 실전에 적용해 보는 것, 세 번째는 실전에서 받은 피드백을 통해 다시 공부를 하는 것입니다. 그리고 과정을 무한 반복하는 것이 투자 공부의 실체입니다.

무엇보다 중요한 것은 공부를 할 때 제대로 해야 한다는 점입니다. 이를 위해서는 두 가지가 필요합니다. 무엇이 좋은 공부인가를 알아야 하고, 그 공부를 효과적으로 할 수 있어야 합니다. 투자와 관련된 공부를 '얼마나 많이' 했느냐도 중요하지만, 더 중요한 것은 '어떤' 공부를 했느냐입니다. 투자의 원리에 대한 공부를 등한시하고, 단순히 누가 이것저것 추천하는 것을 공부하거나 잘못된 방법을 가르치는 책을 보거나 강의를 듣는 것은 시간 낭비입니다.

단순히 글을 보고 책을 읽는다고 투자 실력이 좋아지지 않습니다. 책으로 하는 공부는 투자의 원리를 알려주는 도서를 몇 권 보고, 스테디셀러들을 중심으로 반복해서 읽는 것이 효과적이라고 봅니다. 강의를 선택할 때는 뚜렷한 투자 철학을 가진 내공이 있는 사람을 선택하는 게 중요합니다.

두 번째는 단순히 책이나 강의에만 머무르면 안 된다는 점입니다. 책이나 강의에 소개된 투자 원리/이론/철학 등은 투자에 대한 보편타당한 내용을 담고 있습니다만, 실전 투자에서는 이런 보편타당한 내용뿐만 아니라 그 케이스에서만 나오는 아주 독특한 변수가 많습니다. 많은 분이 "이론과 실전은 다르다"고 하는 것은 실제로 투자를 하려고 하면 이론의 다양한 변형을 마주할 때가 많기 때문입니다.

공부를 통해 습득한 투자 지식을 실전에 적용해 보고, 그 다양한 파생 사례를 익히면서 일반적인 지식에 '독특성'에 관한 배경지식을 채워 넣어야 합니다. 여기서 제일 중요한 것은 실전 투자를 한다고 해서 무조건 막 해서는 안 된다는 점입니다. 자신이 공부한 원리와 자신이 선택한 투자 철학을 바탕으로 투자해야 한다는 것을 명심하세요. 이를테면, 기본적인 기업 분석을 공부하다가 실전에서는 갑자기 차트를 보고 투자하면 안 됩니다.

세 번째는 공부 및 실전 투자를 통해 얻은 경험을 다시 공부를 위한 피드백으로 사용하는 것입니다. 우리는 공부한 바를 적용하면서 다양한 경험을 하는데, 그 경험들은 기존에 공부했던 지식을 강화시키거나 혹은 반대로 약화시킵니다. 기존 지식을 강화시키는 경험은 자신의 공부에 대한 확신을 심어줄 수 있어 좋지만, 한두 사례의 성공에 불과한 것을 가지고 지나친 자기 강화에 빠지면 위험해질 수 있음에 유의해야 합니다. 기존 지식을 약화시키는 경험은 자기 수정을 통해 지식의 발전을 가져온다는 점은 좋지만, 한두 차례의 실패로 기존 지식 전체의 효용성을 부정하는 실수를 할 수도 있습니다. 즉, 자기 강화든 약화든 한두 경험이 아닌 다수의 경험을 통한 피드백이 중요합니다.

'공부 → 실전 투자 → 피드백'을 통해 형성된 고리는 무한히 반복되어야 합니다. 그런 과정들을 겹겹이 쌓으면서 실력이 좋아지는 것이지요. 투자 공부는 한두 번의 경험으로 완성되지 않습니다. 다수의 실행을 통해 높은 확률 값을 만들 수 있는 이론적, 실전적 틀을 정립해 나가야 합니다. 세상에 완성형 투자자는 없습니다. 그 유명한 워런 버핏도 60년 동안 투자에 대해 계속 공부하고, 그 지식을 발전시켰습니다.

만약 공부와 실력 사이의 간극이 생긴다면, 이 과정 중에서 어느 한 부분이 제대로 이루어지지 않은 것입니다. 이는 다른 사람이 찾아서 고칠 수 있는 문제가 아닙니다. 스스로 본인의 투자 공부 과정을 찬찬히 돌이켜보고 어느 부분에서 고리가 헐거웠는지 찾아보길 추천드립니다.

2

개념을 알면 투자의 길이 보인다

주식 투자, 어떤 방법으로 해야 할까?

이제 본격적으로 주식 투자 이야기로 들어가 봅시다. 주식 투자에도 수많은 방법이 존재합니다. 차트를 보고 기술적 분석을 하는 차트 투자, 단기적으로 주가에 영향을 주는 이벤트에 기반한 이벤트 투자, 주가 흐름의 추세를 쫓는 모멘텀 투자, 기업의 펀더멘털, 즉 기본 가치를 투자의 기준으로 하는 가치 투자 등이 있습니다. 이렇게 많은 투자 방법 중 어느 것이 맞을까요?

 투자 방법 이야기하다가 갑자기 사진이 나와서 당황하셨죠? 왼쪽은 워런 버핏이고, 오른쪽은 조지 소로스입니다. 이 둘은 누구도 의심하지 않는 세계 최고의 투자자입니다. 그런데 이 둘의 투자 스타일은 사뭇 다릅니다. 조지 소로스는 파운드화 트레이딩 같은 거시경제 투자도 많이 하고, 시장의 흐름이나 심리를 아주 잘 활용하는 투자자입니다. 반면, 워런 버핏은 거시경제보다는 철저히 기업의 가치에 집중하는 투자자입니다. 이 둘이 각자의 영역에서 세계 최고수의 반열에 올랐다는 것에 주목해야 합니다. 즉, 투자 방법은 기본적으로 어느 누가 맞고 틀리고가 아닌, 서로 다르다는 관점에서 바라봐야 합니다.

 투자 방법의 실효성을 점검할 때, 좋은 수단 중 하나는 "그 방법을 통해 성공한 사람이 많은가?"라고 묻는 것입니다. 그 방법을 통해 성공한 사람이 많다면 일반화할 수 있다는 것이죠. 그것이 바로 조지 소로스의 투자법과 워런 버핏의 투자법을 가르는 요소입니다.

둘 다 투자의 천재이긴 하지만, 조지 소로스의 방법은 일반 투자자가 이해하기 어렵고 실행하기도 어렵습니다. 반면, 워런 버핏의 투자법은 기본적인 공교육을 받은 사람이면 이해할 수 있고 실행하기도 상대적으로 쉽습니다. 물론 실제로 실행했을 때 마주치게 되는 다양한 심리적 문제를 극복해야 하겠지만요.

주식 투자가 본업인 사람도 있지만, 절대 다수는 본업이 따로 있고 주식 투자는 재테크 관점에서 접근합니다. 이럴 때 우리가 고민해야 하는 것은 다음과 같습니다.

- 합리적인가?
- 지속 가능한 방법인가?
- 일상을 영위할 수 있는가?
- 스트레스를 덜 받을 수 있는가?
- 남에게 피해를 주는가?

이런 기준에서 생각하면 여러 투자 방법 중 가치 투자가 조금 더 유리합니다.

가치 투자의 의미

워런 버핏과 같이 기업의 가치에 집중하는 투자를 우리는 '가치 투자'라고 말합니다. 그런데 가치 투자라는 단어를 자세히 뜯어 보면 조금 이상한 점이 있습니다. 투자는 기본적으로 미래를 위해 가치 있는 대상에 자금을 투입하는 행위인데, 왜 굳이 투자에 '가치'란 말을 붙여서 별도의 용어를 만들었을까요?

가치 투자는 투자를 하기 전에 수행하게 되는 '가격과 가치를 비교하는 일'에 큰 의미를 두기 때문에 기본적으로 신중함이 깔려 있는 투자 철학입니다. 가치 대비 가격이 충분히 저렴한 자산을 매수하여 가격이 가치를 반영하기를 기다리는 투자법인 것이죠. 그렇기 때문에 주식의 가치를 산정하기 위해 주식의 기저를 형성하는 기업의 펀더멘털에 집중하고, 시장이 저평가하고 있다고 믿는 주식을 적극적으로 찾아다닙니다.

가치 대비 가격이 충분히 낮은 주식을 발견하는 기회를 잡기 위해서는, 그런 기회를 발견하기 전까지 참아야 하고, 발견하여 매수한 다음에는 가격이 가치를 반영할 때까지 또 참아야 합니다. 주식시장은 복잡하여 언제 가격이 가치를 반영할지 알기 어렵고, 결과가 나쁠 확률(=가치를 잘못 계산했거나 가격이 가치를 오랫동안 반영하지 않을 확률)도 언제나 존재합니다. 그래서 가치 투자자는 무엇보다 자본을 보유하는 것에 우선 초점을 맞춥니다. 고수익도 중요하지만 이는 다수의 실행을 통해 결과적으로 나오는 것이고, 그 과정에서 원금의 손실을 통해 결과값(=원금×확률기댓값)의 하락을 제어합니다.

이런 투자의 장점과 단점은 무엇일까요? 가치 투자의 장점은 대중에 휘둘리지 않고, 지속 가능한 수익을 창출할 수 있다는 것입니다. 그리고 가치 대비 가격이 아주 싸서 하락폭이 크지 않을 주식에 투자하기 때문에 설령 틀리더라도 크게 손실을 볼 가능성을 줄일 수 있습니다. 단점은 충분한 투자 철학과 경험이 없다면 가치 계산이 어려울 수 있고, 주식의 적정한 가치를 잘못 계산하여 잘못된 판단을 할 수 있다는 것입니다. 하지만 이는 가치 투자만의 단점이라기보다는 투자 자체의 위험 요인이라고도 볼 수 있습니다.

투자에서 가장 중요한 두 단어는 '가치'와 '가격'입니다. 투자는 기본적으로 이 두 개념을 비교하는 활동에서 출발합니다. 워런 버핏은 "가격은 당신이 지불하는 것이고, 가치는 당신이 얻는 것"이라고 했습니다. 좋은 가치의 주식을 그 가치 이하의 가격으로 사면 되기 때문에 가치를 보는 눈이 필요합니다.

투자는 돈을 벌기 위해 현재의 돈을 쓰지 않고 미래에 돈을 벌어줄 자산, 사람, 사업에 맡기는 것입니다. 결국 중요한 것은 돈을 버느냐이기 때문에 두 가지를 생각해야 합니다. 이 자산, 사람, 사업이 돈을 벌어줄 수 있느냐와 그것을 얼마에 살 수 있느냐입니다. 돈을 벌어줄 수 있느냐는 좋은 가치를 가진 투자 대상을 발견하는 과정과 관련 있고, 그것을 얼마에 사느냐는 투자하느냐 마느냐의 여부를 결정하는 것과 관련 있습니다.

좋은 가치를 가진 자산을 발견하는 것만으로는 안 됩니다. 많은 초보 투자자가 착각하는 것이 가치만 중요하다고 생각하는 것입니다. 중요한 것은 가치와 가격의 관계입니다. 그 차이가 투자의 핵심이죠. 투자자가 생각하는 내재 가치, 즉 적정 가치가 있는데, 가격이 그 가치를 다 반영하고 있으면 속된 말로 먹을 게 없습니다. 결론적으로 말하면, 투자는 좋은 내재 가치를 지닌 자산을 그 이하로 사는 것을 말합니다.

부동산을 예로 들어 보겠습니다. 5억 원짜리라고 생각하는 아파트를 4억 원에 사는 것이 투자이지 5억 원짜리 아파트를 5억 원에 사는 것은 투자가 아니라 그냥 실거주를 위해 아파트를 취득하는 것입니다. 좋은 아파트라고 하더라도 적정한 가격에 사거나 적정 가격을 초과한 값에 사면 좋은 투자가 아닌 것이죠. 싸게 사야 합니다. 아니면 5억 원에 샀더라도 그 가치가 6억 원으로 증가할 수 있어야 합니다. 아래 그래프를 보시죠.

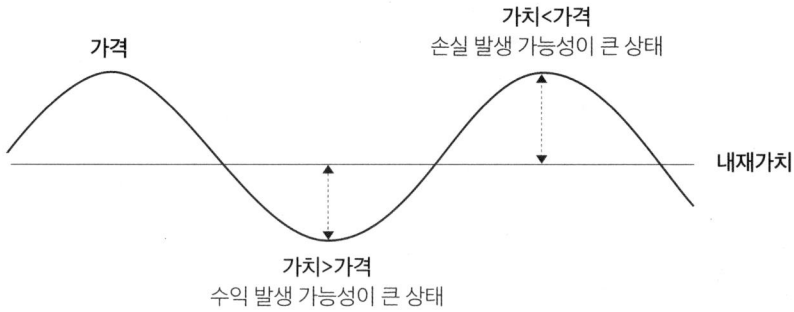

사실 이 그래프는 엄청 단순화한 것이고, 시장은 이렇게 규칙적으로 움직이지는 않습니다. 그래도 투자 여부를 결정할 때 핵심이 되는 두 단어를 아주 쉽게 이해할 수 있게 도와줍니다. 그래프를 보면 알 수 있듯이, 가치는 잘 변하지 않지만 가격은 수시로 변합니다. 어느 때는 가격이 가치보다 위에 있고, 어느 때는 아래에 있습니다. '가격>가치'인 상황은 가격이 가치보다 비싸기 때문에 투자하면 안 되고, '가격<가치'인 상황은 가격이 가치보다 싸기 때문에 투자해야 할 때입니다.

성공적인 투자를 하기 위해서는 내재 가치를 파악하는 눈과 내재 가치 이하로 사려는 노력이 필요합니다. 앞으로 이 두 가지를 중점적으로 배우게 될 것입니다. 나머지는 기술이지만, 이 개념은 철학이라고 할 수 있습니다. 다시 한번 강조하지만 투자 기술보다 중요한 것이 투자 철학입니다.

가치란 무엇인가?

여기까지 읽으신 분은 이런 의문이 들 겁니다. "가치, 가치라고 말하는데, 도대체 가치가 무엇인가?" 결론부터 말씀드리면, 가치는 "각자의 마음 속"에 있습니다. 이렇게 이야기하면 뭔 헛소리냐고 하시겠지만, 가치가 각자의 마음 속에 있다고 말하는 것은 가치를 계산하는 일에 객관성과 주관성이 모두 동반되기 때문입니다. 다시 한번 정리하겠습니다. 투자는 가격을 지불하고 가치를 사는 행위입니다. 즉, 기본적으로 가치, 가격, 그리고 비교라는 세 단어의 의미를 파악해야 합니다.

가격은 가치에 비해서 좀 더 파악하기 쉽습니다. 시장에서 거래되고 있는 수준을 바로 확인할 수 있기 때문이지요. 반면, 가치는 파악하기가 어렵습니다. 가치는 공식으로 알 수 있는 것이 아니고, 절대적인 값도 존재하지도 않으며, 시간이 지남에 따라 변화하기도 하기 때문입니다. 여러분은 천경자 화백 〈미인도〉의 가치가 얼마인지 정확히 계산할 수 있나요? 진품이냐 위작이냐에 따라 가치가 확연히 달라질 것이고, 또 진품이라고 하더라도 제가 보는 가치와 여러분이 보는 가치도 다를 것입니다.

앞서 '투자는 과학이 아닌 예술'이라고 말했던 것처럼, "이 기업의 가치는 얼마다"라고 정확한 값으로 계산할 수 없습니다. 가정의 차이가 미래 추정 가치에 큰 차이를 가져오기 때문입니다. 가치를 정확하게 계산할 수 없다면, 투자를 할 수 없는 것 아니냐고요? 절대적인 값을 원하면 그렇습니다. 하지만 가치는 100% 정확하게 계산할 수는 없지만 대체로 합리적인 계산은 할 수 있습니다.

우리가 하고자 하는 것은 합리적인 기준을 통해 가장 가까운 근사값의 가치를 계산하는 것입니다. 사실 투자라는 행위의 70%는 이 근사값의 가치를 찾아가는 과정이라고 볼 수 있습니다. 투자를 하겠다고 하면, 이 근사값을 계산하기 위한 합리적인 기준들을 익히셔야 합니다. 가치에 대한 평가가 개인마다 다르다면, 다른 사람이 그 가치를 어떻게 볼 것인가의 문제도 발생하기 때문입니다. 대중이 틀리기 때문에 투자의 기회가 발생하지만, 대중과 전혀 동떨어진 방법으로는 가격이 가치를 반영하는 과정 또한 불가능합니다. 그래서 일반적이고 합리적인 방법이 필요합니다.

가치와 가격의 4분면을 이해하자

가치 투자에서는 가치와 가격과 관련한 두 가지 중요한 전제가 있습니다.

1. 가격이 항상 주식의 가치를 대변하지는 않는다.
2. 하지만 궁극적으로 가격은 가치에 수렴한다.

가격이 항상 주식의 가치를 대변하지 않는다는 말은 가치와 가격이 중장기적으로는 동행하지만, 단기적으로는 다양한 이유로 인해 가격이 가치를 반영하지 않는 경우가 많다는 뜻입니다. 투자자는 이러한 가치와 가격의 단기적 괴리를 매수나 매도의 기회로 활용합니다.

가격이 궁극적으로 가치에 수렴한다는 것의 의미는 자석에 비유할 수 있습니다. 가치와 가격은 단기적으로는 자석의 동일한 극과 같이 서로를 밀어낼 수 있지만, 중장기적으로는 자석의 다른 극처럼 붙으려는 성질이 있습니다.

이 두 가지 전제를 고려하면 가치와 괴리를 보이는 가격에서 매수나 매도의 기회를 잡은 투자자는 궁극적으로 가격이 가치에 수렴하는 시기에 이익을 내게 됩니다. 즉, 가격이 가치보다 클 때는 매도로 대응하고, 가치가 가격보다 클 때는 매수로 대응하면 됩니다. 그 괴리가 좁혀져서 가치가 가격에 반영되는 시기에는 매도로 대응하면 되고요. 이를 가치와 가격의 4분면에 옮겨서 그려보겠습니다.

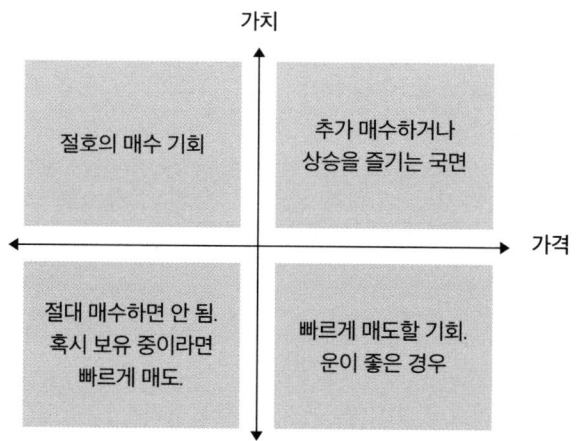

그래프에서 세로축은 가치의 변화를, 가로축은 가격의 변화를 나타냅니다. 가치가 상승하는데 다양한 이유로 가격은 하락하는 2사분면은 투자자에게 절호의 매수 기회입니다. 시장이 뒤늦게 가치를 인식해서 가치가 오른 것을 가격이 반영하기 시작하는 1사분면은 가치와 가격의 차이에 따라 추가 매수를 하거나 가격의 상승을 즐기는 국면입니다. 투자자가 적극적으로 행동해야 하는 국면은 2사분면과 1사분면입니다.

가격이 계속 상승해서 가치를 넘어섰거나 아니면 가치가 하락하는 4사분면에서는 빠르게 주식을 매도해야 합니다. 통상적으로 가치가 하락하는 시기에 가격이 상승하는 경우는 많지 않기 때문에 운이 좋은 경우죠. 가치와 가격이 동반으로 하락하는 3사분면은 절대로 신규로 매수하면 안 되는 시기입니다. 혹여라도 보유 중이라면 빠르게 매도해야 합니다. 물론, 가치의 하락보다 가격의 하락이 훨씬 더 크다면, 가치와 가격 사이에 괴리가 발생하여 매수 기회로 볼 수도 있습니다. 하지만 경험상 가치의 하락이 진행되는 구간에서는 얼마나 가치가 하락할지에 대한 의문이 있기 때문에 가격이 가치를 반영하기까지는 상당한 시일이 소요되곤 합니다.

결국 가격을 보기 전에 물건의 가치를 보는 안목을 키워야 하고, 물건의 가치와 가격을 비교하는 연습을 해야 잃지 않고 꾸준히 버는 투자를 할 수 있습니다. 즉, 투자 행위를 실행하기 전 '비교'가 우선인데, 비교는 쉬운 동시에 어렵기도 합니다. 단순히 가치와 가격의 절대 수준을 비교하면 된다는 점에서 쉽지만, 어느 정도 수준이 적정한 비교인지 결정해야 한다는 점에서 어렵습니다. 즉, 가치를 정확히 계산하기 어려우니 가치와 가격의 차이를 구하기 어렵고, 그 차이가 투자할 정도로 적정한지도 파악하기 힘든 것이죠.

안전마진을 기억하라

가치와 가격을 비교하여 투자를 할 때, 가장 먼저 받아들여야 하는 개념은 '안전마진 margin of safety'입니다. 앞서 말씀드린 것처럼 가치는 주관적이고, 다양한 이유로 가치를 계산하는 과정에서 틀릴 가능성도 충분히 있습니다. 인간은 생각보다 불완전합니다. 보지 못하는 것도 많고, 봐도 적절히 행동하지 못하는 경우도 많습니다. 대중이 맞고, 내가 틀릴 수 있다는 겸손한 마음도 필요합니다. 이러한 한계를 인정하고 나면, 투자자가 해야 할 일은 오류와 실수를 대비하는 것입니다. 이러한 대비가 안전마진의 철학입니다.

안전마진이란 어떤 개념일까요? 영어 마진margin은 '영업 마진' 같은 단어에 익숙해 있어 수익률이라고 생각하기 쉽지만, 원래는 '차이'라는 뜻입니다. 이를 염두에 두면 안전마진은 '안전함의 차이'라는 뜻입니다. 쉽게 설명하자면, 내재 가치 대비 가격이 너무 낮아서 투자해서 돈을 잃을 확률보다 돈을 벌 확률이 아주 높고, 돈을 벌 수 있는 규모도 훨씬 큰 상태를 말합니다.

안전마진이 크다는 것은 일단 더 이상 떨어지기 힘든 가격이라는 것을 의미합니다. 물론, 100% 안 떨어진다기보다는 떨어질 확률이 적고, 떨어져도 그 폭이 작다는 의미입니다. 아파트 가격으로 예를 들어 봅시다. 어느 아파트 가격의 적정 가치를 5억 원으로 생각하고 있다고 합시다. 그 아파트가 부동산 중개소에 4억 8,000만 원에 올라와 있다고 하면, 조금 싼 편이지요. 그런데 어떤 사람이 급매로 4억 원에 내놨다고 해 봅시다. 그럼 그 매물은 아주 싼 것이죠. 여러분이 생각한 적정 가치보다 1억 원이나 저렴한 아파트를 사게 되고, 돈을 벌 확률은 아주 높고 그 규모도 1억 원이나 됩니다. 이런 상태를 바로 안전마진이 크다고 하는 것입니다.

그런 아파트가 세상에 어디에 있냐고 묻고 싶으시겠죠? 누가 5억 원짜리 아파트를 4억 원에 매도하냐, 그런 아파트가 있으면 누구나 돈 벌지 생각하실 수 있습니다. 맞습니다. 정상적인 상황이라면 그런 아파트는 세상에 나오지 않습니다. 하지만 정상적인 상황이 아니라면 어떨까요? 경제 위기가 와서 사람들이 다 공포에 떨고 있고, 그 공포심이 비이성적인 매도를 만들었다면? 매도자가 시세를 잘 모르고 있다면?

제가 말씀드리고 싶은 건 5억 원짜리 아파트를 4억 원에 살 수 있느냐 여부가 아닙니다. 여러분이 생각하는 가치 대비 낮은 가격의 자산을 사는 것이 투자라고 말하는 것이고, 그중에서 더 낮은 가격에서 사는 것이 안전마진이 높기 때문에 돈을 벌 확률이 높음을 이야기하는 것입니다. 단순하게 좋은 자산을 사라는 것이 아니라 좋은 자산을 저렴한 가격에 사라는 것이죠.

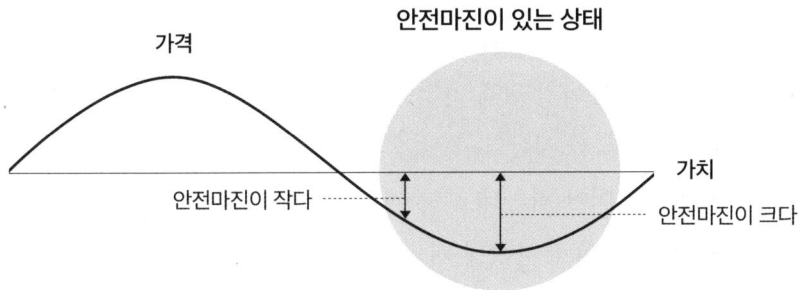

정리하자면, 안전마진이라는 개념은 가치를 계산하기 어렵고, 가치와 가격의 차이가 적정한지 파악하기 어렵기 때문에 채택하는 것입니다. 정확한 가치를 산정하기 어렵기 때문에 자신이 산정한 가치에 대한 완충 장치가 필요하고, 그 완충 장치란 자신이 산정한 가치와 시장에서 형성된 가격의 차이, 즉 마진인 것입니다. 우리가 실수를 해도 안전할 마진이라고도 해석할 수 있습니다.

'물건을 모르면 가격으로 평가'한다는 말이 있지요. 이 말의 의미는 물건의 가치를 모르기 때문에 최대한 가격을 낮추어서 안전마진을 확보하겠다는 전략입니다. 물론, 최고의 전략은 아니지만 자기 힘으로 실수를 줄일 수 있는 장치입니다.

능력 범위에 머물러라

앞에서 설명한 내용을 요약하자면, 이렇게 말할 수 있습니다. 내재 가치는 합리적인 기준을 가지고 산정한 기업의 적정한 가치이고, 내재 가치와 시장에서 형성된 가치의 차이가 안전마진이며, 주식의 시장 가치가 내재 가치보다 현저히 낮을 때, 즉 안전마진이 클 때에만 매수하는 것이 가치 투자의 기준이란 셈입니다. 즉, 가치 투자를 잘하려면 먼저 내재 가치를 잘 계산해야 하고, 내재가치 계산에 따른 실수 등을 줄이기 위해 안전마진을 찾으면 되는 것이지요.

내재 가치를 잘 계산할 수 있으려면, 가장 근사값의 내재 가치를 계산할 수 있어야 하는데, 투자자 자신의 능력이 머무는 범위에서 계산해야 가치의 근사값에 더 근접할 수 있습니다. 이를 워런 버핏은 "능력 범위circle of competence에 머물라"고 말했습니다.

능력 범위의 가장 좋은 사례로 야구계의 전설적인 타자 테드 윌리엄스Ted William를 들 수 있습니다. 1939년부터 1960년까지의 선수 생활 동안 평균 타율이 0.344였지요. 야구를 조금이라도 아시는 분이라면 3할 타율이 얼마나 어려운 것인지, 그리고 커리어 평균 타율이 0.344라는 것이 얼마나 대단한 것인지 아실 겁니다.

테드 윌리엄스 선수의 기록

Year	Games	HR	RBI	AVG	OBP	SLG
1939	149	31	145	0.327	0.436	0.609
1940	144	23	113	0.344	0.442	0.594
1941	143	37	120	0.406	0.553	0.735
1942	150	36	137	0.356	0.499	0.648
1943	150	36	124	0.362	0.512	0.671
1944	150	36	124	0.362	0.512	0.671
1945	150	36	124	0.362	0.512	0.671
1946	150	38	123	0.342	0.497	0.667
1947	156	32	114	0.343	0.499	0.634
1948	137	25	127	0.369	0.497	0.615
1949	155	43	159	0.343	0.49	0.65
1950	89	28	97	0.317	0.452	0.647
1951	148	30	126	0.318	0.464	0.556
1952	113	29	99	0.334	0.481	0.635
1953	113	29	99	0.334	0.481	0.635
1954	117	29	89	0.345	0.513	0.635
1955	98	28	83	0.356	0.496	0.703
1956	136	24	82	0.345	0.479	0.605
1957	132	38	87	0.388	0.526	0.731
1958	129	26	85	0.328	0.458	0.584
1959	103	10	43	0.254	0.372	0.419
1960	113	29	72	0.316	0.451	0.645
Career	2,292	521	1,839	0.344	0.482	0.634
Projection	2,924	672	2,370	0.345	0.485	0.682

테드 윌리엄스가 은퇴 후 이렇게 높은 타율과 타격 1위를 유지할 수 있었던 비결에 관한 책을 펴냈는데, 제목이 『타격의 과학The Science of Hitting』이었습니다. 자신의 타격 훈련 방법을 설명한 대목에서 그는 스트라이크 존을 77개로 나누어 자신이 잘 치는 존과 못 치

는 존을 구분했다고 서술했지요. 그리고 실제 타석에서 자신이 잘 치는 존으로 공이 들어오면 타격을 하고, 못 치는 존으로 들어오면 흘려보냈다고 했습니다. 즉, 좋은 공만 골라 쳤다는 이야기지요.

언뜻 보면 누구나 할 수 있는 일인 것 같아 '이게 무슨 특별한 비결이냐'하겠지만, 대부분의 타자가 이것을 잘 알고 있음에도 행동으로 옮기지 못했다는 사실이 테드 윌리엄스의 선구안, 즉 공을 고르는 능력과 인내력을 방증합니다. 본인의 능력치를 잘 파악하고, 그 능력을 최대한 발휘할 수 있는 영역에서만 배트를 휘두른 것이 타격 1위의 비결이라고 할 수 있겠습니다.

능력 범위와 관련해서 워런 버핏의 말도 새겨 볼 필요가 있습니다. "주식 투자는 삼진 아웃이 없는 타격과 같다"는 말이죠. 모든 공에 배트를 휘두를 필요가 없고, 자신이 좋아하는 공에만 공을 휘두른다면 삼진을 당할 가능성은 줄고 안타를 칠 가능성은 늘어납니다. 다음은 워런 버핏의 주주서한에 나온 글입니다.

현명한 투자가 쉬운 것은 절대 아니지만, 그렇다고 복잡한 것도 아닙니다. 투자자에게 필요한 것은 선택한 기업을 정확하게 평가하는 능력입니다. '선택'이라는 단어에 주목하십시오. 여러분은 모든 기업, 여러 기업에 대해 전문가가 될 필요가 없습니다. 능력 범위 안에 있는 기업만 평가할 수 있으면 됩니다. 능력 범위의 크기는 중요하지 않습니다. 그러나 능력 범위는 반드시 알아야 합니다.

모든 사람은 각기 다른 크기의 능력 범위를 가지고 있습니다. 중요한 것은 그 범위의 크기가 아니라 그 범위 안에 머무르는 것입니다. 물론, 능력 범위 안에 머물면 원하는 기회가 오지 않아서 한참을 기다릴 수도 있고, 투자가 재미없을 수도 있습니다. 하지만 능력 범위를 벗어나서 자본을 잃는 것보다는 재미없고 기회를 잃는 것이 훨씬 낫다는 것을 염두에 둘 필요가 있습니다.

그리고 투자 공부를 꾸준히 하면 시간이 지날수록 능력 범위는 확장됩니다. 세상의 모든 사업을 알려고 노력하지 말고, 우선 자신이 잘 아는 분야부터 시작해서 점차 영역을 넓혀 가면 됩니다. 넓혀 가는 분야도 자신이 감당할 수 없는 영역이 아닌 자신의 기존 상식과 추가 공부를 바탕으로 충분히 이해할 수 있는 영역으로 가시면 됩니다. 아래 그림처럼 기존 영역에서 전방위로 확장해서 예쁜 원을 그리는 것이 아니라, 조금 못 생기더라도 잘 아는 영역으로 좀 더 확장하고 모르는 영역은 과감히 포기하는 것이지요.

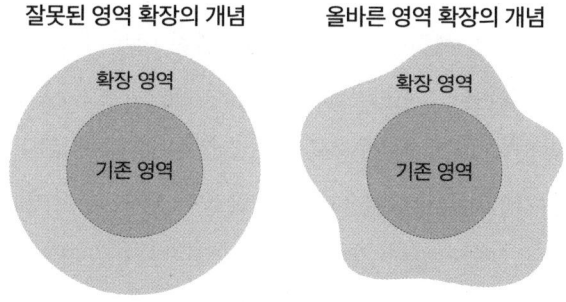

안전마진 구현의 한 방법, 분산 투자

앞서 우리는 가치 투자의 가장 기본 개념과 안전마진의 철학을 이야기했습니다. 그런데 안전마진을 실행하기 위해서는 분산 투자가 필요합니다. 자신의 능력 범위에서 안전마진이 큰 종목을 고른다는 것은, 이익을 볼 가능성이 크다는 것이지 손실의 가능성이 전혀 없다는 것은 아닙니다.

실력이 뛰어나서 다수의 실행에서 성공할 확률이 높다고 하더라도 현재 상황에서 전혀 예측할 수 없는 새로운 상황이 발생하면서 몇 번의 투자에서는 실패할 확률이 충분히 존재합니다. 개별 투자에서는 가능한 깊은 안전마진을 확보하여 대처하고, 한두 차례 실패의 위험을 낮추는 방법으로 분산 투자가 유용한 대안입니다.

분산 투자를 행하는 방법은 두 가지입니다. '종목 분산'과 '시간 분산'이 그것입니다. 종목 분산은 개별 투자에서 가치 계산이 잘못된 경우를 대비하여 다수의 종목에 분산 투자를 하는 것이고, 시간 분산은 투자자가 투자와 회수 시점을 정확히 맞추기 힘들기 때문에 투자금을 분할하여 여러 번에 걸쳐 매수, 매도하는 것입니다.

사실 종목 분산 투자에 대해서는 여전히 많은 논쟁이 있습니다. 먼저 많은 분이 오해하는 것 중 하나가 워런 버핏이 집중 투자만 지지했다는 것입니다. 저는 버핏이 강경한 집중 투자 지지자로 비춰진 것은 버핏이 가진 특정 종목만을 강조한 미디어 효과일 뿐이라고 생각합니다. 버핏을 떠올리면 사람들은 당연히 코카콜라, 질레트, 웰스파고, 애플 등과 같이 세계적으로 널리 알려져 있고, 보유한 규모가 큰 기업을 거론합니다.

하지만 버핏은 사람들의 생각보다 많은 종목을 보유하고 있습니다. 버핏이 CEO로 있는 버크셔 해서웨이는 2019년 말 기준으로 45개 이상의 주식시장 상장 종목을 보유하고 있고, 그중 아래 표와 같이 상위 15개 기업 목록만 공개하고 있습니다. 비상장 기업과 비중이 작은 상장 주식을 포함하면 이보다 훨씬 많을 것으로 추정됩니다.

		12/31/19	
Company	Percentage of Company Owned	Cost**	Market
		(in millions)	
American Express Company	18.7	$ 1,287	$ 18,874
Apple Inc.	5.7	35,287	73,667
Bank of America Corp.	10.7	12,560	33,380
The Bank of New York Mellon Corp.	9.0	3,696	4,101
Charter Communications, Inc.	2.6	944	2,632
The Coca-Cola Company	9.3	1,299	22,140
Delta Air Lines, Inc.	11.0	3,125	4,147
The Goldman Sachs Group, Inc.	3.5	890	2,859
JPMorgan Chase & Co.	1.9	6,556	8,372
Moody's Corporation	13.1	248	5,857
Southwest Airlines Co.	9.0	1,940	2,520
United Continental Holdings Inc.	8.7	1,195	1,933
U.S. Bancorp	9.7	5,709	8,864
Visa Inc.	0.6	349	1,924
Wells Fargo & Company.	8.4	7,040	18,598
Others***		28,215	38,159
Total Equity Investments Carried at Market		$110,340	$248,027

출처: Berkshire Hathaway

버크셔 해서웨이가 이미 엄청나게 큰 규모의 자금을 운용하기 때문에 어쩔 수 없이 다수의 종목을 보유할 수밖에 없다고 생각할 수 있습니다. 하지만 버핏이 버크셔 해서웨이를 인수하기 이전인 초창기 투자조합 시절(버핏 파트너십, 1957~1970년)의 1966년 투자 레터를 보면, 버핏의 입장을 좀 더 잘 알 수 있습니다. 버핏은 그 투자 레터에서 아래와 같이 말했습니다.

사실과 추론이 맞을 가능성이 매우 높고, 투자한 자산의 가치가 급격하게 바뀔 확률이 매우 낮다는 조건하에서만, 한 주식에 자산의 40%까지 투자할 수 있습니다. 우리는 매우 희귀한 상황에서만 40%까지 투자할 것임이 분명합니다. 물론 이 희귀성은 우리가 그런 기회를 발견할 때, 아주 집중해야 할 필요가 있다는 것을 말합니다. 버핏 파트너십 9년 역사에서 25% 이상을 투자한 경우는 대여섯 정도밖에 없었습니다.

즉, 버핏은 아주 희귀하게 좋은 기회가 온다면 그 기회를 극대화하기 위해 집중 투자를 하겠지만, 그런 기회는 자주 오지 않았다고 말한 것이지요. 세계 최고의 투자 대가도 집중 투자할 기회를 자주 발견하지 못하는데, 우리가 그런 기회를 그보다 더 자주 발견할 수 있을까요? 상대적으로 뒤처지는 실력에 대한 방어 수단으로 분산 투자는 충분히 고려할 수 있습니다. 하지만 많은 대가가 집중 투자를 강조한 것은 그것이 분산 투자보다 좋다는 단순한 논리를 이야기했다기보다 아래 세 가지를 말하고 싶었다고 생각합니다.

첫째, 투자를 하려면 꽤 많은 시간과 연구를 투입해야 하고,
둘째, 그런 시간과 연구를 투입해서 좋은 종목을 발견했을 때 의미 있는 비중을 실어야 하며,
셋째, 이런 자원(시간, 연구, 자금 등)을 단순 분산 투자를 위해 허비할 필요는 없다.

즉, 대가들은 '분산 투자 vs 집중 투자'의 구도가 아니라 '의미 없는 분산 투자 vs 의미 있는 집중 투자'의 구도로 주식을 바라봤다고 이해해야 하는 것이죠. 결국 중요한 것은 분산 투자냐 집중 투자냐가 아니라 '좋은 기업에 투자했느냐'입니다. 좋은 기업이 하나면 하나만 사는 것이고, 하나를 산 후 자금이 더 많아졌을 때 이미 보유한 기업보다 좋은 기업들을 발견하여 그쪽에도 투자를 하면 자연스럽게 분산 투자가 되는 것이지요.

분산 투자냐, 집중 투자냐?

'분산 투자냐, 집중 투자냐?'에 대한 논쟁은 투자 세계에서 답이 없는 논쟁 중 하나라고 생각합니다. 왜냐하면 결론이 '잘하는 것을 하면 된다'기 때문입니다. 이렇게 결론이 나는 이유는 두 가지입니다.

첫째, 비교의 대상이 명확하지 않습니다. 분산 투자를 할 때, 몇 종목이 분산인가요? 10종목? 30종목? 100종목? 아니면 시장 전체인가요? 30종목을 분산 투자라고 했을 때, 그 30종목은 어떤 기준으로 선정하나요? 낮은 가치평가인가요? 경제적 해자가 튼튼한 내수 기업인가요?

집중 투자도 마찬가지입니다. 집중 투자는 몇 종목인가요? 1종목? 3종목? 집중 투자 종목은 어떤 기준으로 선정하나요? 버핏이 가진 종목인가요? 아니면, 한국의 집중 투자 대가의 종목인가요? 시가총액 1위 종목인가요?

둘째, 측정의 기준도 명확하지 않습니다. 분산 투자와 집중 투자를 가르는 판단의 기준은 수익률인가요? 아니면 위험을 고려한 수익률인가요? 투자 기간은 어떻게 하나요? 투자 수익률을 산정할 때 종목을 재조정하는 리밸런싱re-balancing은 얼마나 자주 해야 할까요? 작위적으로 매년 1월 1일 할까요? 저도 사실 이런 비교 대상과 기준을 적용해서 수익률을 산정해 보지 않아 제 의견의 근거를 들기는 어렵지만, 언뜻 보기엔 비교가 불가능해 보입니다.

그럼에도 불구하고 우리는 항상 "워런 버핏은 집중 투자를 했다. 투자 대가들은 집중 투자를 추천한다 vs 아니다. 집중 투자는 위험하다. 계량 기업을 이용한 분산 투자가 낫다"를 토론합니다. 이런 각 의견의 논거는 주로 사례입니다. 그런데 아시다시피 사례를 논거로 대는 것은 아주 비논리적이고 아마추어적이죠. 자신의 의견을 입증하는 사례만 가져다 쓰고 다른 의견에 대한 반박 사례만 제시하면 되니까요. 집중 투자에 대한 반박 논리로 "한 종목 집중 투자 해서 망했다. 한 종목에 몰빵했는데 상장폐지되었다"를 들 수 있습니다. 분산 투자에 대한 반박 논리로 "쓰레기 종목 10개 모아 봤자 똘똘한 종목 하나만 못하다. 삼성전자를 30년 전에 샀으면 수백배 올랐다"라고 하겠죠. 하지만 삼성전자는 생존자 편향으로 그냥 편한 사례를 들고 있는 것이죠. 이런 것은 논거가 아니라 사례일 뿐입니다.

'분산 투자냐, 집중 투자냐?' 토론은 건전한 투자 철학, 습관을 생각하기에는 좋은 토론거리라고 생각합니다만, 답이 없는 질문입니다. 그래서 각자 처한 상황과 능력에 따라 맞은 투자법을 가져가면 된다는 지극히 상식적인 결론을 냅니다.

장기 투자를 해야 할까?

투자할 때 많이 듣는 소리가 "좋은 기업을 사서 장기로 투자하라"입니다. 얼핏 들어선, '좋은 기업'과 '장기'가 투자의 전제 조건이라고 생각할 수 있지요. 하지만 이는 큰 오해입니다. 투자는 좋은 수익률을 '자주', 그리고 '계속' 내면 가장 좋습니다. 동일한 수익률을 더 짧은 기간에 달성하면 좋은 것이죠. 그런데 왜 '장기'로 투자하라고 할까요?

결론부터 말하자면, 단기로 높은 수익률을 계속해서 낼 수 있는 사람은 극소수이기 때문입니다. 장기 투자는 투자에 있어 목적이 아닌 수단입니다. 높은 수익률을 싫어하는 사람은 없습니다. 할 수 있으면 가격이 가치를 짧은 시간 안에 반영하면 좋습니다. 하지만 그러지 못하는 것은 그렇게 될 확률이 낮고, 오히려 마이너스 효과를 가져올 수도 있기 때문이지요.

장기 투자라고 할 때는 '개별 종목' 관점에서의 장기와 '전체 포트폴리오' 관점에서의 장기를 나누어서 생각해야 합니다. 우선 종목 관점에서의 장기 투자는 다음과 같이 이해하시면 됩니다. 주식은 기업의 부분 소유권인데, 장기로는 주식 가격이 기업 가치를 반영하지만 단기로는 기업 가치가 그리는 궤적과 주식 가격이 그리는 궤적이 다를 수 있음을 인정하는 것입니다. 앞서 말한 '시간 분산'의 개념이고, 분할 매수와 분할 매도를 실행하는 이유이기도 합니다. 아래 그래프를 보시죠.

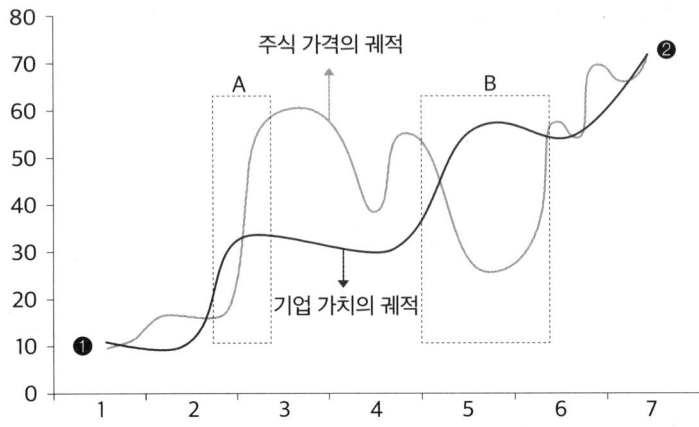

검은색 선이 기업 가치의 궤적이고 회색 선이 주식 가격의 궤적입니다. 기업 가치는 기업을 둘러싼 환경 변화와 산업 경쟁, 그리고 기업 내부의 변화 등으로 중간에 변동은 있지만, 좋은 기업이라면 ①지점에서 ②지점까지 우상향합니다. 하지만 이를 반영하는 주식 가격은 기업 가치에 비해 변동이 크고 불규칙합니다. 주식을 매매하는 사람들의 종잡을 수 없는 심리적 변화가 크게 영향을 미치기 때문이죠.

다행히도 A 시기 초반에 주식을 매수한 사람은 기업 가치보다 주식 가격이 급등하는 행운을 누리고 단기 고수익을 향유할 수 있습니다. 반면, B 시기 초반에 주식을 매수한 사람은 긴 인고의 시간을 겪어야 합니다. 기업 가치가 정체된 시기이지만, 충분히 싸다고 생각했던 주식 가격이 투자자들의 외면으로 인해 더 하락하거나 회복되는 데까지 1년 반이 걸리기 때문이죠.

즉, 기본적으로 가격이 언제 가치에 근접할지 알기 어려우니 장기 투자를 한다는 생각으로 투자를 하는 것이고, 그 와중에 운이 좋게도 단기로 가격이 급등하는 경우가 생깁니다. 대부분의 투자자가 마켓 타이밍, 즉 사고파는 정확한 시점을 맞추는 절대적인 능력이 없기 때문에 단기에 높은 수익률을 기록하는 것은 운이 크게 작용합니다.

위의 A 시기를 잘 타면 된다고 생각하시겠죠? 하지만 마켓 타이밍에 대한 환상은 버리시는 것이 좋습니다. 아래 JP 모건(JP Morgan)이라는 유명 자산운용사에서 나온 자료를 인용해 보겠습니다. 이 자료는 1998년 1월 1일부터 2017년 12월 29일까지 20년 동안 미국 주식시장 지수인 S&P 500에 투자했을 때, 다양한 경우의 수익률을 계산한 것입니다.

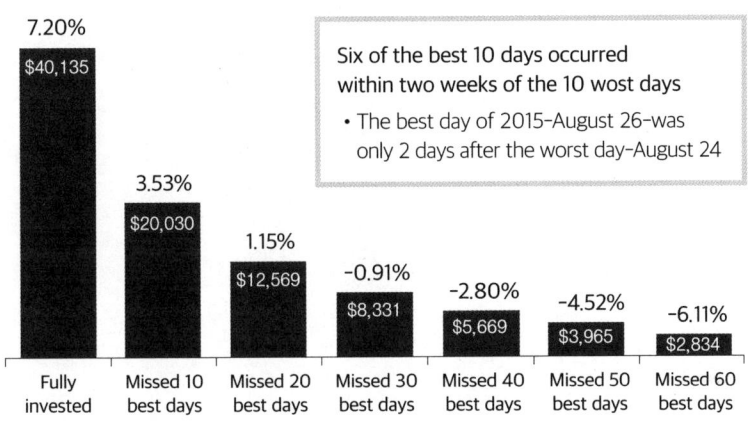

출처: JP Morgan Asset Management, 'Guide to Retirement'

우선 1998년 1월 1일에 1만 달러를 가지고 투자를 시작했고, 20년 동안 하루도 빼지 않고 투자를 했다면 2017년 12월 29일에 그 투자금은 4만 달러가 되고, 연 수익률은 7.2%입니다(맨 왼쪽 막대). 만약 하루 수익률이 제일 좋았던 10일을 선정해서 그 10일 동안만 투자를 하지 못했다고 가정한다면(왼쪽에서 두 번째 막대),

연 수익률은 절반 이하인 3.5%로 떨어집니다. 제일 좋았던 20일 동안 투자하지 못한다면 1.2%에 미치지 못하고(왼쪽에서 세 번째 막대), 상위 30일 동안 혹은 그 이상 투자하지 못하게 되면 수익률은 마이너스가 됩니다. 수익률 그 자체보다 더 놀라운 것은 수익률 상위 10일 중에 6일은 최악의 수익률을 기록했던 10일로부터 2주 이내에 발생한 결과라는 것입니다(박스 안의 내용).

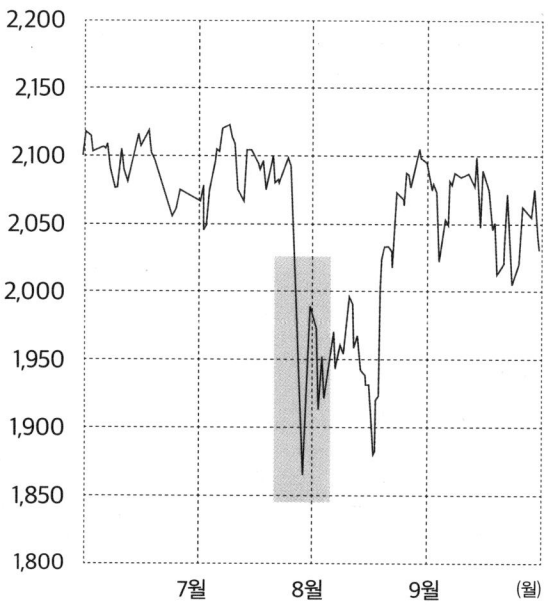

출처: Macrotrends

특히, 위 그래프에서 볼 수 있듯이 2015년 최고 수익률을 기록했던 날(8월 26일)은 최악의 수익률을 기록했던 날에서 겨우 이틀이 지난 후였습니다. 시장 타이밍을 맞추는 것이 얼마나 어려운 일인지를 확인할 수 있습니다.

수익률이 제일 좋았던 10일을 제외하고 투자한 행위가 10년 동안 누적된다면, 연간 수익률 차이가 두 배가 됩니다. 그리고 그 하루는 가장 안 좋았던 날들과 같이 오는 경우가 많습니다. 시장이 급락할 때, 과연 과감하게 주식을 살 수 있는 용기와 철학을 가진 사람이 많았을까요? 시장 급락은 자주 감정적인 의사결정을 가져오고, 이것이 수익률에 부정적인 영향을 줍니다. 변동성을 관리하고, 시장에 남아서 장기로 투자하는 것이 더 나은 결과를 가져올 수 있음을 알려주는 대목입니다.

포트폴리오 관점에서 장기 투자는 '복리 효과' 때문입니다. 아래 그래프를 보세요.

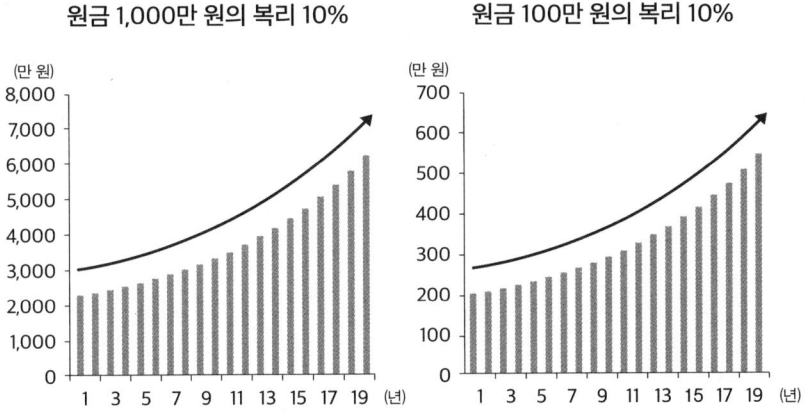

동일한 10% 수익이라고 하더라도 원금이 늘어난 상태에서의 10% 수익률이 절대 금액이 큽니다. 장기 투자를 하는 것은 복리의 효과를 쉼 없이 일하게 하려는 목적인 것이죠. 장기 투자를 통한 복리 효과와 관련해서 유명한 차트를 하나 보여드리겠습니다.

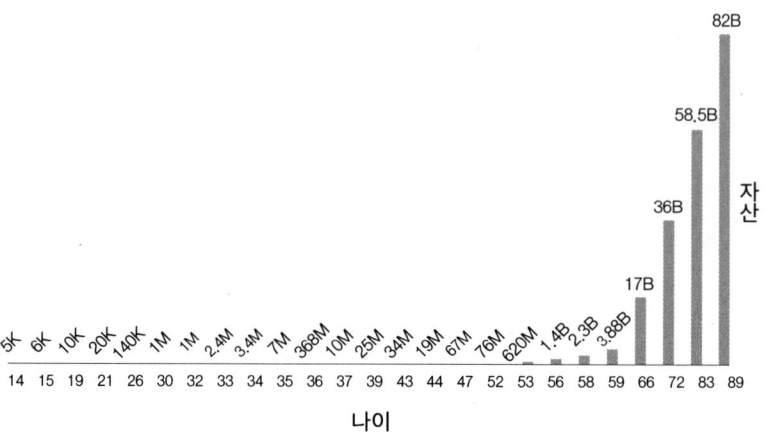

출처: greatmusings.com

　워런 버핏의 나이대별 부의 규모를 계산한 그래프인데, 50대 이후 부의 규모가 커졌고, 특히 60대 이후 부의 규모가 기하급수적으로 커진 것을 확인할 수 있습니다. 장기 투자에 따른 복리 효과를 가장 극명하게 보여주는 자료이기도 합니다.

[와이민 콕!]
가치 투자와 게으름 투자

투자 구루가 많이 하는 이야기가 있습니다. "좋은 주식을 사서 장기로 투자하라." 이 말에 대부분의 초보 투자자는 이렇게 반응합니다. "장난해? 좋은 주식을 발견할 수 있어야 하지!" "장기라면 얼마나 장기인데? 아끼다가 똥 되지!" 사실 "좋은 주식을 사서 장기로 투자하라"는 이 오래된 경구는 가치 투자를 함축적으로 나타낸 말이기도 하지만, 투자자가 가장 조심해야 할 말이기도 합니다.

이 말에서 투자자가 가장 조심해야 할 부분은 좋은 주식을 발견하고 보유'만' 하면 된다고 오해하는 것입니다. 물론, 이 경구에는 기본적으로 좋은 주식을 사라는 전제가 있어 이를 충족하는 좋은 주식이라면 시간이 지나면서 스스로의 가치를 발현하게 되겠죠. 문제는 우리가 워런 버핏이 아니라는 것입니다. 아니, 심지어 워런 버핏도 잘못된 주식으로 고생한 경우가 많습니다.

"좋은 주식을 사서 장기로 투자하라"라는 말 속에는 "주기적으로 체크하라"는 말이 숨겨져 있습니다. 세계 제일의 투자자도 실수하는 마당에 일반 개인 투자자가 실수하지 않기를 바라는 것은 어불성설입니다. 그렇기 때문에 매우 큰 안전마진을 찾아야 하고, 분산 투자를 해야 하고, 장기 투자를 해야 하는 것이긴 합니다만, 그럼에도 여전히 실수는 피할 수 없습니다.

장기 투자의 기본은 좋은 주식이고, 그렇기에 좋은 주식이었는지 주기적으로 가치를 재산정해 봐야 합니다. 다시 체크했을 때도 여전히 좋은 주식이라면 지속적으로 보유해야 하고, 만약 실수였음이 판명되면 당연히 그 시점에서 팔아야 합니다. 그런데 우리는 이것을 잘하지 못합니다.

가치 투자자가 주식을 매수했다고 하면, 기본적으로 상당한 리서치를 했을 가능성이 높습니다. 그렇게 노력을 한 끝에 매수한 주식이라면, 자기 확신도 클 것입니다. 자기 확신이 큰 주식이 자기의 판단과는 달리 하락하게 되면, 통상적으로 시장이 주식의 가치를 몰라주고 있다고 생각하면서 소위 말하는 '존버' 상태에 들어가게 됩니다. 그렇게 해서 성공한 경우도 있겠지만, 실제로는 시장이 옳아서 자신의 판단이 실수였을 수도 있고, 처음 매수했을 때보다 기업 가치가 훼손되고 있어 주가 하락이 정당화되는 경우도 있습니다.

투자자는 어느 순간 정신을 놓아 버립니다. '원래 좋은 기업이었고, 지금은 일시적으로 어려움을 겪고 있지만, 상황이 달라지면 기업 가치를 회복할 것이고 주가도 오를 거야'라고 생각합니다. 이것은 가치 판단이 아닌 믿음이고, 자기 최면에 빠지는 것입니다. 이때부터는 자기 판단에 부합하는 정보만을 수용하고, 분기 보고서나 뉴스 등이 기업 가치가 하락하고 있음을 보여 줘도 애써 무시하기 시작합니다.

가치 투자라는 명분으로 시작했지만, 주식을 방치하는 것으로 변질되었고, 주식을 매수할 당시의 열정적인 리서치는 어느새 믿고 싶어하는 판단의 근거만을 수집하는 서치로 바뀌게 됩니다. "이번 분기에는 이런 일 때문에 실적이 안 나온 거야. 다음 분기에는 달라질 거야"라고 간단하게 분석하고 끝내 버립니다. 알고 싶지 않은 현실과 자신의 판단을 부정하는 근거를 직시하지 못하는 것이죠.

이는 제가 가장 잘 빠지는 오류이기도 합니다. 좋은 기업이 계속 좋은 기업일 것이라 믿으면서 모든 부정적인 신호를 애써 외면하면서 게을러집니다. 찰리 멍거는 "자신의 마음을 바꾸어 자신이 가장 사랑했던 아이디어를 파괴할 수 있는 자기 비판 능력을 갖추어야 한다"고 말했습니다. 자기 비판을 하려면 끊임없이 새로운 정보를 수용하는 노력이 필요한데, '의도적으로' 게을러지면서 새로운 정보의 유입을 막는 것이죠. 그래서 가치 투자자가 가장 경계해야 할 것 중의 하나가 바로 게으름입니다.

여러분은 가치 투자를 하고 계신가요? 아니면, 게으름 투자를 하고 계신가요?

3

주식을 공부하지 말고, 기업을 공부하라

2장에서 가치 투자의 기본 개념 및 안전마진, 분산 투자, 장기 투자 등에 관해 이야기했습니다.

이제 어떤 주식을 골라서 장기 투자를 하는 것이 좋을지 알아보려고 합니다. 많은 투자자가 가장 궁금해하는 내용이죠. 그런데 좋은 주식을 알아보는 혜안을 가지려면 역설적으로 주식이 아닌 '기업'을 공부해야 합니다. 직접적으로 주식을 움직이는 것은 수급이지만, 그 수급을 만드는 것은 기업이기 때문이죠. 일시적으로 인위적 수급을 만드는 것은 소위 말하는 작전, 테마 등일 뿐입니다. 나무를 흔드는 것은 바람이지만, 그 바람을 만드는 것은 지구임을 잊지 말아야 합니다. 주식을 공부하지 마시고, 기업을 공부하세요. 그래야 지속 가능한 투자 성공이 가능해집니다.

종목이냐, 기업이냐?

좋은 기업에 대해 본격적으로 살펴보기 전에 다소 혼동할 수 있는 개념들을 정리해두고 넘어 갑시다. 앞에서 제가 주식을 공부하지 말고 기업을 공부하라고 했는데, 보통 기업 대신 '종목'이라는 단어도 많이 쓰지요? 그래서 투자에 뛰어 들면 자주 듣게 될 종목이라는 단어에 대해 정리하고, 좋은 기업에 관한 이야기를 하려 합니다.

언젠가 존경하는 선배 투자자와 커피를 마시며 담소를 나누고 있을 때였습니다. 투자할 만한 기업이 뭐가 있는지를 이야기하며 서로 관심 있는 기업에 대해 이야기했습니다. 그때 저는 "관심 가지고 보는 종목은 ○○○, △△ 등이 있어요"라고 했습니다. 제 이야기를 가만히 듣던 선배가 말하길, "나는 주식을 종목이라고 이야기하지 않아. 투자할 회사라고 표현하지"라고 하더군요.

가볍게 한 이야기였지만, 저는 그 말을 들었을 때 머리가 멍하더군요. 뭐랄까, 투자를 대하는 접근 자세와 진정성의 차이가 느껴졌습니다. 종목과 회사 또는 기업이라는 명칭이 작은 차이라고 생각하실 수도 있지만, 주식을 종목이라고 부르는 사람과 투자할 기업이라고 부르는 사람은 주식을 대하는 태도부터 다르다는 것을 깨달았습니다.

국어사전에는 종목이라는 용어를 이렇게 정의합니다. "매매 거래의 대상이 되는 유가 증권을 내용과 형식에 따라 분류한 것. 일반적으로 회사명을 붙여 사용한다." 즉, 종목이라는 명칭도 기본적으로 회사를 기본으로 하지만, 매매 거래의 대상이라는 점이 추가된 것이죠. 그렇기 때문에 일반적으로 종목이라고 부르면 주식 그 자체에 집중하는 것이고, 기업이라고 부르면 주식의 기저를 형성하는 사업에 집중하는 것입니다.

투자라는 것은 사업의 가치를 근간으로 하여 가치와 시장 가격의 차이가 발생했을 때 이를 기회로 활용하는 행위입니다. 가치, 그리고 가치와 가격의 차이 둘 다 중요하지만, 어느 부분에 조금 더 비중을 두느냐에 따라 스타일이 나뉘죠. 주식을 종목이라고 부르고 접근하면 매매라는 행위와 가치 및 가격의 차이에 좀 더 무게를 두게 되고, 주식을 기업으로 부르고 접근하면 사업의 가치에 좀 더 집중하게 되는 것 같습니다. 주식 분석에 있어 비중을 어디에 두느냐와 관련된 작은 차이일 수 있지만, 그 작은 차이가 투자 대상과 분석의 질적 차이를 가져올 수 있습니다.

심리학 용어 중 피그말리온 효과라는 것이 있습니다. 간절히 바라거나 긍정적 기대나 관심을 가지면 그것이 현실화되어 좋은 영향을 가져온다는 것이죠. 투자에서도 이것이 통하는 것 같습니다. 아무 생각없이 불렀던 용어를 바꾸는 작은 습관의 차이가 투자 대상을 대하는 자세를 바꾸고, 대상에 접근하는 자세가 바뀌면 그 너머에 있는 기업이나 삶에 좀 더 신경 쓰게 됩니다. 투자를 임하는 자세가 좀 더 진지해 진다고 할까요.

저도 이후로 "괜찮은 종목이 있나요?"라는 말 대신 "투자할 만한 기업이 있나요?"라는 말을 쓰기 시작했습니다. 확실히 이렇게 질문을 바꾸는 것만으로도 마음가짐이 달라지더라고요. 여러분은 주식을 어떻게 부르나요? 그럴 때 그 주식이 여러분께 어떤 의미로 다가오나요?

좋은 기업의 핵심은 좋은 사업이다

자, 그럼 이제 좋은 기업의 핵심인 좋은 사업에 대해 알아봅시다. 좋은 사업의 중요성을 워런 버핏만큼 잘 표현한 사람이 또 있을까요? 워런 버핏은 그의 회사인 버크셔 해서웨이의 1989년 주주서한에서 "재능에 대한 뛰어난 평판을 가진 경영자가 사업성에 대한 나쁜 평판을 가진 기업을 경영한다면, 변하지 않고 남는 것은 기업에 대한 평판뿐이다"라고 말했습니다. 사업 모델이 좋지 않은 기업은 아무리 뛰어난 경영자가 와도 건실한 기업으로 만들기가 쉽지 않다는 것이죠.

관련해서 워런 버핏이 기업을 고르는 기준은 다음과 같다고 알려져 있습니다.

첫째, 우리가 이해할 수 있고,
둘째, 유망한 장기 전망을 가지고 있으며,
셋째, 정직하고 능력 있는 사람들이 운영하고,
넷째, 매우 매력적인 가격에 구할 수 있어야 한다.

버핏의 전략은 좋은 사업을 찾되, 그것이 왜 좋은지 이해할 수 있어야 한다는 것인데 여기서 '좋은 사업'에 관한 기준을 두 가지 제시합니다.

첫 번째 기준은 단순성입니다. 이는 위에서 말한 첫째 조건인 '이해할 수 있느냐'와 관련 있다고 생각하시면 되고, 앞에서 배운 '능력 범위' 안에 있느냐를 생각하시면 됩니다. 여기서 오해하지 말아야 하는 점은 단순성이라고 해서 단순한 사업을 하는 기업이 좋다는 것이 아니라 상대적으로 복잡한 기업에 비해 파악하기가 좋다는 것을 의미합니다. 기업이 이해하기 복잡하면, 고품질 사업임을 식별하기가 훨씬 더 어려워져서 확률적으로 틀릴 가능성이 높아지기 때문입니다.

왜 그런지 아래 그림을 통해 살펴보죠.

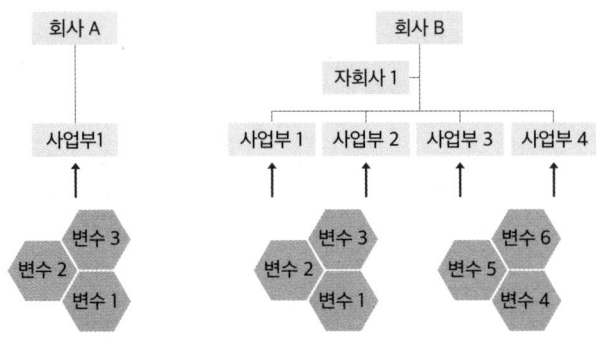

그림에서 한 가지 사업부를 가지고 있는 기업 A보다 다섯 가지 서로 다른 사업부를 가지고 있는 기업 B를 분석하는 것에 훨씬 더 많은 시간과 노력이 투입되어야 합니다. 기업 B는 각 사업부 별로 다른 경쟁력과 시장 변수를 가지고 있기 때문에 유망한 장기 전망을 가지고 있는지에 대한 판단이 틀릴 가능성도 높습니다. 단순하더라도 저평가된 기업이 많다면, 굳이 복잡한 기업을 분석할 이유가 적어지는 것이죠.

물론, 복잡한 기업은 분석하는 사람이 적어서 단순한 기업 대비 매수자가 적어 그만큼 저평가 정도가 클 수 있습니다. 실력이 있고, 안전마진에 대한 요구가 큰 사람들은 복잡한 기업이라도 충분히 투자할 수 있습니다. 하지만 그만큼 실수할 가능성도 크기에 투자자의 능력 범위와 기업의 저평가 정도 사이에 균형이 맞아야 합니다.

두 번째 기준은 영속성과 경쟁 우위입니다. 위에서 말한 둘째 조건인 '유망한 장기 전망'과 관련있습니다. 사실 좋은 기업과 관련해서 가장 중점적으로 논의되어야 하는 기준이 바로 이 부분이죠.

미래는 누구도 알 수 없다는 전제에서 본다면, 영속성이 있고 경쟁 우위를 가지고 있느냐는 정말 알기 어렵습니다. 모든 기업은 그 기업이 훌륭하든 아니든 큰 위기를 맞습니다. 한국에서 가장 뛰어난 기업 중 하나라고 하는 삼성전자도 수많은 위기를 거치면서 수많은 노하우와 자산을 축적해 왔습니다. 삼성전자는 미래에도 다양한 위기를 겪을 것이고, 그 위기를 극복한다면 더 좋은 기업으로 성장할 것입니다. 우리는 현재의 삼성전자가 아니라 미래의 삼성전자를 보고 투자하는 것이고요.

미래를 정확하게 예측할 수 없다면, 미래에 영구적으로 나빠질 가능성, 즉 실패를 줄이는 것이 더 중요합니다. 실패를 줄이기 위해서는 과거를 분석해야 합니다. 물론 과거와 상관없이 갑자기 좋아지는 기업도 있지만, 미래에 좋을 기업은 과거에 좋았던 기업일 확률이 높기 때문입니다. 즉, 과거와 현재를 분석하는 것은 미래에도 좋을지에 대한 단초를 얻기 위해서입니다. 그 단초란 '이 기업이 과거부터 현재까지 어떤 연혁으로 사업을 해 왔는가?' 내지는 '이 사업이 장기적으로도 성공을 유지할 수 있다고 믿을 만한 근거는 무엇인가?'입니다.

왜 좋은 사업을 하는 기업을 사야 할까요? 그 이유는 워런 버핏에게서 발견할 수 있습니다. 버크셔 해서웨이의 인수는 버핏의 대표적인 실패 사례입니다. 현재 버크셔 해서웨이가 지금은 버핏의 지주회사고 그 위상을 감안한다면 실패 사례라는 것이 의외일 수 있습니다. 하지만 1962년 버핏이 버크셔에 투자했을 때, 버크셔는 그저 그런 섬유회사였습니다. 버핏은 가격이 지나치게 저렴해 보여 매수를 시작했고, 충분히 낮은 가격으로 매수하면 괜찮은 이익을 내고 매도할 수 있다고 보았습니다.

하지만 버핏의 예상과는 달리 버크셔의 사업은 더 악화되었고, 버핏이 손을 떼려고 했을 때는 너무 늦어 버렸습니다. 그래서 버핏은 추가적으로 주식을 매수하여 본인이 CEO가 되었습니다. 섬유사업은 끔찍했고, 자본이 잠식되기 시작하자 버핏은 어쩔 수 없이 다른 투자를 위한 지주회사로 버크셔를 활용하기로 했습니다. 즉, 버크셔는 버핏의 실수를 만회하는 과정에서 탄생한 결과물일 뿐이지, 좋은 사업에 투자한 결과물은 아닌 것이죠. 버핏 스스로 버크셔 투자는 2,000억 달러 정도의 비용이라고 할 정도로 실패를 인정하고 있습니다.

버크셔는 과거에 좋은 사업을 했던 적은 있었지만, 산업이 사양길에 접어들었고 다른 경쟁자 대비 경쟁 우위를 가질 수 있는 차별화 요소가 적었습니다. 아무리 싼 가격이라도 기본적으로 좋은 사업을 영위하지 못하는 기업에 투자하는 것이 얼마나 어려운지 알 수 있습니다. 버핏은 초기 수년 간의 투자 경험을 통해 좋은 사업에 대한 투자가 얼마나 중요한지를 스스로 깨우치고, 투자 스타일을 발전시켜 나갔습니다. "훌륭한 회사를 합리적인 가격에 사는 것이 보통의 회사를 훌륭한 가격에 사는 것보다 낫다(1989년 버크셔 해서웨이 주주서한)"라고 말했고, "시간은 훌륭한 사업의 친구이지만, 평범한 사업에는 적이다(1989년 버크셔 해서웨이 주주서한)"라고 평하면서 좋은 사업의 중요성을 강조했습니다.

이익과 성장의 관계

성장은 무척 중요합니다. 기업의 존재 이유 중 하나는 성장을 통한 주주 이익 증진이기 때문입니다. 쉽게 설명해서 성장하지 않은 기업의 주식을 보유하는 것은 주주의 자산을 보전하는 것인데, 자산의 보전은 기업보다 은행이 더 안전합니다. 성장하지 않는 기업을 사는 경우는 미래에 성장할 것이라는 충분한 증거가 있는 경우나, 기업의 가치 대비 주가가 지나치게 싸서 성장이 없더라도 우수한 기대 수익이 나올 수 있어야 합니다.

그러면 어떻게 성장하는 기업인지 파악할 수 있을까요? 여기서 우리는 필립 피셔Philip Fisher라는 위대한 투자자의 조언을 경청해야 합니다. 그의 책 『위대한 기업에 투자하라Common Stocks and Uncommon Profits and Other Writings』와 『보수적인 투자자는 마음이 편하다Conservative Investors Sleep Well』에서 필립 피셔는 다음과 같이 누차 말합니다.

시장이 충분히 커야 합니다. 기업의 제품이 속해 있는 시장이 기업의 현재 매출액 대비 커야 합니다. 우선 현재는 시장 규모가 절대적으로 크지 않더라도 향후 계속 커져 나갈 수 있는 시장이어야 합니다. 시장이 커 나가면서 그 시장의 플레이어들이 수혜를 입을 수 있는 시장이면 좋습니다. 성장률이 높으면 좋지만 최소한 물가상승률 이상의 성장률은 나와야 합니다. 시장이 성장하지 않아도 됩니다. 하지만 성장하지 않는 시장에서는 기업이 능력을 발휘해 시장점유율을 높일 수 있도록 충분히 커야 합니다. 즉, 시장이 2% 성장한다고 하더라도 기업이 혁신적인 제품을 출시해 점유율을 5%에서 30%

로 늘리면 시장 성장률 이상으로 충분히 성장을 만들어 낼 수 있는 것이지요.

이미 좋은 기업이라고 하더라도, 시장이 커지지 않고 기업의 점유율도 추가적으로 올릴 수 없다면, 기업의 매출액 성장률은 하락할 수밖에 없습니다. 성장률이 하락하면 자기자본이익률Return on Equity, ROE가 하락하고, 이는 주주에게 부정적입니다. 아래 표로 좀 더 설명 드리겠습니다.

(단위: 억 원)

	1년	2년	3년	4년	5년	6년	7년	8년	9년	10년
매출액	100	103	106	109	113	116	119	123	127	130
(성장률)		3%	3%	3%	3%	3%	3%	3%	3%	3%
영업비용	90	93	95	98	101	104	107	111	114	117
고정비	20	21	21	22	23	23	24	25	25	26
변동비	70	72	74	76	79	81	84	86	89	91
영업이익	10	10	11	11	11	12	12	12	13	13
(영업이익률)	10.0%	10.0%	10.0%	10.0%	10.0%	10.0%	10.0%	10.0%	10.0%	10.0%
세전이익	10	10	11	11	11	12	12	12	13	13
법인세	2	2	2	2	2	2	2	2	3	3
순이익	8	8	8	9	9	9	10	10	10	10
자본	100	108	116	125	133	142	152	161	171	181
ROE	8.3%	7.9%	7.6%	7.7%	7.6%	7.3%	7.0%	6.7%	6.1%	5.9%

예를 들어, 매출액이 100억 원이고, 영업이익률은 10%, 순이익은 8억 원을 내던 기업이 있다고 하겠습니다. 이 기업의 자본은 100억 원이고, 고정비는 매년 3% 증가하며, 변동비는 매출액 대비 70% 비율을 유지합니다. 법인세율은 20%이기 때문에 첫 해 순이익은 8억 원입니다. 이 경우 순이익을 2년 평균 자기자본으로 나눈 값인 ROE는 8.3%입니다. 배당은 없고, 순이익의 전액을 사내 유보하여

그만큼 자본이 증가한다고 가정합니다.

만약, 이 기업의 매출액이 3% 증가한다면, 10년 후 매출액은 130억 원이 되고 영업이익은 13억, 순이익은 10억 원이 됩니다. 하지만 10년 동안 자본이 8%로 늘었기 때문에 10년 후 ROE는 5.9%로 하락합니다. 충분하지 못한 매출액 증가율로 인해 주주 가치 성장률이 하락하게 되는 것이죠.

이를 타개하기 위해서는 매출액 증가율이 높아지거나, 이익률이 높아지거나, 아니면 주주 배당을 통해 자본을 줄여야 합니다. 가장 좋은 방법은 매출액 증가율이 높아지는 것이고, 이는 결국 시장 규모가 중요함을 다시 한번 알려줍니다.

시장 규모에 한계가 있다면, 기업은 현재 제품에 만족하지 않고, 미래를 위해 준비를 하고 있어야 합니다. 새로운 시장에 진출하거나 새로운 제품을 준비해야 하는 것이죠. 한국 시장에 머무르지 말고, 미국, 유럽, 중국 시장 등으로 진출해야 하며, 그것이 아니라면 기존 제품을 응용해서 새로운 제품을 늘려야 합니다. 당장 가시적인 시장 혹은 제품이 없더라도 연구개발 활동을 통해 새로운 매출원을 발굴하는 노력을 지속해야 합니다.

현재의 높은 영업이익률과 ROE도 중요합니다. 현실적으로 이익이 적은 업체가 연구개발을 많이 할 수는 없습니다. 연구개발로 이익률이 하락했다면 살펴볼 필요가 있지만, 이익률 자체가 아주 낮은 업체는 구조적으로 '연구개발 → 신제품 → 성장 → 연구개발'이라는 선순환의 고리를 만들기 힘듭니다. 충분한 연구개발을 하고 있음에도 이익률이 높다면 아주 좋은 업체고, 이러한 기업은 '경제적 해자'를 가지고 있는 경우가 많습니다. 이 경제적 해자에 대해서는 뒤에서 말씀드리겠습니다. 연구개발을 열심히 하기 때문에 이익률이 낮다면 그 연구개발의 성과가 언제, 어떻게 나올지를 파악한다면 아주 좋은 투자 기회가 될 수 있습니다. 2015년 한미약품이 대표적인 사례입니다.

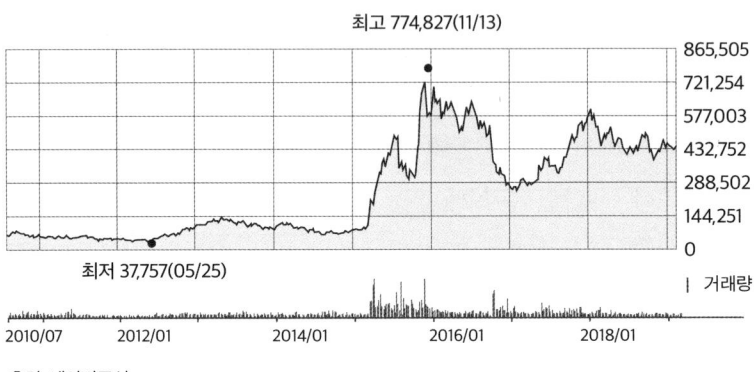

출처: 네이버주식

제가 미국에서 일했던 가치 투자 펀드가 한미약품에 투자하여 큰 수익을 본 사례를 말씀드려 보겠습니다. 펀드가 이 기업에 주목한 이유는 기존 제약 사업을 통해 안정적인 현금흐름을 만들면서도 R&D에 대한 엄청난 투자를 하고 있었기 때문입니다. 아래 당시의 손익계산서를 보면, 한미약품은 연간 경상개발비를 700억 원 수준에서 950억 원으로 늘렸습니다. 그럼에도 영업이익은 증가하고 있었습니다. 이것을 보고 펀드는 이 기업의 물량을 늘리기 시작했고, 다행히 주가도 5만 원에서 10만 원 이상으로 상승을 했습니다.

	제 4 기	제 3 기	제 2 기
Ⅰ. 매출액	730,133,509,597	674,005,086,851	606,192,086,562
(1) 제품매출	601,584,101,956	546,791,674,908	481,731,662,073
(2) 상품매출	113,315,640,690	114,810,059,816	120,692,059,059

(3) 임가공매출	13,925,424,951	8,430,002,143	3,418,015,430
(4) 기술수출수익	1,308,342,000	3,973,349,984	350,350,000
II. 매출원가	313,679,683,278	279,326,076,237	271,856,794,389
(1) 제품매출원가	287,094,094,242	258,772,389,169	251,169,018,360
(2) 상품매출원가	15,267,860,778	15,520,495,823	18,064,828,271
(3) 임가공매출원가	11,317,728,258	5,033,191,245	2,622,947,758
III. 매출총이익	416,453,826,319	394,679,010,614	334,335,292,173
IV. 판매비와관리비	259,593,532,509	266,548,867,796	242,627,544,224
V. 경상개발비	94,965,049,239	79,986,795,248	70,515,495,193
VI. 영업이익	61,895,244,571	48,143,347,570	21,192,252,756

그런데, 그다음 해 실적과 주가는 크게 하락했습니다. 2014년 매출액은 나름 꾸준히 증가했고, 매출총이익도 비례해서 늘어나지는 않지만 양호한 수준이었습니다. 하지만 경상개발비는 2년 동안 70%가 증가했습니다. 매출액/매출총이익에 비해 급격하게 늘어난 경상개발비로 인해 영업이익은 당해 40% 이상 감소했습니다.

	제 5 기	제 4 기	제 3 기	
I. 매출액	761,279,849,468	730,133,509,597	674,005,086,851	꾸준한 매출 증가
(1) 제품매출	655,887,034,519	601,584,101,956	546,791,674,908	
(2) 상품매출	82,115,257,264	113,315,640,690	114,810,059,816	
(3) 임가공매출	16,555,308,402	13,925,424,951	8,430,002,143	
(4) 기술수출수익	1,297,975,000	1,308,342,000	3,973,349,984	
(5) 기타매출	5,424,274,283	0	0	
II. 매출원가	338,776,803,211	313,679,683,278	279,326,076,237	
(1) 제품매출원가	255,422,615,444	287,094,094,242	258,772,389,169	
(2) 상품 애초원가	68,717,323,710	15,267,860,778	15,520,495,823	
(3) 임가공매출원가	14,565,246,798	11,317,728,258	5,033,191,245	
(4) 기타매출원가	71,617,259	0	0	

3. 주식을 공부하지 말고, 기업을 공부하라

III. 매출총이익	422,503,046,257	416,453,826,519	394,679,010,614	꾸준한 매출 증가
IV. 판매비와관리비	252,883,111,901	259,593,532,509	266,548,867,796	크지는 않지만 양호한 매출 총이익 증가
V. 경상개발비	135,167,920,132	94,965,049,239	79,986,795,248	경상개발비의 급증
VI. 영업이익	34,452,014,224	61,895,244,571	48,143,347,670	영업이익 단기 급감
VII. 금융수익	3,943,418764	4,239,334,146	3,469,224,046	
VIII. 금융비용	12,196,271,307	14,890,918,143	17,594,312,726	
IX. 기타영업외수익	16,452,007,102	11,093,656,736	7,354,195,580	

당연히 조급한 투자자들은 이 시기를 견디지 못하고 주식을 팔았고, 주가는 고점에서 절반정도까지 하락했습니다. 그런데도 펀드는 주식을 팔지 않고 오히려 물량을 더 늘렸습니다. 한미약품은 경상개발비를 제외하고는 꾸준한 실적 향상을 기록하고 있었고, 경상개발비는 미래 신약 개발을 위한 투자였으며, 경상개발비의 결과가 나오기도 전이었으니 영업이익 감소는 기업의 펀더멘털 훼손과는 무관하다고 본 것이었죠.

당시의 시가총액이 1조 원이 되지 않았는데, 펀드는 경상개발비가 늘어나기 전 수준으로 감소하여 이익이 회복한다면 P/E 15~20배 수준이고, 이는 충분히 적정한 주가 수준이라고 보았습니다. 그런데 만약 크게 늘린 경상개발비가 성과를 내어 신약 개발에 성공을 한다면, 현재의 주가는 굉장히 싼 것이라고 판단을 했습니다. 만약 경상개발비가 원하는 성과를 내지 않더라도, 개발 과정에서 쌓인 노하우가 다른 신약 개발에도 활용될 수 있기 때문에 좋다고 본 것이죠.

결과는 모두가 알다시피 신약 개발이 성공적이었고(물론, 그 후의 잡음이 있었지만……), 기업의 주가는 바닥에서 10배 정도 올랐습니다. 펀드가 언제 매도를 했는지는 저도 정확히는 모릅니다(전

직장이었다고 하더라도 매수, 매도 시점을 알려주지는 않습니다). 정확히 언제였는지 모르더라도, 펀드의 투자 기준인 "3년 2배"는 충분히 달성하고도 남았을 것 같습니다.

이렇게 보면, 되게 단순하죠? '기업이 개발비 많이 늘려서 이익이 감소한 시기를 이용해서 잘 매수하고, 실제 개발 성과가 나오자 매도한 것이네'라고 생각할 수 있습니다. 지금은 일반화된 상황이겠지만 그 당시에는 다소 생소해 보이는 사례였기 때문에, 이익이 감소한 시기에 실제 투자를 단행한 투자자는 실제로 많지 않았을 것입니다. 당시의 주가 하락이 이를 대변합니다. 단순해 보여도 쉽지는 않은 것이죠.

제가 이 투자 사례를 통해 말씀드리고 싶은 것은 네 가지입니다.

1. 명확한 투자 기준을 가지고 있으면, 섹터, 스타일에 크게 구애받지 않고도 다양한 투자를 할 수 있다.
2. 기업이 성장하는 방법에 대한 충분한 이해가 있다면 중장기 펀더멘털 훼손과 일시적 이익 감소를 구별할 수 있다.
3. 장기 투자자의 관점에서 보면, 시장의 조급함이 만들어 주는 진입의 기회를 적극적으로 활용할 수 있다.
4. 이 아이디어를 차용해서 다음 번에 비슷한 투자의 사례를 만들 수 있다.

가치 투자자는 바이오 기업에 투자하지 않는다고 생각하는 분들이 있습니다. 그렇지 않습니다. 명확한 성장 동력이 보이고, 그 성장 동력이 없어도 충분한 가격대라고 생각되는 가격에 주가가 오면 투자를 합니다. 나름대로의 현재 이익 혹은 과도한 투자 비용을 제거한 상태의 이익으로 안전마진을 확보한 상태에서 미래 성장 동력이 아직 주가에 반영되지 않은 시점에 투자를 하는 것이죠. 한미제약 투자 사례는 이에 대한 실증입니다.

뛰어난 경영진은 이러한 활동을 뒷받침합니다. 경영진의 가장 중요한 능력은 기업이 사용할 수 있는 자원을 최대로 활용하여 지속 성장할 수 있는 토대를 만드는 것입니다 현재 속해 있는 시장에서 경쟁력을 강화해 시장 성장과 점유율 확대의 수혜를 누릴 수 있어야 하고, 그 수혜가 주주에게까지 돌아갈 수 있도록 주주 가치 제고를 위해 노력해야 합니다. 미래를 위해 연구개발에 충분한 자원을 배분하고, 이를 뚝심 있게 밀고 나갈 수 있어야 합니다.

이런 기업의 가치는 시간이 갈수록 상승합니다. 워런 버핏은 2003년 버크셔 해서웨이의 주주총회에서는 "이상적인 기업은 자본수익률이 아주 높고, 그 수익을 동일한 수익률로 사업에 재투자할 수 있는 기업이다"라고 말했습니다. 수익을 재투자해 늘어난 자본으로 더 높은 수익을 올릴 수 있는 기업이 좋은 기업입니다. 좋은 기업에게 시간은 친구라는 말을 되새겨야 하고, 시간이 친구인 기업을 선택해야 합니다.

이와 관련해서 더 자세히 공부해 보고 싶으신 분은 필립 피셔의 명저『위대한 기업에 투자하라』를 강력하게 추천합니다. 필립 피셔는 워런 버핏이 "나의 85%는 벤저민 그레이엄이고, 15% 필립 피셔다"라고 말했을 정도로 가치 투자 중에서도 성장 집중 투자로 이름을 날린 대가입니다. 이 책은 피셔의 투자 철학과 함께 실무에 도움이 되는 내용을 많이 담고 있는데, 대표적으로 장기 성장하는 기업을 발굴할 때 어떤 내용을 파악해야 하는가입니다. 피셔는 뛰어난 기업은 수년 동안 중요한 경쟁 우위를 유지하고 오히려 이를 확대하는 능력이 있는데, 이 우위가 매출액과 이익을 눈부시게 증가시키기 때문에 이러한 우위와 성장이 훼손되지 않는 이상 해당 기업에 대한 투자를 지속해야 한다고 주장합니다. 그리고 이런 위대한 기업을 찾으려면 다양한 정보원으로부터 기업에 대한 사실을 수집하는 방법을 제시했고, 이는 향후 워런 버핏을 비롯한 가치 투자자의 중요한 투자 방법론이 되었습니다. 책에서는 구체적으로 어떠한 사실을 수집해야 하는지에 대한 15가지 기준과 투자자가 하지 말아야 할 실수 10가지 등도 제시하는데, 투자자에게 상당히 유용한 내용입니다.

제가 번역에 참여한 『100배 주식100 Baggers』이라는 책도 유용합니다. 이 책은 정말 좋은 주식을 골라서 큰 수익을 내기 위해서 점검해야 할 것들을 정리한 책입니다. 한정된 시간과 자원을 활용해 투자를 해야 하는 투자자의 입장에서는 우선 최고의 주식을 고르려는 확고한 목표를 세워야 한다고 이야기하고요. 100배 오르는 주식을 찾으려는 목적 의식이 강한 책이지만, 그 100배 주식을 찾는 과정에서 투자의 원리, 철학, 실무에 대해 배울 내용을 많이 담고 있는 실용서입니다. 100배 주식을 발굴하는 실무적인 측면에서 이 책에 소개된 방법들은 상당히 효과적이고, 또 저자가 개념들과 세부 실행 방안에 대해서도 쉽게 설명하고 있어 독자들이 받아들이기 어렵지 않습니다. 무엇보다도 100배 주식을 찾아가는 단계별 세부 원리를 초보자들도 이해하기 쉽게 설명하고 있다는 것이 이 책의 가장 큰 장점입니다.

경제적 해자를 찾아라

어느 정도 투자를 공부해 보신 분이라면, '경제적 해자'라는 용어를 많이 들어보셨을 것입니다. 먼저 '해자'란 중세 시대에 성 주변에 도랑을 파고 도랑에 물을 흘려서 적으로부터의 침입에 대비하던 방어 수단을 말합니다. 여기서 유래된 말이 '경제적 해자'인데, 말 그대로 경쟁자로부터 기업의 매출과 수익을 방어해 주는 수단을 말합니다.

이 경제적 해자가 왜 중요할까요? 저는 한때 우후죽순 늘어났다가 어느 순간 사라지기 시작한 인형뽑기방을 보면서 그 중요성을 새삼 되새겼습니다. 출장 길에 있던 일입니다. 신호등을 기다리다가 횡단보도 앞쪽으로 인형뽑기방이 보이더군요. 제법 인테리어가 잘 되어 있어 들어가 보았는데, 주인도 없고, 손님도 없고, 할 일 없는 기계만 덩그러니 있었습니다. 그걸 보니 경제적 해자라는 투자의 기본을 다시 생각하게 되더라고요.

인형뽑기방이 유행이었던 것은 2016년 말에서 2017년 상반기였던 것으로 기억합니다. 부서 내 직원들도 자리에 몇 개씩 인형을 갖다 놓고, 남아도는 인형은 저를 주었던 기억이 납니다. 관련 뉴스를 보니 2017년 1월에 「불황 모르는 인형뽑기방 인기」라는 제목으로 인기 이유를 분석하는 기사도 많았습니다.

그런데 1년 만에 싹 바뀌더군요. 기사 제목에 다 '인기 시들', '폐업' 등의 단어가 들어가 있었습니다. 하루살이도 아니고, 무슨 사업이 이렇게 빨리 훅 가는지……. 왜 인형뽑기방은 광풍이 불었다가 금세 사라졌을까요? 제가 생각하는 가장 큰 이유는 인기의 실체가 약했다는 점과 사업의 진입장벽이 너무 낮다는 점, 그리고 결정적으로 시장 규모의 확장성에 대한 오판 때문이라고 생각합니다.

먼저 인형뽑기방이 왜 인기였는지 생각해 봅시다. 여러분도 아시겠지만, 인형뽑기방은 2017년 새롭게 나온 사업이 아닙니다. 우리는 유흥가 짜투리 장소에 수없이 많았던 인형뽑기 기계를 경험했습니다. 그런데 2017년에 광풍이었던 것은 약간의 새로운 경험과 언론의 합작이라고 생각합니다. 기존 인형뽑기 기계는 약간 퀘퀘한 곳에 있어 사용자 경험이 좋지 않았는데, 어느 뛰어난 선구자가 인형뽑기방을 아주 쾌적하게 만들면서 사용자 경험을 업그레이드했고, 이는 고객군이 일시적으로 확대되는 효과를 가져왔습니다. 또한, 카카오 프렌즈와 같은 '귀염성' 있는 캐릭터에 대한 소비자의 관심이 높아지고 있었던 상황에서 따로 문구사, 인형 가게를 가지 않아도 근처에서 구할 수 있는 유통 채널로서의 역할도 했다고 봅니다.

그런데 어느 순간 소비자가 자각합니다. 인형뽑기방에서 뽑은 인형이 대부분 중국에서 만든 불법 캐릭터이고 품질이 조악하다는 것을요. 품질에 비해 인형뽑기의 확률이 높지 않아서 굳이 뽑기의 재미가 아니라면 인형뽑기방에서 저품질의 인형을 살(?) 필요가 없다는 것도 인지합니다. 인형뽑기방이라는 새로운 사용자 경험에 적응한 소비자가 인형이라는 목적물에 대한 만족도가 급격히 하락한 것이지요. 인형뽑기방이라는 신선한 경험도 금방 시들해집니다. 중독성이 지속될 정도로 뛰어난 경험은 아니었던 것이죠.

진입장벽이 너무 낮았던 것도 큽니다. 아래 2017년 7월에 나온 기사를 보면, 인형뽑기방 창업의 장점으로 무인 점포와 오토 매장이라는 것입니다. 매력적이죠. 내가 일을 열심히 안 해도 기계만 사놓으면 저절로 돈이 벌린다? 네, 맞습니다. 이런 사업이 있다면 당연히 누구나 하고 싶어 합니다. 창업 자금도 그리 많이 들지 않습니다. 매장 임대료와 기계 구입비, 그리고 인형 조달 비용과 전기료 등이 소요되지만, 최초 기계 구입비와 매장 보증금이 초기 투자비이고 나머지 비용은 운영하면서 매출로 감당할 수 있으니까요. 운영의 노하우도 그리 많이 필요하지 않습니다. 무인 점포라고 할 정도면요.

유행이라고 하지, 소규모 자본에 운영하기도 쉽다고 하지, 누구나 시장에 진입합니다. 인형뽑기방을 할 장소만 있으면 됩니다. 사실 제가 생각했던 진입 장벽이라는 것이 장소인데, 상당수 인형뽑기방이 번화가 건물의 공실 기간을 채우는 소위 떳다방으로 운영되었습니다. 요즘 같이 자영업 폐업이 많은 중간중간에 상가 소유주 입장에서는 고마운 존재지요. 기존에는 번화가의 짜투리나 이면 지역에 위치해 있던 인형뽑기방이 새로운 콘셉트로 리뉴얼하여 번화가 일면 지역에 위치하게 됩니다. 당연히 보증금과 임대료가 올라갑니다. 그래도 수요만 받쳐주면 괜찮죠.

여기에 신규 창업주들의 오판도 가세합니다. 사람들은 항상 선형적으로 생각하는 경향이 있습니다. 어떤 것이 좋으면 항상 뻗어간다고 생각합니다. 하지만 실제 세상은 등락하면서 움직입니다. 등락 주기가 긴지 아니면 짧은지를 판단해야 합니다. 아쉽게도 인형뽑기방은 짧아도 아주 짧았습니다. 뛰어난 제품에 기반한 것이 아닌 변형된 사용자 경험에 기반한 체험 사업으로서의 특성이 강해졌고, 진입 장벽은 너무 낮고, 새로운 체험 사업으로서 지속되기에는 일시에 투자 자본이 올라가면서 수익성은 하락합니다.

인형뽑기방은 충분한 소비자 만족감을 지속시키지 못하는 사업이 일시적 유행으로 돈을 벌고, 이것이 새로운 경쟁자의 진입과 투자 자본 증가를 가져오면서 수익성이 훼손되는 산업의 모습을 여실히 보여줍니다. 초기 유행을 감지한 창업자나 투자자는 돈을 벌고, 이러한 산업 특성을 이해하지 못하는 후발주자는 힘들어 합니다. 아프지만, 현실입니다.

왜 워런 버핏이 그렇게 경제적 해자를 목놓아 외치는지를 생각해 보면, 더 이해가 됩니다. 누구나 할 수 있는 사업이라면, 수많은 사람들이 과실을 따먹으려 덤벼들어 순식간에 레드오션이 됩니다. 인형뽑기방이 사람들의 삶에 지속적인 만족감을 주는 아이템이었는지, 그리고 경제적 해자가 있는 사업이었는지 다시 생각해 봐야 합니다. 투자의 기본 원리는 주식 투자에만 적용되는 것이 아니라 사업 투자에도 적용됩니다.

그럼 우리는 이 기업이 경제적 해자가 있는지 없는지 어떻게 파악할 수 있을까요? 이를 파악하기 위해서는 정말 다양한 각도에서 사업과 기업을 분석해야 하기 때문에 쉽지 않습니다. 다만, 경제적 해자의 직관적인 가늠자는 높은 ROE입니다. ROE는 Return Of Equity의 약자로 번역하면 '자기자본을 투입하여 돌려받는 것'입니다. 즉, 투자한 돈 대비 어느 정도의 수익률을 기록했느냐를 측정하는 재무지표이지요. 높은 수익성의 사업은 필연적으로 경쟁자를 끌어들입니다. 그런 치열한 경쟁 상황에서도 높은 수익성을 지속하고 있다면 그 기업이 뛰어난 경제적 해자를 가지고 증명하는 것으로 볼 수 있겠죠? 그래서 ROE가 중요합니다. 하지만 단순히 높은 ROE를 보고 '아, 이 기업이 경제적 해자가 있구나'라고 단순하게 생각해서는 안 되고 높은 ROE가 지속되는 원천이 무엇인가를 분석하고 그 견고함을 검증해야 합니다.

경제적 해자의 원천과 관련해서는 워런 버핏의 영원한 파트너 찰리 멍거의 이야기가 도움이 됩니다. 찰리 멍거는 경제적 해자의 구성 요소로 크게 5가지를 제시했습니다(트렌 그리핀, 『찰리 멍거』).

1. 공급 측면에서의 규모의 경제 supply side economies of scale
2. 수요 측면에서의 규모의 경제, 네트워크 효과 demand-side economies of scale, network effects
3. 브랜드 brand
4. 규제 regulation
5. 특허와 지적 재산권 patents and intellectual property

차근차근 하나씩 살펴보도록 합시다.

1) 공급 측면에서의 규모의 경제

이런 종류의 대표적인 예는 월마트Walmart를 들 수 있습니다. 월마트는 물류 및 공급 시스템에 투자해서 공급 측면에서 엄청난 규모의 경제를 가지고 있습니다. 여기서 규모의 경제는 생산량이 늘어남에 따라 평균 생산 비용은 그보다 적게 늘면서 수익성이 올라가는 현상을 말합니다. 월마트는 수익성에 더해지는 상당한 수준의 영업 효율성도 보유하고 있지요. 하지만 최근 아마존 같은 기업 때문에 이 해자가 조금씩 약화되고 있습니다. 해자는 영원하지 않음을 잘 보여 줍니다.

2) 수요 측면에서의 규모의 경제, 네트워크 효과

페이스북, 이베이, 크렉리스트, 그리고 트위터 등이 이 구성 요소의 예가 될 수 있겠습니다만, 아마 가장 좋은 예는 구글일 것입니다. 무엇보다 구글의 검색 엔진 지배력입니다. 그것이 얼마나 강해졌는지 인터넷에서 뭔가를 검색하는 것을 '구글링'이라고 부르게 되었습니다. 찰리 멍거는 "구글처럼 넓은 해자를 본 적이 없다"고 말했습니다.

3) 브랜드

코카콜라, 나이키, 디즈니, 코스트코 등이 대표적입니다. 브랜드는 설명하기는 가장 힘든 해자 중 하나지만, 직관적으로 이해하기는 쉽습니다. 코카콜라라고 하면, 많은 사람이 캔 안에 무엇이 있는지, 그것에 사람들이 어떻게 반응할지 금방 떠올릴 수 있습니다. 브랜드는 시간이 지남에 따라 실패할 수는 있지만, 코카콜라가 한 번

시도했던 형편없는 마케팅이나 브랜드의 변경으로 스스로를 해치지 않는 한 끌어내리기는 쉽지 않습니다. 멍거와 버핏은 브랜드 기반 해자의 강도를 결정할 때 매우 중요한 테스트를 거치는데, 경쟁사가 엄청난 돈으로 브랜드를 대체하거나 약화시킬 수 있는지 여부입니다.

4) 규제

규제가 경쟁 업체에게 진입 장벽으로 작용할 정도로 높은 산업에 진출할 수 있는 역량을 의미합니다. 은행이 좋은 예입니다. 은행은 정부 기관의 규제를 역으로 활용해 왔습니다. 국가의 기간 산업과 같이 정부 규제로 단단한 진입 장벽이 형성되어 있는 경우, 이는 경제적 해자로 작용합니다. 예를 들면, 전력, 가스 등과 같이 국가에서 관리하는 인프라 업체나 소총, 전투기, 탱크 등을 생산하는 방산 업체가 이에 해당합니다. 한편, 이런 업체는 정부의 보호를 받는 반대 급부로 물량, 가격 측면에서 국가의 관리를 받기 때문에 성장성, 수익성에 제약이 있다는 점은 매력을 떨어뜨리는 요인으로 작용하니 신중한 접근이 필요합니다.

5) 특허와 지식재산권

특허 또는 다른 유형의 지식재산권을 부여받은 기업은 법적 독점권을 갖게 됩니다. 이러한 특허는 제품에 관해서는 돈을 인쇄할 권한을 부여받은 것과 마찬가지입니다. 경쟁이 덜한 시장에서 판매할 때마다 따박따박 수익이 발생할테니 말이죠. 모든 PC에 들어가 있는 인텔Intel이 좋은 예입니다. 인텔은 컴퓨터 성능을 좌우하는 핵심 반도체인 CPU를 생산하는 기업인데, 노트북에 붙어 있는 'Intel Inside'라는 스티커를 통해 익숙한 사람이 많을 겁니다. 인텔은 수많은 특허와 우수한 기술력을 기반으로 경쟁자의 시장 진입을 막고 있어 수년째 CPU 시장에서 점유율 70% 이상을 차지하고 있습니다. 그 덕분에 시장 성장의 기회가 인텔로 많이 흘러 들어가는 구조가 만들어집니다.

사실 경제적 해자의 원천을 이 5가지로만 딱 구분할 수는 없습니다. 더 많은 해자의 원천이 있을 수 있고, 과거에 해자였던 것이 지금은 아닐 수도 있습니다. 예상하기 힘든 다양한 위협이 해자를 약화시킬 수 있는 것이죠.

경제적 해자가 빨리 없어질 수 있음을 증명한 사건 중 하나는 워런 버핏의 덱스터 슈즈Dexter Shoes 인수 건입니다. 1993년 버크셔 해서웨이는 덱스터 슈즈를 인수했는데, 그 당시 덱스터 슈즈는 오랜 시간 수익성이 있었고, 견고한 프랜차이즈와 뛰어난 경영진을 갖고 있었습니다. 즉, 버핏이 좋아할 만한 기업이었죠. 버핏은 1993년 덱스터를 사기 위해 4,330만 달러를 투자했고, 그 대가를 버크셔 주식으로 주었습니다. 그렇지만 얄궂게도 견고한 경쟁력이라고 생각했던 것이 몇 년 후 사라지기 시작합니다. 가치 없는 사업을 위해 지불한 4,000만 달러의 매수 대금은 버크셔 주주에게는 35억 달러의 손실이 되었고, 지금의 가치로는 2,200억 달러가 넘습니다.

결국 무엇이 기업의 해자인지는 여러 가지 기준으로 투자자가 스스로 판단해야 하고, 이를 위해서는 기업에 대한 정확한 분석이 필요합니다. 해자의 강화 및 약화 여부를 알기 위해서는 지속적으로 기업을 관찰해야 합니다.

관련하여 읽어볼 책으로 팻 도시가 쓴 『경제적 해자The Little Book That Builds Wealth』를 추천합니다. 팻 도시는 모닝스타라는 펀드 평가 기업의 주식 리서치 담당 임원을 지냈고, 현재는 본인의 이름을 딴 도시자산운용의 대표를 맡고 있는 리서치 전문가입니다. 이 책은 제목 그대로 경제적 해자에 집중하여 일반인도 알기 쉽게 썼습니다. 진정한 해자로는 찰리 멍거의 기준과 비슷하게 무형 자산, 고객 전환 비용, 네트워크 효과, 원가 우위, 그리고 규모의 우위 등을 꼽고 있습니다. 그는 슈퍼스타 CEO가 운영하는 해자 없는 기업보다는 평범한 CEO가 운영하는 해자를 가진 기업이 성공할 확률이 높다고 말합니다. 그리고 단순히 해자를 구별하는 것에서 그치는 것이 아니라 해자가 약해지는 것도 주의 깊게 봐야 한다고 주장합니다. 경제적 해자라는 부분에 대해서 좀 더 공부하고 싶다면 꼭 읽어봐야 할 책입니다.

경영진에 주목하라

마지막으로, 워런 버핏이 기업을 고르는 기준으로 들었던 '정직하고 능력 있는 경영진'에 관해 이야기해 보겠습니다. 경영진의 의사결정이 기업을 통해 주주로까지 연결되는 흐름에서 크게는 두 가지 단계가 있습니다. 하나는 기업 가치 측면이고, 또 하나는 현금흐름 가치 측면입니다. 다음의 그림을 보시죠.

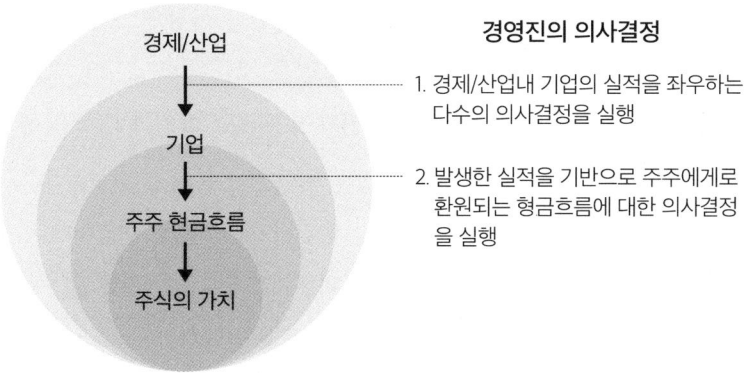

첫 번째 측면은 주식의 가치를 결정하는 것은 기업이고, 그 기업을 실제로 움직이는 것은 경영진이라는 관점입니다. 물론 기업이 경영진 몇 명에 의해서 크게 좌우된다면 그리 좋은 기업이 아니겠지만, 실제로 많은 기업이 경영진의 의사결정에 의해 단기적으로 기업 가치가 영향을 받습니다. 버핏은 이를 "좋은 회사는 선택하기 쉬운 의사결정들을 연속적으로 제시하는 반면, 나쁜 회사는 계속해서 끔찍한 선택만을 제시하며 의사결정을 극도로 어렵게 만든다"라고 표현했습니다.

버핏은 "보석을 모르면 보석상을 알아두어라"라고 하면서 경영진의 우수성을 강조했습니다. 우수한 경영진을 선별하고 소유주처럼 대접하는 것이 기업 가치에 긍정적임을 알고 있는 것이지요. 1984년 버크셔 해서웨이 주주서한에서 네브라스카 퍼니쳐 마켓Nebraska Furniture Market, NFM이라는 기업을 인수하면서 소유주였던 블럼킨 여사를 언급하며 경영자의 중요성에 대해 알려주었습니다. 1984년 버크셔 해서웨이 주주서한의 내용은 이렇습니다.

저는 블럼킨 가문이 가진 사업 비밀에 대해 많은 사람으로부터 질문을 받았습니다. 이것들은 매우 비밀스러운 것들이 아닙니다. 모든 가족 구성원입니다. (1) 벤 프랭클린과 호레이쇼 알거가 대학을 중퇴한 것처럼 열정과 에너지를 가지고 있고, (2) 놀라운 현실감으로 특별한 경쟁력의 영역을 정의하고, 그 안에서 모든 문제에 대해 영리하게 행동하며, (3) 특별한 경쟁력의 영역 밖에 떨어지는 대부분의 유혹적인 제안들조차 무시하고, (4) 그들이 대하는 모든 사람들에게 높은 수준의 태도로 한결같이 행동해야 한다는 것입니다(B 여사는 그것을 "저렴하게 팔고, 진실을 말하라"라고 요약합니다).

B 여사와 그녀 가족의 성실성에 대한 우리의 평가는 우리가 사업의 90%를 매수했을 때 증명되었습니다. NFM은 회계 감사를 한 적이 없었고, 우리도 요청하지 않았습니다. 우리는 재고를 검사하지 않았고 미수금도 확인하지 않았습니다. 우리는 부동산 소유권도 확인하지 않았습니다. 우리는 B 여사에게 5,500만 달러의 수표를 주었고, 그녀는 우리에게 승낙의 말을 했습니다. 그것이 대등한 교환을 만들었습니다.

능력이 뛰어나고, 정직한 경영진이라면 전적으로 믿을 수 있다는 것입니다. 재무제표의 숫자와 기업의 재고, 미수금, 부동산 등보다 우선하는 것이 경영진입니다.

두 번째 측면은 사업 파트너의 관점입니다. 이는 주식회사의 태생적인 부분에서 유래합니다. 주식회사라는 제도는 어떤 사업에 능력 있는 사람들이 기업을 만드는 과정에서 본인 스스로가 모든 자본을 마련할 수 없기 때문에 다른 사람의 자본을 유치하는 과정에서 생겨났습니다. 자본의 비율대로 주식을 나눠주고, 그 주식을 보유한 사람은 기업을 실제 운영하는 사람에게 운영권을 주는 대신 운영 수익에 대한 배분권을 받습니다. 즉, 기업 이익을 현재 혹은 미래에 나눠가질 권리를 의미합니다. 이익을 현재 배분받는 방법은 '배당'이 대표적이고, 나중에 배분받는 방법으로는 기업을 청산할 때 받는 '청산금'이 대표적입니다.

간단히 보면, 주식을 소유한 주주가 돈을 버는 방법은 두 가지밖에 없습니다. 기업의 주가가 오르든지(=주가 차익) 아니면, 당해 혹은 누적 이익의 일부를 돌려받든지(=배당). 주가가 오르는 것도 기업이 계속 돈을 벌고, 이렇게 누적된 이익을 나중에 배당 혹은 청산금으로 돌려받을 수 있다는 기대감입니다. 결국 모든 주주 이익의 근간은 돌려받는 돈, 즉 주주에게로의 현금흐름이라고 보면 됩니다.

이렇게 주주에게로의 최종 현금흐름을 좌우하는 것은 결국 주주총회지만, 주주총회 이전의 가용 자원에 대해서 의사결정을 하는 것은 경영진입니다. 통상적으로 주주총회는 1년에 한 번 열리고(특별 주주총회가 있다면 더 자주 열릴 수도 있다), 거기서 지난 1년의 성과를 점검하고 평가하며 배분합니다. 그 이전에 주주는 사업 파트너인 경영진에게 가용 자원의 효율적 사용을 통해 기업가치를 상승시키고, 이에 기반해서 주주 환원 여부를 결정하는 것을 위임합니다.

경영진은 사업 파트너로서 능력이 있어야 하는 것은 당연하고, 주주의 자산을 위임받은 만큼 정직해야 합니다. 정직함의 중요성은 곳간과 곳간 열쇠에 비유할 수 있습니다. 1년 혹은 수년 동안 열심히 일을 해서 곳간을 채워 놔도, 열쇠를 가진 사람이 곳간을 열지 않으면 아무리 곳간에 곡식이 많다 하더라도 굶어 죽을 수 있습니다. 정직한 경영진이라면, 그 곳간의 곡식이 자신만의 것이 아니라 모든 주주의 것이라는 것을 알고, 내년 농사를 위해 보관해야 하는 씨앗을 빼고는 필요할 때마다 곳간을 열어 줄 것입니다.

그렇다면 경영진을 개인적으로 알기 어렵고, 각종 미팅에서도 만나기 힘든데, 경영진을 어떻게 평가할 수 있을까요? 가장 좋은 방법은 역시 사실 수집입니다. 사실 수집은 다양한 원천, 즉 신문 기사, 인터뷰, 발표회, 주주총회, 주변인, 경쟁사 등을 통해 경영진의 능력과 신뢰성을 조사하는 것입니다. 가장 현실적인 원천은 신문 기사나 언론 인터뷰를 꼼꼼히 보는 것이죠. 관심 기업의 기사뿐만 아니라 경쟁 회사 및 업계 기사도 보면서 경영진의 인터뷰를 검증해야 합니다. 그리고 그런 지식이 쌓이다 보면 경영진의 인터뷰가 진실된 이야기인지 아니면 터무니없는 소리인지 판단할 수 있습니다.

좋은 예로 비츠로셀이라는 회사를 보겠습니다. 비츠로셀은 1987년에 설립되어 30년 넘게 리튬 일차 전지를 전문으로 생산하는 기업으로, 해당 시장에서 국내 1위, 세계 3위를 기록하고 있습니다. 영업이익률이 17%를 상회하고, ROE도 17%를 기록하고 있는 전형적인 강소 기업입니다. 그런데 이 기업에게 2017년 4월 21일 잊지 못할 사건이 발생합니다. 주력인 예산 공장이 화재로 전소된 것입니다. 피해액만 수백억 원에 달했고, 무엇보다 생산 능력이 크게 줄어든 상황이라 고객 이탈이 걱정이 되었습니다.

당시 주식도 거래가 중지되었던 상황이지만, 주주는 공장이 통째로 전소된 상황에서 비츠로셀의 미래가 어찌될지 몰라 걱정이 클 수밖에 없었습니다. 비츠로셀은 화재 이후 4~6주 동안 임시 공장 임대 및 매입 계약, 당진 스마트 캠퍼스 공장 부지 계약, 설비 발주 등을 모두 마치고, 전 세계 고객, 투자자에게 복구 계획을 빠르게 알렸습니다. 이러한 진행 과정은 신문 기사를 통해서도 전달되었습니다. 1년 후 비츠로셀은 충남 당진에 신공장을 준공하고 생산을 재개했습니다.

이러한 일련의 과정은 2018년 9월 3일 한국경제TV에서 진행된 대표이사의 인터뷰를 통해서도 검증되었습니다. 기업에 닥친 전대미문의 재난과 극복 과정을 언론을 통해 고객과 투자자에게 지속적으로 공개했고, 이러한 신뢰를 바탕으로 기업은 빠르게 정상화되었습니다.

이 과정을 비츠로셀의 실적을 통해 살펴보겠습니다.

(단위: 억 원)

주요재무정보	연간				
	2016/06 (IFRS연결)	2017/06 (IFRS연결)	2017/12 (IFRS연결)	2018/12 (IFRS연결)	2019/12 (IFRS연결)
매출액	910	1,054	252	1,126	1,334
영업이익	161	180	4	196	253
영업이익(발표기준)	161	180	4	196	253
세전계속사업이익	166	175	13	184	246
당기순이익	141	165	12	154	201
당기순이익(지배)	141	165	12	154	201
당기순이익(비지배)					
자산총계	1,139	1,208	1,328	1,453	1,640
부채 총계	235	140	248	249	225
자본총계	904	1,069	1,080	1,204	1,414
자본총계(지배)	904	1,069	1,080	1,204	1,414

자료: 네이버 금융

화재가 발생하기 이전인 2017년 6월 결산 기준으로 연간 매출액과 영업이익이 각각 1,054억 원과 180억 원을 기록할 정도로 우량했습니다. 그런데 화재 이후 6개월간의 매출액과 영업이익은 252억 원과 4억 원에 불과할 정도로 크게 감소했습니다. 하지만 2018년 신공장을 완공한 후 실적은 곧바로 정상화되었습니다. 2018년 매출액과 영업이익이 1,126억 원과 196억 원으로 회복되었고, 2019년에는 1,334억 원과 253억 원으로 증가했습니다.

주가는 어찌되었을까요?

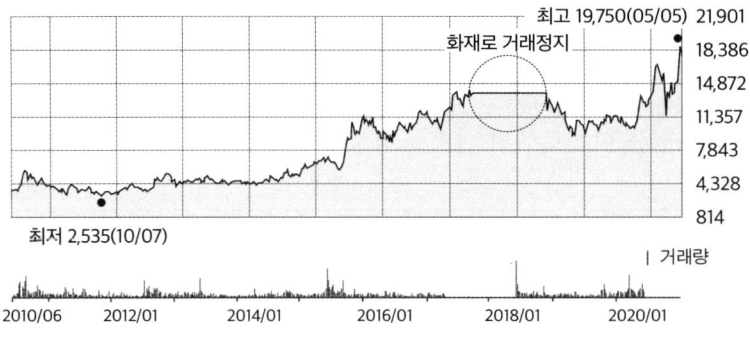

출처: 네이버 금융

화재 이후 주식은 거래 정지가 되었다가 2018년 6월 11일 거래가 재개되었습니다. 거래 정지 기간에 매도하지 못했던 단기 투자자와 신공장 건설 후에도 영업력에 불안감이 있던 투자자의 매도로 인해 주가는 단기로 8,000원대로 하락했습니다. 하지만 신공장 효과가 나오고, 비츠로셀의 영업에 이상이 없다는 것이 증명되면서 주가는 반등하기 시작했습니다. 현재 주가는 바닥에서 2배 상승한 상태입니다. 물론, 화재 이전부터 보유하고 있던 주주도 모두 이러한 과실을 공유할 수 있었습니다.

이렇게 우리는 신문기사와 인터뷰를 통해 회사의 성장 과정 및 당면 과제 등에 대한 경영진의 말을 들을 수 있고, 이후 실제로 그 말대로 실행되는지를 지켜봄으로써 회사와 경영진의 신뢰성을 검증할 수 있습니다. 자신이 투자하려고 하는 혹은 이미 투자한 기업과 관련된 뉴스, 특히 경영진의 인터뷰 기사는 꼭 챙겨보시는 것이 좋습니다.

주주총회에 참석해서 경영진의 발언이라든가, 아니면 주주의 질문에 대한 대답을 듣는 것도 좋은 방법입니다. 주주의 질문을 사전 조율하는 행태를 보인다든가 경영진이 현안에 대해 잘 알지 못한다면 좋은 신호는 아니겠죠. 제 지인은 관심 있는 중소 기업의 주주총회에 참석했는데, 참석한 주주가 몇 명 없었지만 대표를 비롯한 경영진이 주주총회가 끝난 후 점심까지 사면서 질문에 성심 성의껏 대답을 해 주어서 기업에 대한 신뢰가 더욱 커졌다고 합니다. 그 기업의 주가는 두 배 상승했습니다.

기업의 사업보고서나 각종 브로슈어를 확인하는 것도 좋은 방법입니다. 사업보고서에 관해서는 뒤에서 다시 자세히 설명드리겠습니다. 기업 관련 없이 대주주나 경영진의 치적을 과하게 홍보하는 사진이나 내용이 많다면 좋지 않은 신호입니다. 이사회 구성을 보는 것도 좋습니다. 이사회에 사업 전문가가 아닌 정치인, 교수 등 비전문가가 많다면, 그 기업은 본업보다는 대외적인 것에 더 관심이 많은 것으로 해석할 수 있습니다. 관련하여 경영진이 업무와는 상관없는 외부 활동에 주력한다면 좋지 않습니다. 정부 행사나 스포츠 행사에 과도하게 사진을 찍히는 분은 기업보다 본인 명성에 더 신경을 쓰는 분입니다.

사실 수집을 할 때 가장 중요한 점은 기업과 경영진의 예상이 실제로 이루어지는지를 체크하는 것입니다. 예를 들면, 과거 몇 년간 기업 경영진이 추진한 신사업 계획이 제대로 진행되었는지, 그러지 못했다면 그 원인이 무엇인지를 보는 것입니다. 사업 계획 대비 수요와 공급이 균형이 맞지 않았다면 능력을 의심하거나 애초에 과대 포장된 것일 수 있습니다. 이익 예상치에도 부합했는지 보아야 합니다. 기업이 채권자 혹은 주주로부터 자금을 조달하기 위해 의도적으로 이익 전망을 높게 했을 수도 있고, 단기 사이클을 장기 트렌드로 착각하여 잘못된 의사결정을 하는 무능력한 경영 행태를 보였을 수도 있습니다. 다시 강조드리면, 능력 있고 신뢰성 있는 사람과 동업해야 합니다.

사실 수집으로도 미덥지 않다면, 경영진이 주식을 대규모로 소유한 기업을 고르는 것도 좋은 방법입니다. 이들은 통상적으로 단순 고용자인 경영진보다 더 나은 선택을 하는데, 자신의 부가 위험에 처할 수 있기 때문입니다. 이런 경영진은 자신의 부가 단기적인 재무 목표를 달성했을 때 나오는 연봉과 보너스 등이 아니라 장기적인 기업 가치 상승을 통해 나온다는 사실을 알고 있고, 장기적인 기업 가치를 구축하는 것에 집중합니다. 이들은 의사결정에 있어서도 외부 압력에 대응해 보다 자유로운 행동을 취할 수 있습니다.

대표적인 사례가 미국의 온라인 기업인 아마존Amazon입니다. 아마존은 처음에는 온라인 서점으로 출발했지만, 서점에만 머무르지 않고 쇼핑몰로 진화했고, 최근에는 클라우드, 콘텐츠, 바이오 등 다양한 사업을 영위하고 있습니다. 이러한 여정에서 아마존은 수많은 외부 채권자와 소액 주주로부터 단기 이익에 대한 압력을 받았지만, 대주주이면서 최고경영자인 제프 베조스Jeff Bezos는 장기적인 관점에서 기업 가치 향상에 집중했습니다.

아래 그림은 제프 베조스가 식당 냅킨에 그린 아마존 사업에 대한 설명입니다.

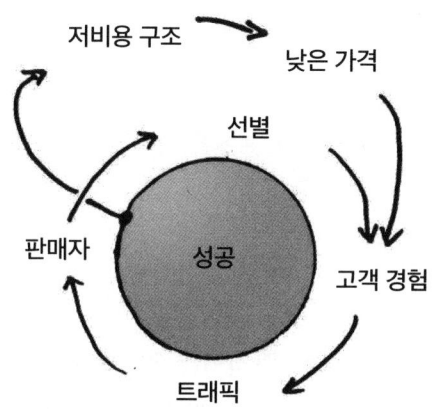

베조스는 뛰어난 판매자를 선별하고, 그 과정을 통해 저비용 구조를 구축하여 저가격을 유지한다면 고객 만족도가 높아질 것이라 보았습니다. 그러면 더 많은 고객이 찾아와서 결국 더 좋은 판매자가 아마존으로 올 것이라고 생각했습니다. 이러한 선순환 구조를 통해 네트워크 효과를 구축하는 것이 베조스의 핵심 성장 전략이었습니다. 이 그림에는 이익profit이라는 단어가 없음에 주목해야 합니다. 만약 베조스가 대주주가 아니었다면, 그는 진작 해고당하고 아마존은 현재의 아마존이 되지 못했을 수도 있지 않았을까요? 기업의 핵심이 무엇이고 이를 어떻게 키울 수 있는지를 생각하려면 장기적인 그림이 필요하고, 이를 실현해 나가는 과정을 뚜벅뚜벅 걸어갈 수 있는 경영진이 필요합니다.

경영자가 기업 가치에 얼마나 큰 영향인지를 좀 더 알고 싶다면, 윌리엄 손다이크가 쓴 『현금의 재발견 The Outsiders』를 추천합니다. 이 책은 자본 배분에 뛰어났던 8명의 CEO를 주인공으로 그들이 각각의 기업에서 어떻게 자본 배분을 해 나갔고, 그 결과 기업의 가치가 어떻게 변했는가를 아주 재미있게 적은 책입니다. 2012년 워런 버핏이 주주서한을 통해서 강하게 추천했던 책이기도 하구요. CEO가 성공하기 위해서는 기업의 운영을 효율적으로 해야 하고, 그 결과로 들어오는 현금을 잘 사용해야 하는데, 대부분의 경영자와 주주는 운영의 효율성에만 초점을 맞추지, 현금과 자원의 사용에 관심을 덜 두고 있는 것이 현실입니다. 하지만 이 책은 자본 배분이 CEO의 가장 중요한 직무 중 하나라고 이야기합니다. CEO는 자본을 사용함에 있어 기본적으로 다섯 가지 핵심 선택(기존 사업 투자, 다른 사업 인수, 배당, 부채 상환, 자사주 매입)이 있고, 자본을 취득하는 방법은 세 가지(내부 현금, 채권, 주식)을 활용하는데, 주주이익은 CEO가 어느 선택을 하느냐에 결정된다고 주장합니다. 자본 배분은 본질적으로 투자이고, CEO는 자본 배분자이자 투자자라는 것을 강조하고 있는 책이라는 점에서 저도 추천하는 책입니다.

[와이민 콕!]
가치 투자와 성장 투자의 구분은 무의미하다

　많은 분이 오해하는 것 중의 하나가 가치 투자자는 성장주를 싫어한다거나, 가치 투자와 성장 투자가 다른 개념이라고 생각하는 것입니다. 그러나 저는 주식 투자를 두 집단으로만 구분하려는 것은 엄청난 잘못이라고 봅니다. 가치를 계산할 때 '성장'은 필수적인 구성 요소이기 때문입니다.

　성장 없는 기업의 주식을 사는 경우란 기업 가치 대비 주가가 엄청나게 저평가되어 있고, 그 주식이 가치를 반영할 때까지 기다리는 방법뿐입니다. 이도 가치 투자의 중요한 한 방법입니다. 다만, 앞에서 말씀드린 것처럼 주식이 가치를 언제 반영할지는 모르기 때문에 불운하다면, 그 기다림이 아주 길어질 가능성도 있습니다. 다른 사람들이 가치를 발견할 때까지 기다려야 하기 때문에 기업의 가치 상승에 기인하기보다는 외부 요인에 의한 재평가일 수 있습니다.

　대표적인 예로 2007년 워런 버핏이 개인적으로 투자했다고 알려진 한국주식 중 하나인 '대한제분'이 있습니다. 이 주식은 2004~2007년 절대적으로 낮게 평가되고 있었던 자산가치가 재평가되면서 큰 폭의 주가 상승을 일궈냈습니다. 2007년에는 워런 버핏의 투자 사실이 알려지면서 단기 급등도 했고요. 하지만 2008~2009년 글로벌 금융위기를 거치면서 주가는 단기 급락했고, 이후 10년 동안 주가는 10~20만 원대의 박스권을 벗어나지 못하고 있습니다. 특히, 2016년 이후로는 17만 원 전후로 움직임이 없습니다. 기업의 매출액은 2013년 이후 8,000억 원대에서 등락을 거듭하고 있고요.

출처: 네이버 금융

2004년 대한제분의 주가는 분명 엄청나게 저평가되어 있었습니다. 워런 버핏도 한국의 주식 중에서 낮은 PBR을 보이고 있는 주식을 샀고, 그중 하나가 대한제분이라고 했을 정도입니다(이것은 제가 워런 버핏의 2008년 강의에서 직접 들은 내용입니다). 하지만 주가가 재평가된 이후 주가는 회사의 성장 정체를 반영하면서 제한된 박스권에서 움직임을 보입니다. 주가가 하락하면 높은 자산가치 매력(=보유 자산 대비 주가가 낮은 상태)이 주가를 지지하고, 주가가 상승하면 성장이 없는데 주가만 상승했기에 자산가치 매력의 하락이 반복되는 것입니다.

결국 대한제분의 주가는 높은 자산가치 매력을 인지한 투자자들의 매수 활동이 있을 때만 상승합니다. 현재 대한제분의 PBR은

0.4배 전후입니다. PBR 0.4배가 싸다고 믿는 사람들이 많아지면 주가는 오를 것이고, 적정하다고 생각하는 사람이 많으면 주가는 더 정체를 겪을 것입니다. 대한제분은 밀가루나 튀김가루처럼 성장성 없어 보이는 제품을 생산하기 때문이라고요? 그렇다면 첨단 이미지가 좀 더 강한 KT를 볼까요? 2000년 이후 주가는 아래처럼 지속적으로 하락했습니다. KT의 현재 PBR도 0.4배 중반이네요.

출처: 네이버 금융

저는 여러분께 가치 투자와 성장 투자를 구분하기보다는 '가치 함정'을 조심하라고 말하고 싶습니다. 가치 투자를 한다는 것이 기업 주가가 하락할 때, 그리고 몇 달 전보다 싼 것 같을 때 무조건 투자하라는 말이 아닙니다. 경험상 투자자가 손실을 입는 것은 유리한 상황에서 질이 떨어지는 주식을 사들였기 때문입니다. 이는 크리스마스 시즌이 끝날 무렵에 초록색을 잃고 노랗게 변해가는 크리스마스트리를 사는 것과 마찬가지입니다. 그러한 크리스마스트리는 정상가보다 아주 싼 가격에 살 수 있지만, 결국 1년 후 돌아오는 크리스마스가 되면 아무 쓸모없는 쓰레기가 되고 맙니다.

가치를 발견하는 눈에는 성장이 분명 중요한 요소입니다. 기업의 성공과 성장은 기본적으로 고객들이 좌우하고, 뛰어난 성장 기업을 찾으려면 고객의 입장에서 판단해야 합니다. 고객에게 사용 가치를 제공하는 제품을 생산하는 기업의 매출과 수익은 계속 성장할 것이고, 그 기업의 주식을 합리적인 가격에 매수할 수 있고, 가치가 성장하는 한 장기 보유도 가능합니다. 즉, 성장은 모든 가치 투자의 핵심적인 인과 요인 중의 하나이지, 동떨어진 개념이 아님을 인지해야 합니다. 미국의 유명 펀드매니저인 빌 밀러Bill Miller가 한 말을 인용해 보겠습니다.

우리는 '가치주'나 '성장주'와 같은 것이 있다고 믿지 않습니다. 가치와 성장이 회사를 묘사한다고도 생각하지 않습니다. 그것들은 단지 투자 스타일을 묘사하는 것일 뿐입니다. 사람들이 회사를 가치주나 성장주로 분류하는 것은 이상한 일입니다. 재무이론의 견지에서 보아도 성장은 가치 계산을 위한 입력 내용입니다. 그것은 무엇인가의 내재 가치 계산을 위한 연습 문제의 일부입니다.

가치와 성장은 투자 스타일을 묘사하는 것입니다. 성장 투자자도 있고 가치 투자자도 있죠. 성장 투자자에게는 성장이 그들의 투자 과정에서 가장 중요한 결정 요인입니다. 그들은 성장을 찾죠. 그들에게 성장은 좋은 수익으로 이끌어줄 신호입니다. 수입 증가, 수익 증가, 자본수익률 증가를 좋아하죠. 가치 투자자에게는 가치평가가 투자 과정에서 가장 중요한 결정 요인입니다. 어떤 가치 투자자들은 성장을 원하고, 어떤 가치 투자자들은 성장에 대해서 불가지론자의 견해를 가집니다. 우리는 내재 가치에 비해 크게 할인된 가격에 주식을 사는 것뿐입니다.

무엇보다도 제가 강조드리고 싶은 것은 '가치 투자'라는 단어에 갇히지 말아야 한다는 것입니다. 지금까지 이 책을 읽어온 여러분은 가치 투자가 뭐라고 생각하시나요? 수익가치 대비 가격이 낮은 저PER 투자가 가치 투자일까요? 아니면, 자산가치 대비 가격이 싼 저PBR 투자가 가치 투자일까요? 그것도 아니면, 미래 현금흐름을 현재 가치로 합산한 가치 대비 가격이 낮은 것에 투자하는 것이 가치 투자일까요? 도대체 가치 투자가 뭘까요?

저는 스스로 가치 투자를 한다고 주장하지만, 가치 투자라는 것을 명확히 정의할 수 없다고 생각합니다. 2000~2010년 초반까지 수많은 한국의 투자자들은 저PER, 저PBR 투자를 해서 성공했습니다. 이 사람들은 가치 투자자들이 맞습니다. 2010년 이후로는 미래 현금흐름을 기반한 종목들에 투자한 사람들이 성공했습니다. 이 사람들도 가치 투자자들이 맞습니다. 2000년 중반에 많은 사람들이 아마존에 투자하는 것을 투기라고 하고, 주가가 고평가되었다고 했습니다. 창피하지만 당시에 저도 그랬습니다. 그렇지만 아마존은 그 이후 엄청난 가치 상승을 일궈냈습니다. 아마존의 가치는 영업이익으로 계산된 것이 아니고, 플랫폼의 가치와 현금흐름의 가치로 계산될 수 있었습니다.

앞에서 말한 저PER, 저PBR 투자는 가치 투자의 한 방법일 뿐입니다. 쉽게 말해서 스타일Style 투자, 혹은 퀀트Quantitative/팩터Factor 투자라고 할 수 있습니다. 기업을 깊게 분석하고, 기업의 미래를 전망하여 가치와 가격을 비교하는데, 무슨 스타일 투자고 퀀트 투자냐고 되물으실 수 있습니다. 수많은 종목 중에서 특정 변수factor를 기준으로 투자를 하는 것을 흔히 퀀트/팩터 투자라고 합니다. 그런데, 수많은 종목 중에서 특정 변수를 퀀트 베이스로 골라내는Sorting 분산 투자를 하는 것과 몇 개 종목 중에서 특정 변수를 깊이 있게 분석해서 집중 투자하는 것은 결국 세부 방법론에서는 차이가 있지만, 특정 변수를 깊이 본다는 측면에서 유사하다고 봅니다.

결국, 가치주라는 것은 특정 팩터로 정의할 수 없습니다. 개별 기업은 제각기 다른 비즈니스 모델을 가지고 있고, 그 비즈니스 모델의 특성을 가장 잘 반영할 수 있는 팩터는 제각기 다 다릅니다. 전 개별 종목들에 있어 그 팩터를 잘 찾아내서 투자하는 것이 가치 투자라고 생각하지, 특정 팩터에 맞는 종목만을 선정하는 것을 가치 투자라고 보지 않습니다.

가치 투자를 한다는 교만함을 버렸으면 좋겠습니다. 세상의 모든 사람들은 자신의 투자를 '가치 투자'라고 말합니다. 중요한 것은 그 가치를 제대로 보았느냐 못 보았느냐의 차이입니다. 상대적으로 가치를 평가하는 지표로서 저PER, 저PBR 등의 팩터들이 지금까지 유용했고, 이해하기 쉬웠기 때문에 그 지표들이 도드라져 보이는 것뿐입니다. 그 지표들을 자주 사용했던 성공한 투자자들이 세상에 많이 알려져서 우리에게 친숙한 것일 뿐입니다. 워런 버핏이 워낙 유명하고, 또 그의 투자법이 확실하게 검증된 방법이기 때문에 그의 방식에 너무 치우친 것일 수 있습니다.

앞으로 우리는 투자를 하는 데 있어 '가치'라는 걸 끊임없이 고민하게 될 것입니다. 그리고, 영원히 그 가치가 무엇인지 확실한 정답을 찾을 수는 없을 거라고 생각합니다. 많은 선구자들이 이미 간 길을 뒤쫓아 갈 수도 있고, 아니면 여러분들이 선구자가 되어 새로운 길을 찾을 수도 있습니다. 하지만 그 불확실한 과정에서 유일하게 확실한 사실은, 투자에 대해 고민과 생각이 깊어지는 만큼 성공의 길로 나아갈 수 있다는 것입니다.

** 4 **

좋은 기업 찾기의 출발점, 사업보고서

앞서 이야기한 '좋은 기업을 발견하는 법'이 다소 추상적이라고 생각하신 분도 있을 것 같습니다. 좀 더 구체적이고 정량적인 접근도 필요하다고 생각하실 텐데요. 이번 장에서는 좀 더 실무적인 방법을 소개하려고 합니다. 사업보고서와 재무제표를 보는 법을 간단히 살펴보면서 기업의 재무 분석을 통해 회사의 가치를 실질적으로 파악하는 방법을 익혀 보겠습니다.

재무 분석이 필요한 이유

먼저 솔직히 말씀드리겠습니다. 이 책을 읽어도 곧바로 재무 분석을 잘하지는 못할 것입니다. 책 한 권으로 재무 분석을 잘할 수 있다고 말하는 것은 완벽한 거짓말입니다. 그런데도 제가 재무 분석을 다루는 이유는 왜 재무 분석을 해야 하고, 어떤 것을 중점적으로 봐야 하는지 짚어 드리기 위함입니다. 이런 기본적인 방향성을 잡은 후에 실제로 해 보면서 많이 경험해야 재무 분석 실력이 늡니다.

미국과 사업하기 위해서는 영어를 잘해야 하고, 영어를 위해서는 알파벳 단어를 많이 알아야 합니다. 재무 분석도 마찬가지입니다. 회계와 재무는 기업의 언어입니다. 기업을 잘 이해하려면 수치, 백분율, 확률 등과 같은 숫자에 익숙해져야 합니다. 회계와 재무에 어느 정도 익숙해지면, 재무제표 분석을 통해 과거에 사업이 어떻게 진행되어 왔는지, 향후 사업이 어떻게 될지를 파악할 수 있습니다. 재무 분석의 궁극적인 목적은 기업의 전략이 무엇이고, 그것이 어떻게 가치를 창출하는지를 이해하는 것입니다. 물론 창출된 가치를 평가하는 것도 포함되고요.

사업보고서를 보는 법

재무 분석은 기업의 사업보고서에서 시작합니다. 대부분의 기업은 주주에게 분기 혹은 1년 동안 사업을 어떻게 했는지를 문서로 작성해서 공개하는데, 그것이 사업보고서입니다. 사업보고서에는 기업에 대해 얻을 수 있는 가장 가치 있는 정보가 담겨 있습니다. 그리고 접근성도 좋습니다. 금융감독원 전자공시시스템DART을 통해 누구나 살펴볼 수 있는 무료 정보입니다. 전자공시시스템은 상장·비상장법인 등이 공시 서류를 인터넷으로 제출하면, 투자자·채권자 등의 이용자가 즉시 인터넷을 통해 조회할 수 있도록 하는 종합적

기업공시시스템입니다.[†]

전자공시시스템 웹사이트에 접속하면 아래와 같은 화면이 보입니다. '회사명' 박스에 알고 싶은 기업의 이름을 넣고 검색하면 다양한 보고서가 검색됩니다.

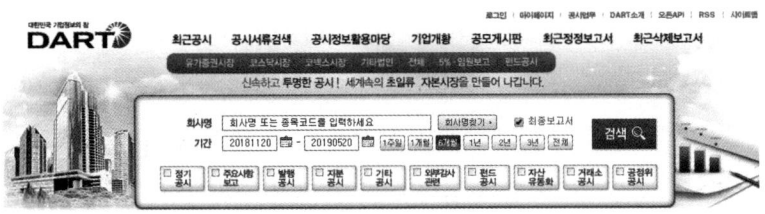

출처: 전자공시시스템

예를 들어 많은 사람에게 친숙한 '이마트'를 검색해 보겠습니다.

출처: 전자공시시스템

[†] 전자공시시스템의 웹사이트 주소는 다음과 같습니다. http://dart.fss.or.kr/

116 | 스스로 좋은 투자에 이르는 주식 공부

검색 결과로 여러 보고서가 나오지만, 이중에서 가장 많은 정보를 담고 있는 것은 '분기 보고서' 또는 '연말 사업보고서'입니다. 2019년 12월에 나온 사업보고서를 보면서 사업보고서를 어떻게 봐야 하는지 알아볼까요?

I. 회사의 개요

우선 'I. 회사의 개요' 맨 상단에 있는 기업의 명칭 및 주소를 보고 자기가 원하는 기업이 맞는지 확인해야 합니다. 가끔 이름이 같은 기업이 있어서 실수로 진짜 보려고 했던 기업이 아닌 다른 기업을 분석할 수 있기 때문입니다.

이제 본격적으로 사업보고서의 내용을 살펴봅시다. 먼저 기업의 주요 사업, 연혁, 자본금 변동 사항 및 배당금 지급 사항 등을 개략적으로 봅니다. 예로 든 이마트의 사업보고서를 보면, 해당 기업이 대형 마트를 운영한다는 것과 현재 점포 수, 그리고 점포별 오픈한 연도 등을 자세히 알 수 있습니다. 그리고 연결 대상인 자회사로는 어떤 것들이 있는지도 알려주고 있습니다. 이마트의 연결 자회사는 에브리데이와 이마트24입니다. 이렇듯 사업의 개요 부분은 사업보고서의 요약판이기에 기업을 대략적으로 파악하는 데 유용합니다.

II. 사업의 내용

그다음으로 봐야 할 것이 'II. 사업의 내용'입니다. 이 부분은 대부분의 사람이 설렁설렁 읽고 마는데, 사실 정말 꼼꼼하게 봐야 합니다. 기업이 하는 사업에 대한 정보가 많이 담겨 있기 때문이죠.

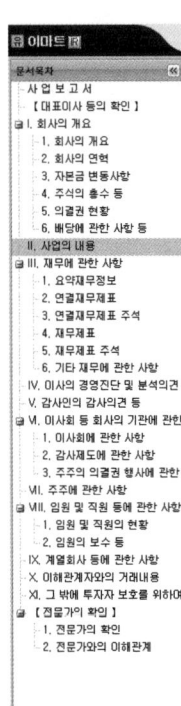

출처: 전자공시시스템

우선 '산업 현황 및 영업의 개황' 부분에는 기업이 속한 산업의 특성과 성장성, 경기 변동의 특성, 경쟁 요소, 관련 법령 또는 정부의 규제 등이 적혀 있습니다. 이 부분을 꼼꼼히 읽으면 해당 기업의 사업이 속해 있는 '산업'의 특성을 이해하는 데 큰 도움이 됩니다. 이 부분을 먼저 읽고 다른 산업 출처를 찾으면 시간을 크게 절약할 수 있지요. 그리고 당연하게도 기업의 '사업'을 이해하는데도 좋습니다. 영업, 시장점유율, 신규 사업 등 기업의 사업을 직접적으로 이해할 수 있는 정보가 많습니다. 그 외에도 사업부별 매출 세부 내역, 주요 원재료, 영업 설비와 투자 계획, 연구개발 활동 등에 관한 내용도 꼼꼼히 체크하면 좋습니다. 이마트를 살펴볼까요?

사업부문	회사명
유통업	(주)이마트, (주)이마트에브리데이, (주)이마트24, (주)에스에스지닷컴, (주)신세계프라퍼티, (주)스타필드고양, (주)스타필드창원, (주)신세계동서울피에프브이
호텔·리조트업	(주)신세계조선호텔
식음료업	(주)신세계푸드
건설레저업	신세계건설(주)
해외사업	E-MART VIETNAM CO.,LTD., PK RETAIL HOLDINGS, INC., GOOD FOOD HOLDINGS, LLC, BRISTOL FARMS, INC., METROPOLITAN MARKET, LLC

출처: 이마트의 사업보고서

　이마트 사업보고서의 '산업 현황 및 영업의 개황' 부분을 보면 유통업, 호텔/리조트업, 식음료업, 건설레저업과 해외사업을 하는 것을 알 수 있습니다. 그리고 각각 어떤 회사를 통해서 사업을 하는지도 나오네요. 익숙한 이름들이 보이시죠? 이마트라는 기업은 단순하게 할인점인 이마트만 운영하는 것이 아님을 쉽게 알 수 있습니다. 이마트에브리데이, 이마트24, 스타필드, 조선호텔 등 우리에게 익숙한 다른 사업체도 가지고 있습니다.

　이제 이마트의 대표적인 사업인 할인점 상황에 대한 설명을 읽어봅시다.

가. 산업 현황 및 영업의 개황

■ 유통업 부문

[㈜이마트]

(1) 산업의 특성
 1993년 이마트 창동점으로 처음 시작된 대형마트는 생활용품의 필수적인 쇼핑공간으로 성장한 대표적인 유통업태입니다. 대형마트는 식품, 가전 등 생활용품을 저렴한가격에 소비자에게 판매하는 소매점으로 경기 침체기에는 경제적인 구매를 가능하게하고 물가 상승기에는 물가안정에 기여하는 등 국가 소비경제의 선순환을 주도하고 있습니다. 또한 지역 특산물 및 지방 중소업체의 새로운 상품을 소개하여 지역경제 발전에 이바지하는 등 내수시장의 성장에 핵심적인 역할을 하고 있습니다.

(2) 산업의 성장성
 대형마트는 시장 성숙화로 인한 경쟁의 심화, 장기적인 저성장 기조에 따른 민간소비의 위축, 대형마트 출점/영업시간에 대한 규제 강화로 성장에 제한을 받고 있습니다. 또한 1인 가구의 증가, 고령화 등으로 인한 소량, 근린형 소비패턴의 확대, 인터

자료: 이마트의 사업보고서

 이마트는 이렇게 할인점 부문에 대해 산업의 특성, 산업의 성장성, 경기 변동의 특성, 국내외 시장 여건, 영업의 개황, 그리고 관련 법령 또는 정부의 규제 등의 순서로 상세하게 설명하고 있습니다. 이는 다른 부문, 즉 슈퍼마켓, 편의점, 온라인 쇼핑, 복합 쇼핑몰, 호텔, 식음료, 그리고 해외 사업 등에서도 동일합니다. 이후 각 사업 부문별 요약 재무 현황과 원재료 및 영업 설비의 현황, 그리고 매출 실적 등도 공개하기 때문에 이 부분만 열심히 읽어도 이마트가 어떤 일을 하고, 현재 해당 산업은 어떤 상황인지, 그리고 이마트는 이에 대응하여 향후 어떠한 일을 하려고 하는지를 대략적으로 파악할 수 있습니다. 즉, 웬만한 기업 보고서보다 이마트의 사업보고서가 이마트의 현황과 계획에 대해 잘 알려주고 있는 것이죠.

많은 사람에게 친숙한 이마트를 통해 기업 분석의 기본을 살펴보고 있습니다. 다음에는 사업보고서의 꽃인 재무제표를 살펴보도록 하겠습니다.

III. 재무에 관한 사항

'II. 사업의 내용' 다음이 'III. 재무에 관한 사항'입니다. 통상적으로 사람들이 가장 관심이 있어 하는 부분이죠. 사람들이 가장 보고 싶어 하는 손익계산서가 나오니까요. 이 부분은 크게 1) 연결재무제표, 2) 별도재무제표, 3) 기타 재무에 관한 사항, 이렇게 세 가지로 나뉩니다.

본격적으로 해당 내용들을 살펴보기 전에 연결재무제표와 별도재무제표의 차이부터 알아야 합니다. 별도재무제표는 종속기업, 즉 주식의 과반수를 보유하고 있거나 별도의 방법으로 실질적으로 지배하는 회사가 있는 기업이 자신만 별도로 작성한 재무제표입니다. 연결재무제표는 그와 달리 자신과 종속기업들의 재무제표를 합쳐 하나의 기업으로 간주하여 작성한 재무제표입니다. 즉, 이마트의 별도재무제표는 이마트라는 기업에서 직접 운영하는 할인점 사업만 다루고, 연결재무제표는 종속기업들을 통해 영위하는 슈퍼마켓, 편의점, 호텔, 건설 등을 모두 포함합니다. 최근에는 기업들이 복합화됨에 따라 연결재무제표가 기업의 실질을 좀 더 잘 보여 주고 있어서, 한국의 경우 2011년부터 모든 상장기업이 연결재무제표K-IFRS를 의무적으로 발행해야 합니다.

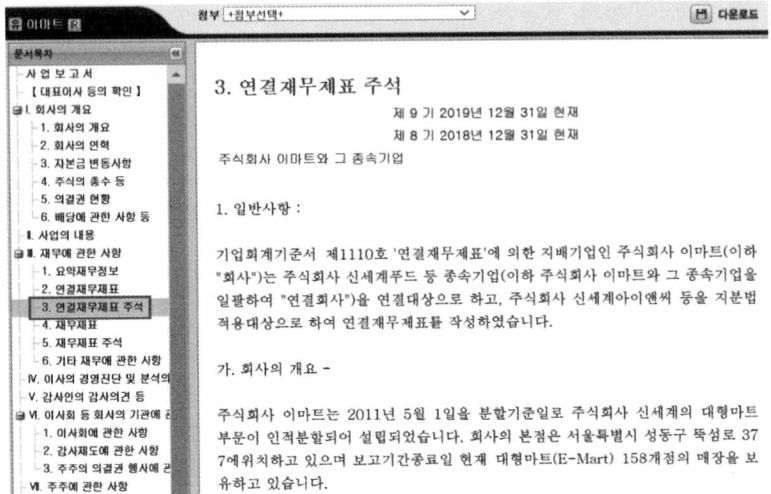

출처: 전자공시시스템

재무제표를 열어 보면 재무상태표/손익계산서/현금흐름표 등을 볼 수 있는데, 재무제표를 보는 것이 익숙지 않으면 진도 나가기가 쉽지 않습니다. 재무제표는 기업 분석에서 무척 중요하기에 다음 장에서 별도로 설명하도록 하겠습니다.

IV. 이사의 경영진단 및 분석의견

'III. 재무에 관한 사항' 다음에는 'IV. 이사의 경영진단 및 분석의견'이 나옵니다. 기업이 경영 성과에 대해 분석한 내용이나 미래에 발생할 것으로 예상한 상황 등이 제시되는 부분입니다. 기업이 자신을 분석한 견해와 미래 준비사항 등을 알 수 있습니다.

V. 감사인의 감사의견 등

그다음이 'V. 감사인의 감사의견 등'인데, 이 부분을 '재무에 관한 사항'에서 재무제표 다음으로 주의 깊게 봐야 합니다. 여기에는 말 그대로 외부 회계감사 법인들의 의견이 들어 있습니다. 재무제표의 적정성 여부를 알려 주는 부분입니다. 그럼 이마트를 볼까요?

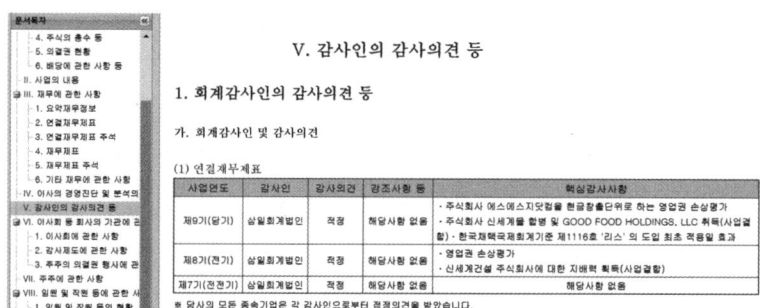

출처: 전자공시시스템

이마트는 회계감사인의 감사의견이 '적정'이라 문제가 없어 보입니다. 그런데 꼭 '적정'만 있는 것은 아닙니다.

V. 감사인의 감사의견 등

1. 회계감사인의 명칭 및 감사의견(검토의견 포함한다. 이하 이 조에서 같다)을 다음의 표에 따라 기재한다.

사업연도	감사인	감사의견	강조사항 등
제59기(당기)	회계법인	의견거절	감사의견에 영향을 미치지 않는 사항으로서 이용자는 다음 사항에 대하여 주의를 기울여야 할 필요가 있습니다. 주석 39에서 설명하는 바와 같이, 연결회사는 재무구조 개선 및 경영정상화를 위한 금융채권자협의회의 공동관리절차(워크아웃) 개시를 □ 신청하였으며, □ 동 관리절차의 개시가 결정되었습니다.

출처: 전자공시시스템

4. 좋은 기업 찾기의 출발점, 사업보고서 | 123

위의 사례처럼 재무제표에 문제가 있는 기업은 감사의견에 '의견 거절' 등이 나올 수 있습니다. 이는 주식에 큰 영향을 주니 더욱 주의해서 봐야 합니다. 물론 감사의견에 의견거절이 나올 정도면 그 이전 사업보고서들의 재무제표에서 이미 신호가 있었을 가능성이 높기 때문에 어느 정도는 걸러 낼 수 있습니다.

예를 들어, 2020년 3월 말에 '회계감사인의 감사의견 비적정설'로 인해 주식 거래가 중지된 모 기업이 있습니다. 이 기업은 사업보고서 제출 기한인 3월 말까지 사업보고서가 올라오지 않아 거래소는 해당 이슈에 대한 조회 공시를 요청했고 동시에 거래가 중지되었습니다. 약 10일 후 해당 기업은 외부 감사기관이었던 회계법인으로부터 '감사의견 거절'이라는 의견을 받았고, 2020년 9월 현재 계속 거래가 정지된 상태입니다.

외부자인 사람이 회계법인의 거절 의견을 미리 알기는 현실적으로 불가능합니다. 하지만 그 기업의 재무제표 추이를 살펴봤다면 미리 눈치를 챌 가능성이 높습니다. 앞에 예를 든 기업의 경우 사업보고서를 보니 2017~2019년까지 3년 연속으로 막대한 영업손실과 순손실을 기록하고 있었고 자본총계도 빠르게 감소하고 있었습니다. 그 상태가 이어지면 2020년에는 자본잠식에 빠질 수 있는 정도로 심각했죠. 감사의견 거절이 나오기 전에 재무제표에 이미 신호가 있었던 것입니다.

VI. 이사회 등 회사의 기관에 관한 사항

'V. 감사인의 감사의견 등' 다음에 나오는 'VI. 이사회 등 회사의 기관에 관한 사항'은 이사회 구성과 인력들, 감사제도에 대해서 설명하고, 주주의 의결권 행사에 관한 사항도 어떤 식으로 하는지 알려줍니다. 주주의 의결권 행사를 잘 보장해 주는 기업이 당연히 주주 친화적인 기업이겠지요. 이 부분도 주식 가격에 영향을 주기에 기억해 둬야 합니다.

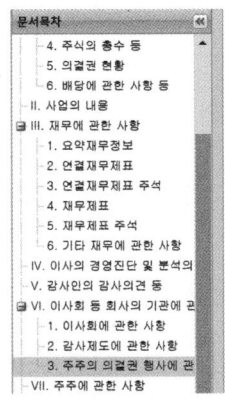

출처: 전자공시시스템

   이마트의 경우 2019년부터 전자투표제를 채택하여 주주가 권리를 좀 더 쉽게 행사하도록 했음을 알 수 있네요. 이런 주주 친화 정책은 주가에 많은 영향을 주기도 합니다. 주주 친화적인 기업이 주주의 신뢰를 얻을 수 있기 때문에, 기존 주주는 믿고 기다리며 오랫동안 주식을 가지고 있고, 새로운 좋은 주주도 유치할 수 있기 때문입니다. 이를 확인할 수 있는 미국의 오토존Autozone이라는 기업의 사례를 보겠습니다.

출처: 구글 파이낸스

Breakdown	TTM	8/30/2019	8/30/2018	8/30/2017	8/30/2016
Total Revenue	12,074,435	11,863,743	11,221,077	10,888,676	10,635,676
Cost of Revenue	5,586,257	5,498,742	5,247,331	5,149,056	5,026,940
Gross Profit	6,488,178	6,365,001	5,973,746	5,739,620	5,608,736
> Operating Expense	4,307,769	4,148,864	4,162,890	3,659,551	3,548,341
Operating Income	2,180,409	2,216,137	1,810,856	2,080,069	2,060,395
> Net Non Operating Interest Income Expense	-196,724	-184,804	-174,527	-154,580	-147,681
Pretax Income	1,983,685	2,031,333	1,636,329	1,925,489	1,912,714
Tax Provision	425,941	414,112	298,793	644,620	671,707
> Net Income Common Stockholders	1,557,744	1,617,221	1,337,536	1,280,869	1,241,007
Diluted NI Available to Com Stock…	1,557,744	1,617,221	1,337,536	1,280,869	1,241,007
Basic EPS	-	0.0648	0.0496	0.0451	0.0415
Diluted EPS	-	0.0634	0.0488	0.0441	0.0407
Basic Average Shares	-	24,966	26,970	28,430	29,889

출처: 야후 파이낸스

　　오토존은 미국 최대의 자동차 AS 및 액세서리 유통업체입니다. 미국 자동차 산업의 저성장에 맞춰 오토존의 매출액 역시 최근 3년간 연평균 4%에 그쳤고, 영업이익 증가율은 연평균 2%에 불과했습니다. 그런데 주가는 2017년 저점에서 2배 이상 상승한 상태입니다. 비결이 무엇일까요? 주당순이익이 연평균 16% 증가했기 때문인데, 여기에는 기업이 자기 주식을 사들여 시장에 유통되는 주식의 수를 16% 줄인 효과도 반영되어 있습니다. 이렇게 기업이 자기 주식을 사들이는 것을 '자기주식 매입소각'이라고 합니다. 산업의 성장이 정체되었더라도 배당이나 자기주식 매입소각 등의 방법을 통해 주주에게 이익을 환원하는 주주친화적인 기업은 투자의 가치가 있을 수 있음을 알 수 있습니다. 한국에서도 최근 자사주 매입과 전자투표제 도입 등 주주친화적 활동을 강화하는 기업이 많아지고 있어 이에 대한 주식 시장에서의 평가가 활발해지고 있습니다.

VII. 주주에 관한 사항, VIII. 임원 및 직원 등에 관한 사항

'VII. 주주에 관한 사항'에서 주주가 누구이고, 주식 수가 어떻게 되는지 확인할 수 있고, 'VIII. 임원 및 직원 등에 관한 사항'에서 주주를 대리해서 기업을 경영하고 있는 임원과 직원에 대해서 알 수 있습니다.

이 부분을 볼 때 많은 사람이 임원의 경력만 대강 보는데, 그러면 안 됩니다. 해당 임원들이 과거에 어떤 일을 했는지 잘 살펴보면 그들의 능력과 주주를 대하는 자세 등을 파악할 수 있습니다. 나를 대신해 기업을 경영하는 사람들이 어떤 능력을 갖추고 있고, 신뢰할 만한지를 꼭 파악해야 합니다. 이는 'X. 이해관계자와의 거래내용'에서도 확인할 수 있습니다. 여기에는 대주주 등에 대한 신용 공여와 대주주와의 영업 거래 등이 나오기 때문에 기업이 누구를 위해 일하는지 가늠해 볼 수 있습니다. 신용 공여는 기업이 대주주 혹은 대주주 관계사에 빌려주는 행위고, 영업 거래는 기업의 대주주 혹은 대주주 관계사와의 영업적인 거래를 말합니다. 두 행위 자체가 불법은 아니지만 자격이 되지 않는 대주주 혹은 대주주 관계사와 해당 거래를 할 경우, 정상정인 의사결정 판단이 아닌 압력에 의한 행위로 해석될 수 있기 때문에 주의하여 살펴야 합니다.

이마트로 돌아가 봅시다. 실적 부진을 겪고 있는 이마트는 2019년 10월 신규 대표이사로 강희석을 영입했습니다. 강희석 대표는 행정고시를 합격한 후 농림수산부에 근무했고, 이후 컨설팅 기업인 베인앤컴퍼니로 이직해서 유통 및 소비재 부문 전략 컨설팅 업무를 15년간 해 왔습니다. 알려진 바로는 2009년부터 이마트의 해외 진출과 전문점 사업 등에 대한 컨설팅 업무를 하다가 대표이사로 전격 영입되었다고 합니다. 강희석 대표의 영입이 성공적일지 아닐지는 차후 판가름이 나겠지만 이전 약력과 인터뷰를 통해 이런 유추는 가능합니다. 내부 승진 경영진이 쉽게 할 수 없었던 기존 점포의 구조조정과 리뉴얼 등을 단행하고, 전문점들도 과감하게 통폐합하여 수익성을 개선하며, 온라인화와 해외 진출을 가속화하는 작업을 진행할 가능성이 있습니다. 쿠팡과 마켓컬리로 대표되는 온라인 유통 시장의 성장으로 위축되던 이마트가 반전의 기회를 잡을 수 있는지 지켜볼 가치가 있는 것이죠.

IX. 계열회사 등에 관한 사항

다음으로 나오는 부분은 'IX. 계열회사 등에 관한 사항'인데, 관계회사와 자회사, 그리고 타법인 출자 현황 등이 담겨 있습니다. 여기서 해당 기업이 어떤 기업과 지분으로 엮여 있는지와 단순 출자 기업 중에서 지분 가치가 높아질 기업이 있는지를 확인하다 보면, 의외의 수확을 얻는 경우도 많습니다. 이마트에도 그런 요소가 있습니다.

IX. 계열회사 등에 관한 사항

1. 기업집단의 명칭 : 신세계

당사는 독점규제 및 공정거래에 관한 법률에 따라 기업집단인 신세계에 속한 계열회사로서 보고서 작성 기준일 현재 신세계그룹에 속한 계열회사는 총 41개사입니다.

(2019년 12월 31일 기준)

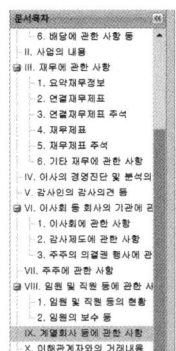

구 분	회사수	회 사 명	법인등록번호	업 종
주권상장법인	7	㈜신세계	110111-0028848	도소매
		㈜이마트	110111-4594952	도소매
		㈜광주신세계	200111-0054795	도소매
		신세계건설㈜	110111-0759493	건설, 서비스
		㈜신세계아이앤씨		도소매, 서비스

4. 타법인출자현황

(기준일: 2019년 12월 31일)   (단위: 백만 원, 천주, %)

법인명	최초 취득일자	출자 목적	최초 취득금액	기초잔액 수량	지분율	장부가액	증가(감소) 취득(처분) 수량/금액	평가손익	기말잔액 수량	지분율	장부가액	최근사업연도 재무현황 총자산	당기순이익
㈜신세계조선호텔 (비상장)	2011.05.01	경영참여	223,442	15,476	99.88%	226,375	-	-	15,476	99.88%	226,375	504,079	-23,063
㈜신세계푸드 (상장)	2011.05.01	경영참여	66,793	1,815	46.87%	71,358	-	-	1,815	46.87%	71,358	723,900	3,411
㈜스타벅스커피코리아 (비상장)	2011.05.01	경영참여	39,828	2,000	50.00%	39,828	-	-	2,000	50.00%	39,828	1,250,843	132,805
신세계건설㈜ (상장)	2011.05.01	경영참여	-	1,708	42.70%	14,357	-	-	1,708	42.70%	14,357	777,742	17,515
㈜신세계아이앤씨 (상장)	2011.05.01	경영참여	27,021	613	35.65%	42,434	-	-	613	35.65%	42,434	289,755	10,657
㈜신세계엘앤비 (비상장)	2011.05.01	경영참여	4,462	4,400	100.00%	20,462	-	-	4,400	100.00%	20,462	67,256	1,555
㈜이마트에브리데이 (비상장)	2011.11.22	경영참여	225,514	270,502	99.28%	313,287	-	-	270,502	99.28%	313,287	649,791	1,503

과 목	주 석	제23(당)기	제22(전)기
Ⅰ. 매출액	19, 27	1,869,559,758,459	1,522,370,701,555
Ⅱ. 매출원가	19, 21, 27	(834,276,360,182)	(674,293,002,704)
Ⅲ. 매출총이익		1,035,283,398,277	848,077,698,851
판매비와관리비	20, 21, 27	(860,181,844,002)	(705,220,811,296)
Ⅳ. 영업이익		175,101,554,275	142,856,887,555

4. 좋은 기업 찾기의 출발점, 사업보고서

금융수익	22, 29	8,095,770,905	6,244,283,090
금융원가	22, 29	(9,414,387,742)	(1,080,835,496)
기타영업외수익	23, 29	6,437,346,177	2,366,157,298
기타영업외비용	23, 29	(5,602,390,715)	(4,299,674,505)
V. 법인세비용차감전순이익		174,617,892,900	146,086,817,942
법인세비용	25	(41,813,146,120)	(34,094,455,672)
VI. 당기순이익		132,804,746,780	111,992,362,270
VII. 기타포괄손익		(18,246,428,615)	(14,423,894,422)

출처: 전자공시시스템

이마트를 보면, 2019년 말 기준으로 이마트가 소속된 신세계그룹의 계열회사가 총 41개이고, 이 중 많은 사람이 좋아하는 스타벅스커피코리아의 지분 50%를 이마트가 들고 있음을 확인할 수 있습니다. 스타벅스커피코리아의 지분 50%는 이마트 재무상태표상 장부가액 2,441억 원으로 잡혀 있는데(연결 재무제표의 주석 15번 항목 참고), 스타벅스커피코리아의 2019년 매출액 1.87조 원, 영업이익 1,751억 원, 그리고 순이익 1,328억 원이라는 점을 감안할 때 실질 지분가치(PER 10배 적용한다고 가정할 시 6,600억 원, 15배 적용 시 1조 원까지 가능)는 장부가치보다 훨씬 클 것임을 판단할 수 있습니다. 이 부분을 유의해야 하는 또 다른 이유는 순전히 대주주의 이해관계에 의해 불필요한 출자가 들어간 경우가 있는지를 확인해서 회사가 대리인 문제가 있는지를 점검할 수 있기 때문입니다.

XI. 그 밖에 투자자 보호를 위하여 필요한 사항

사업보고서의 마지막은 'XI. 그 밖에 투자자 보호를 위하여 필요한 사항'입니다. 보통 여기까지 읽으면 지쳐서 이 부분을 가볍게 넘기기 쉬운데, 이 부분을 간과해서 큰 사건이 발생하는 경우가 있으니 반드시 확인해야 합니다. 주의해서 봐야 할 부분은 '2. 우발부채 등'입니다.

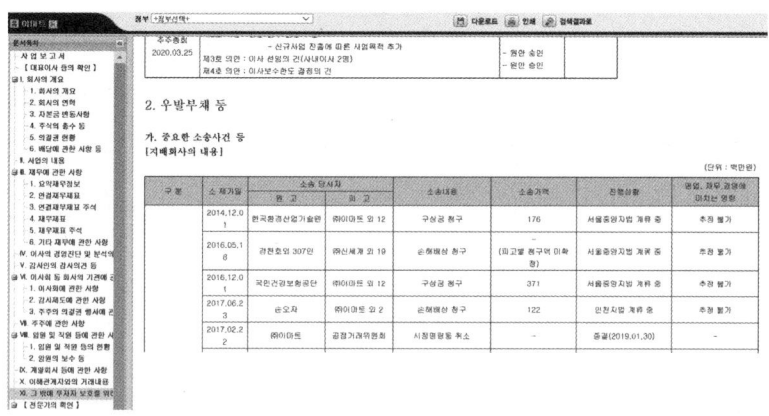

출처: 전자공시시스템(DART)

우발부채란, 현재의 채무는 아니나 장래에 우발적인 사태가 발생할 경우 확정 부채가 될 가능성이 있는 것을 말합니다. 관련해서 '가. 중요한 소송사건 등'과 '채무보증 현황 부분'을 잘 확인해야 합니다. 중요한 소송에서 패소할 경우 금액적으로 손실이 발생할 수 있고, 관계 기업에 부채를 보증해 주었는데 그 기업이 부채를 갚지 못하면 대신 부채를 갚아야 할 수도 있기 때문입니다.

사실 이 부분은 꽤 어렵습니다. 각종 소송 사건의 이유와 승소/패소 전망, 그리고 영향력을 모두 예상해야 하고, 대기업의 경우 이런 사건이 한두 개가 아닙니다. 위에서 확인할 수 있듯이 이마트의 경우에도 많은 소송을 진행하고 있고, 종속기업들도 마찬가지입니다. 그럼에도 불구하고 투자자는 동행할 기업에 영향을 줄 수 있는 주요 사건들을 충분히 공부해서 그 영향이 클 경우에는 주의해야 합니다.

이마트의 사례로는 그 중요성을 체감하기 힘드니 SFA반도체라는 기업의 예를 들어 보겠습니다. SFA반도체의 전신인 STS반도체통신은 2014년 연간 매출액과 영업이익이 5,509억 원, 453억 원에 달하는 수익성 있는 반도체 부품 회사였습니다. 하지만 이자비용이 283억 원이었고, 관계사에 대한 지분법손실이 348억원 기록할 정도로 영업 외 부분이 좋지 않았습니다. 관계사들에 대한 채무 보증만 2,183억원으로 부담이 컸습니다. 2015년 1분기 말 기준으로 부채비율은 293%였습니다.

(4) 연결회사의 타회사에 대한 지급보증 제공내역 은 다음과 같습니다.

(단위: 백만 원, USD)

회 사 명	내 역	2015.3.31	2014.12.31
Info Space Limited	L/C Open용 지급보증	USD 7,600,00	USD 7,600,000
비케이아이엔티(주)	사모사채지급보증	12,400	12,400
	일반대출지급보증	53,648	38,930
BK LCD CO.,LIMITED	외화대출지급보증	6,000	6,000
		USD 442,200	USD 442,200
클레어픽셀(주)	대출금연대보증	-	700
		595	300

출처: SFA반도체의 사업보고서

결국 STS반도체통신은 2015년 6월 관계사 우발채무로 인한 유동성 위기로 워크아웃(기업 재무개선 작업) 절차를 밟았고, 이 과정에서 현재의 대주주인 SFA가 지분을 인수하고 재무 지원을 단행하면서 2015년 9월 워크아웃이 조기 종결됐습니다. 2019년 말 SFA반도체는 매출액과 영업이익이 각각 5,889억원, 391억원으로 양호하고, 부채비율은 109%로 크게 낮아졌습니다. 연간 이자비용은 99억원으로 감소했습니다. 여전히 기존 관계사의 채무보증이 남아있지만, 그 규모는 크게 줄어든 상태입니다. 아래는 6월 당시 STS반도체통신의 신청 결의 관련 공시 내용입니다.

1. 관리절차개시 신청일자	2015-06-17
2. 관리기관	주채권은행 : 산업은행
3. 신청사유	재무구조 개선 및 경영정상화
4. 신청범위 및 내용	채권금융기관 공동관리(워크아웃) 신청 결의
5. 기타 투자판단에 참고할 사항	- 당사의 출자법인인 비케이아이엔티(주)는 지속적인 실적 부진에 따른 영업 및 재무상황 악화로 2015년 6월 17일자에 수원 지방법원앞 회생절차를 신청하였습니다. 이에 금융부채를 연 대보증한 STS반도체통신(주)는 채권자들이 일시에 보증채무 이행 요구 하여 올 경우 유동성에 문제가 발생할 가능성이 있습니다. 따라서 STS반도체통신(주)는 정상 영업 중인 점 및 주채권 은행의 신용위험평가위원회 결과 평가등급 C로 분류되어 채무상환 조건 등의 조정을 통한 유동성 확보와 재무구조 개선계획을 통한 부채상환을 할 수 있도록 채권금융기관의 공 동관리 신청을 결의하였습니다. - 향후 구체적인 진행사항이 있을시 관련공시를 할 예정입니다. - 상기 사항은 기업구조조정촉진법상 채권은행 등의 관리절차 에 해당됩니다.

자료: SFA반도체의 공시

2014.07	Micron CPG 최우수 Support Award 선정
2014.12	대표이사 변경(홍석규, 전병한 → 홍석규, 전병한, 김길연) : 각자 대표이사
2015.06	채권은행 등의 관리절차 개시 신청
2015.09	최대주주 변경((주)한국문화진흥 → (주)에스에프에이)
2015.09	대표이사 변경(홍석규, 전병한, 김길연 → 전병한, 김길연 : 각자 대표이사
2015.09	채권은행 등의 관리절차 해제
2015.10	대표이사 변경(전병한, 김길연 → 김길연)
2015.10	대표이사 변경(김길연 → 김영민)
2016.03	사명 변경(에스티에스반도체통신(주) → (주)에스에프에이반도체)

자료: SFA반도체의 사업보고서

　이렇듯 우량한 회사라고 하더라도 비정상적인 지배구조하에서 관계사에 대한 채무보증이 있다면 그 관계사의 실적과 현금흐름에 따라 일시적으로 동반 위험에 빠질 가능성이 늘 있습니다. 조심스러운 투자자라면 본사뿐만 아니라 관계사에 대한 채무보증 현황과 장래 가능성까지 늘 염두에 두어야 합니다.

　초보 투자자로서 사업보고서를 읽는 것이 어렵다는 것을 잘 알고 있습니다. 사업보고서는 한두 번 보는 것으로 끝내지 말고, 관심 있는 기업이 있다면 과거 몇 개 년도의 사업보고서와 분기 보고서들을 읽어보고, 다른 공시 서류들도 열심히 읽어봐야 합니다. 전자공시시스템에 나온 출처들은 기본적으로 신뢰할 수 있기 때문에 기업을 이해하는 데 있어 가장 기본적으로 봐야 하는 자료입니다.

[와이민 콕!]
투자자의 질문법

투자를 하다 보면 주주 총회와 같은 곳에 참석해서 질문을 하게 될 수 있습니다. 기업 측에 전화해서 자료를 보고 이상했던 부분을 물어볼 수 있습니다. 그럴 일이 없다고 생각할 수 있지만 어차피 진지한 투자자는 기업을 공부하다 보면 질문이 생길 수밖에 없습니다.

다음과 같은 두 가지 질문이 있습니다.

A. 작년 이익은 얼마였던데, 올해 예상하는 이익은 얼마인가요?
B. 올해는 어떤 점이 더해져서 이익이 좋아지나요? 이런 점이 지속 가능하다고 보는 이유는 무엇인가요?

다음 두 가지 질문도 있습니다.

A. 올해 예상하는 회사의 점유율은 얼마인가요?
B. 회사의 어떤 점이 수요자를 만족시켜서 점유율이 올라가나요? 왜 경쟁자들이 점유율을 못 빼앗아 가나요?

어떤 것이 투자와 관련된 정보를 얻기에 좋은 질문인가요? 물론, A 질문을 하고, B 질문으로 옮겨가면 문제가 없겠지요. 그런데 A 질문에서 멈추는 투자자도 생각보다 많습니다. 그런 장면을 볼 때마다 조금 안타깝습니다. 지적 호기심을 충족시키는 선에서 그치는 것이거든요.

투자자의 질문은 힘에 대한 질문입니다. 현상에 대한 피상적 질문이 아니고, 단기적으로만 의미있는 질문도 아닙니다. 물론, 이런 질문이 쌓여 투자자의 질문이 되기도 합니다만, 시간적/물리적 소모가 많습니다. 투자자의 질문은 근본적인 원인과 추세를 이루는 힘에 대한 질문입니다. 이유와 재발 가능성에 대한 질문이기도 합니다.

투자자로서 질문하기 위해서는 미리 공부를 해야 합니다. 통상 1시간 정도의 미팅에서 기업을 다 판단할 수 있다고 생각하시지는 않겠죠. 짧은 시간 동안 우리는 어떤 기업인가를 파악하는 데 핵심적인 질문을 해야 합니다. 투자자로서 온 사람과 투자를 받기 위해 온 사람들은 서로가 시간이 아깝습니다. 한정된 시간을 최대한 효율적으로 쓰기 위해서는 미리미리 공부해야 합니다. 미리 공부를 하면 불필요한 질문은 줄고 간결한 질문을 할 수 있으며 상대편의 답변도 찰떡 같이 알아들을 수 있습니다. 질문 자체보다는 질문을 준비하는 과정에서 더 배웁니다.

투자자의 질문을 하기 위해서는 생각을 필요로 합니다. 우리는 단순 사실을 캐기 위해서 질문하기도 하지만, 질문의 궁극적인 목적은 이 기업이 투자할 만한 기업인지를 판단하기 위함입니다. 판단을 위해서는 기업의 비즈니스 모델에서 가장 중요한 요소가 무엇이고, 그걸 어떻게 구축했고 어떤 방식으로 유지할지에 대해서 고민해 봐야 합니다. 그런 고민을 기반으로 수준이 다른 질문을 하면, 상대편도 그에 맞춰 대접해 줍니다. 투자자로서 대접받는 답변을 들으실 수 있습니다.

투자자 질문을 하기 위해서는 조금만 더 나가면 됩니다. 앞서 살펴본 것과 같이 A 질문으로 화두를 던지고, 조금 더 나아가 B 질문으로 이어가면 됩니다. '그릿grit'이라는 말처럼 조금만 더 관심을 가지면 투자자의 질문을 할 수 있고, 투자자에게 필요한 답변을 들을 수 있을 것입니다. 그런 질문과 대답을 기반으로 한 투자가 훨씬 지속성이 있습니다.

5

기업 분석의 꽃, 재무제표 읽기

의외로 주석이 중요하다

앞서 사업보고서에서 어떤 부분을 중점으로 읽어야 하는지 공부했습니다. 거기서 재무제표에 관한 내용은 간략하게 개념적인 내용만 정리하고 뒤에서 다시 설명하겠다고 했었지요. 이번 장에서는 바로 그 재무제표 보는 법을 설명해 드리겠습니다.

 본격적인 재무제표 분석에 앞서 잘 모르면 주의를 기울이지 않을 수 있는 사항 하나를 강조해 두겠습니다. 각 재무제표의 숫자와 바로 연결되는 '주석' 부분을 특히 열심히 봐야 합니다. 숫자 그 자체보다 그 숫자가 기업에 대해 무엇을 이야기하고 있는지를 파악하는 것이 중요하기 때문입니다. 각 숫자와 관련된 주석의 내용을 확인해야만 해당 숫자의 의미를 정확히 알 수 있습니다. 그리고 이것을 현재 사업보고서에서만 체크하는 것이 아니라 과거의 사업보고서들까지 두루 검토하여 각 항목들의 변화까지 살펴보는 것이 좋습니다.

그럼 이마트의 재무제표를 한번 볼까요?

	제 9 기	제 8 기	제 7 기
계속영업			
매출액	19,062,879,818,284	17,049,079,116,942	15,514,901,652,450
매출원가	14,170,452,435,284	12,452,783,662,020	11,140,063,168,745
매출총이익	4,892,427,383,000	4,596,295,454,922	4,374,838,483,735
판매비와관리비	4,741,774,874,171	4,133,468,452,167	3,789,945,675,206
영업이익	150,652,508,829	462,827,002,755	584,892,808,529
기타수익	306,660,822,594	188,041,642,978	246,354,000,180
기타비용	87,635,518,695	73,913,427,763	57,934,872,204
금융수익	141,505,833,753	92,741,887,206	149,903,795,889
금융비용	211,769,460,874	121,796,506,817	176,853,443,168
지분법손익	73,843,385,551	48,727,042,838	54,708,642,468
손상차손	91,154,973,002	11,660,907,151	1,335,110,353

출처: 전자공시시스템

이마트의 손익계산서를 보면, 매출액 증가폭에 비해 매출총이익과 영업이익의 증가폭이 작거나 혹은 감소하는 것을 확인할 수 있습니다. 왜 그럴까요? 손익계산서만 보면 그 이유를 알기 어렵습니다. 이런 경우 매출액, 매출원가 및 판매비와관리비 항목에 대한 주석을 하나씩 확인하여 원인을 파악해야 합니다.

먼저 매출액이 증가한 원인부터 찾아봅시다. 이마트의 주력인 할인점 사업은 2017년부터 2019년까지 성장률이 낮아진 것으로 알려져 있었는데, 이마트의 전체 연결 매출액은 2017년 15.5조 원, 2018년 17.0조 원, 2019년 19.1조 원으로 지속적으로 크게 늘었습니다. 할인점 외에 다른 성장 요인이 있었던 것일까요?

손익계산서

제 9 기 2019.01.01 부터 2019.12.31 까지
제 8 기 2018.01.01 부터 2018.12.31 까지
제 7 기 2017.01.01 부터 2017.12.31 까지

(단위 : 원)

	제 9 기	제 8 기	제 7 기
매출액	13,154,820,005,943	13,148,336,659,460	12,450,694,737,824
매출원가	9,527,689,215,268	9,338,644,059,252	8,709,836,660,403
매출총이익	3,627,130,790,675	3,809,692,600,208	3,740,858,077,421
판매비와관리비	3,375,990,318,203	3,320,354,768,062	3,102,408,995,886
영업이익	251,140,472,472	489,337,832,146	638,449,081,535

출처: 전자공시시스템

이마트의 별도 손익계산서를 보면, 별도 매출액은 2018년 약 13.1조 원, 2019년 약 13.1조 원으로 정체되어 있습니다. 이를 통해 우리는 이마트의 연결 매출액이 본사의 할인점 사업이 아닌 연결 종속기업들의 매출액 증가나 다른 요인에 의해 증가했음을 쉽게 유추할 수 있습니다. 그럼, 먼저 종속기업들의 매출액 변화부터 살펴봅시다.

아래 두 표는 각각 이마트의 주요 종속기업들의 2019년, 2018년 매출액입니다.

(당기)

종속기업명	자산	부채	매출	당기순손익	당기총포괄손익
주식회사 신세계조선호텔	504,079	426,366	208,935	(23,063)	(29,102)
주식회사 신세계푸드	723,900	407,801	1,305,875	3,411	1,212
주식회사 신세계엘앤비	67,256	47,727	107,169	1,555	1,048
주식회사 이마트에브리데이	649,791	538,530	1,229,673	1,503	1,808
주식회사 신세계영랑호리조트	53,735	26,747	7,773	(1,582)	(1,755)

종속기업명	자산	부채	매출	당기순손익	당기총포괄손익
주식회사 신세계프라퍼티	2,059,507	911,136	141,724	(6,139)	(6,959)
주식회사 이마트24	434,562	376,472	1,354,525	(29,351)	(32,820)
주식회사 스타필드청라	131,005	921	0	(2,038)	(2,038)
세린식품 주식회사	12,905	4,803	21,890	743	654
스무디킹코리아 주식회사	13,459	7,244	15,140	(1,581)	(1,393)
주식회사 제주소주	28,590	13,599	4,776	(14,323)	(14,407)
주식회사 제이원(*1)	-	-	-	(219)	(219)
주식회사 스타필드고양	796,082	84,889	91,915	20,646	20,640
에스피청주전문투자형 사모부동산투자회사	39,310	35	-	(826)	(826)
에스피대치전문투자형 사모부동산투자신탁1호	65,982	30,999	2,636	1,369	1,369
에스피성수이든전문투자형 사모투자신탁1호	34,776	1	34	(313)	(313)
주식회사 신세계동서울피에프브이	124,554	28	-	(230)	(230)
주식회사 스타필드창원	86,954	13	-	(5)	(5)
에스피이태원이든전문투자형 사모투자신탁	3,400	18	-	(18)	(18)
신세계건설 주식회사	777,742	580,161	1,016,154	17,515	17,931
주식회사 에스에스지닷컴	2,046,173	583,502	844,199	(60,585)	(65,971)
주식회사 신세계페이먼츠(*2)	49,775	45,819	51,270	1,232	1,145

(전기)

종속기업명	자산	부채	매출	당기순손익	당기총포괄손익
주식회사 신세계조선호텔	290,174	172,034	191,690	(18,019)	(33,151)
주식회사 신세계푸드	617,579	299,069	1,263,685	7,302	3,810
주식회사 신세계엘앤비	53,024	34,542	93,560	1,680	743
주식회사 이마트에브리데이	431,049	307,627	1,175,038	7,013	2,391
주식회사 신세계영랑호리조트	54,445	25,702	8,171	(1,088)	(1,132)
주식회사 신세계프라퍼티	1,215,938	142,926	84,418	(16,901)	(18,223)
주식회사 이마트24	272,163	181,523	1,037,925	(39,979)	(40,797)
주식회사 스타필드청라	125,009	2,835	-	8,590	8,590
세린식품 주식회사	12,323	4,875	22,299	810	746
스무디킹코리아 주식회사	12,162	4,483	16,941	(293)	(513)

주식회사 제주소주	27,033	7,546	4,299	(12,930)	(13,016)
주식회사 제이원	2,294	1,689	-	(4,256)	(4,259)
주식회사 스타필드고양	818,553	86,988	90,572	19,655	19,648
주식회사 신세계면세점 글로벌 (*1)	-	-	75,757	(5,287)	(5,287)
에스피대치전문투자형 사모부동산투자신탁1호	40,139	38	400	(182)	(182)
에스피대치전문투자형 사모부동산투자신탁1호	64,840	17,240	1,521	696	696
에스피성수이든전문투자형 사모투자신 탁제4호	34,103	1,008	3	(5)	(5)
신세계건설 주식회사(*2)	757,077	561,428	607,714	36,176	34,168
주식회사 이마트몰(*3)	356,695	336,953	8,843	1,147	948
일렉트로맨문화산업 전문회사(유)	1,010	1,002	-	(2)	(2)

출처: 전자공시시스템

 2019년 이마트 사업보고서 내 '연결재무제표의 주석' 중 1번 항목을 보면, 주요 종속기업들의 현황과 2019년(당기)/2018년(전기)의 요약 손익계산서가 나옵니다. 이를 보면 2018년 대비 2019년 매출액이 늘어나는 데 기여한 종속기업들은 신세계푸드, 이마트에브리데이, 이마트24, 신세계건설 등임을 확인할 수 있습니다. 즉, 이마트의 연결매출액이 늘어난 것은 본사의 할인점 사업보다는 종속기업을 통해 영위하고 있는 슈퍼마켓, 편의점, 건설 매출액이 증가했기 때문입니다.

 다른 이유도 확인할 수 있습니다. 위의 그림들을 보면, 2018년 이마트몰이란 기업이 없어지고, 2019년 에스에스지닷컴이란 기업이 종속기업 명단에 올라와 있습니다. 매출액도 큽니다. 무슨 일이 일어났던 것일까요? 사업보고서 내 '연결재무제표의 주석' 중 1번 항목을 설명하는 글 중에서 (6)을 읽어보면 알 수 있습니다.

(*6) 회사의 종속기업인 주식회사 이마트몰은 2019년 1월 11일 이사회결의에 따라 주식회사 신세계몰을 흡수합병하기로 결정하여 2019년 3월 1일을 합병기일로 하여 주식회사 신세계몰을 흡수합병하였으며 주식회사 에스에스지닷컴으로 사명을 변경하였습니다.
(*7) 회사의 종속기업인 주식회사 이마트몰이 주식회사 신세계몰을 흡수합병하여 주식회사 신세계페이먼츠의 지분 100.0%를 보유하게 되었으며, 주식회사 신세계페이먼츠는 2019년 3월 1일자로 공동기업에서 종속기업으로 분류를 변경하였습니다.

그리고 아래는 에스에스지닷컴(당시 이마트몰)의 2019년 1월 14일 회사 합병 공시입니다.

회사합병 결정

1. 합병방법	주식회사 이마트몰이 주식회사 신세계몰을 흡수합병 - 존속회사 : 주식회사 이마트몰 - 소멸회사:주식회사 신세계몰 ※합병 후 존속회사의 상호 : 주식회사 이마트몰 (합병보고총회 또는 별도의 주주총회로 상호변경 예정)
- 합병형태	해당사항없음
2. 합병목적	합병당사회사는 경영효율성을 증대시키고 상호 간에 시너지 효과를 극대화 하기 위하여 합병하기로 결정하였습니다.

출처: 전자공시시스템

 기업 측은 이마트몰이 신세계몰을 흡수 합병하고, 이름을 에스에스지닷컴으로 변경했다고 밝히고 있습니다. 즉, 종속기업인 이마트몰이 본인보다 외형이 큰 신세계몰을 합병함으로써 매출액이 2018년 88억 원에서 2019년 8,442억 원으로 증가한 것도 이마트 연결 매출액이 늘어난 것에 크게 기여한 셈입니다. 2018년 이마트몰의 매출액이 88억 원에 불과한 것은 2018년 사업보고서를 보면 확인할 수 있습니다. 2018년 사업보고서의 '연결 재무제표의 주석' 중 '나. 종속기업의 현황'에서 (6)번을 보면 "회사는 2018년 12월 27일

온라인 쇼핑몰 사업부를 물적분할하여 주식회사 이마트몰을 신규 설립 하였습니다"라고 나와 있습니다. 즉, 이마트몰의 2018년 매출액이 88억 원에 불과한 것은 기존 이마트에서 분할한 이후인 4일간의 매출액이기 때문입니다.

결국 연결재무제표를 분석하면서 이마트의 연결 매출액이 증가한 것은 기존 주력인 할인점 사업의 정체에도 불구하고, 다른 유통업인 슈퍼마켓, 편의점, 복합쇼핑몰, 그리고 인터넷 사업 등의 성장 덕분임을 확인할 수 있습니다. 기업을 분석할 때는 단순하게 숫자만 보는 것이 아니라, 왜 숫자들이 이렇게 변했고, 그 변화가 의미하는 바는 무엇인지를 파악하려고 노력해야 합니다. 그것이 재무제표를 보는 중요한 이유 중 하나입니다.

계속 살펴볼까요? 이번에는 이마트의 비용 변화를 보겠습니다.

32. 비용의 성격별 분류:

당기와 전기 중 비용의 성격별 분류는 다음과 같습니다(단위: 백만원).

구 분	당 기	전 기
재고자산의 변동	(95,630)	(88,625)
상품 및 원·부재료 매입액	12,795,265	11,530,066
공사재료비	128,025	47,091
공사외주비	427,738	188,360
급여 및 퇴직급여	1,836,193	1,576,254
지급수수료	1,498,997	1,374,764
임차료	87,695	319,625
감가상각비 및 무형자산상각비(*)	882,601	527,731
광고선전비	103,067	79,279
판매촉진비	64,254	55,811
기타	1,184,022	975,896
매출원가 및 판매비와관리비의 합계	18,912,227	16,586,252

출처: 전자공시시스템

연결재무제표 주석의 32번 비용의 성격별 분류라는 항목을 보면, 이마트의 2018년과 2019년 매출원가 및 판매비와 관리비의 세부 내역이 있습니다. 그리고 바로 아래 33번 항목에는 판매비와 관리비의 주요 내역이 있습니다. 이 두 항목을 통해 이마트가 2018년 대비 2019년 어떤 비용이 늘었는지를 파악할 수 있고, 이 비용의 증가가 미래 성장을 위한 투자인지, 아니면 당장의 경쟁에 대한 대응이었는지를 따져서 이마트의 향후 수익성에 대한 힌트도 얻을 수 있습니다. 2019년만 언뜻 보면 이마트는 인건비와 상각비 등 고정성 비용이 많이 늘면서 전체적인 비용 구조가 높아진 것처럼 보입니다. 하지만 이렇게 본 것이 맞는지는 세부적인 확인 작업을 해야 제대로 알 수 있습니다. 이를 위해 사업보고서의 주석을 봅시다. 위 표는 주석 29번 항목이고 아래는 35번 항목입니다.

29. 비용의 성격별 분류:
당기와 전기 중 비용의 성격별 분류는 다음과 같습니다 (단위: 백만 원)

구분	당기	전기
재고자산의 변동	(65,104)	(76,089)
상품 및 원·부재료 매입액	9,492,200	9,317,703
급여 및 퇴직급여	1,088,586	1,104,027
지급수수료	1,099,468	957,122
임차료	30,194	128,857
감가상각비 및 무형자산상각비(*)	503,969	376,207
광고선전비	48,686	63,620
판매촉진비	50,726	49,732
기타	654,955	737,820
매출원가 및 판매비와 관리비의 합계	12,903,680	12,658,999

구분	당기	전기
1. 법인세비용차감전순이익	351,411	481,326

2. 조정	514,398	514,007
퇴직급여	83,046	80,161
감가상각비	372,355	363,327
사용권자산상각비	121,670	-
무형자산상각비	9,943	12,880
임차료	73	12,861

우선 별도 재무제표의 주석 중 29번 항목을 보면, 이마트 본사의 비용에서 인건비는 소폭 줄었지만, 지급수수료와 감가상각비 및 무형자산상각비가 증가하면서 전체 비용이 2018년 12.7조 원에서 2019년 12.9조 원으로 늘었습니다. 특히, 감가상각비가 1,300억 원, 그중에서도 사용권자산상각비가 증가했네요(재무제표의 주석 35번 항목). 하지만, 이 사용권자산상각비는 임차료와 함께 봐야 합니다. 2019년부터 새로운 리스회계기준이 적용되면서 임차료 비용 대신에 임차한 점포 사용권 총액에 대한 감가상각비 처리로 바뀌었기 때문입니다. 즉, 회계 계정이 바뀌었을 뿐 실질적인 비용이 큰 폭으로 증가했다고 보기는 어렵습니다.

다른 비용들을 보면, 상품 및 원부재료 매입액과 지급수수료가 조금씩 늘었습니다. 이를 매출액 정체와 연결해서 생각해 보면, 전체적으로 할인점 사업에서는 상품 구매 및 판매 비용이 늘었거나 아니면 늘어난 비용을 상품 판매 가격에 제대로 반영하지 못했다고 해석할 수 있습니다.

이제 연결 손익계산서의 비용 구조로 살펴볼까요?

32. 비용의 성격별 분류 :

당기와 전기 중 비용의 성격별 분류는 다음과 같습니다(단위: 백만원).

구 분	당 기	전 기
재고자산의 변동	(95,630)	(88,625)
상품 및 원·부재료 매입액	12,795,265	11,530,066
공사재료비	128,025	47,091
공사외주비	427,738	188,360
급여 및 퇴직급여	1,836,193	1,576,254
지급수수료	1,498,997	1,374,764
임차료	87,695	319,625
감가상각비 및 무형자산상각비(*)	882,601	527,731
광고선전비	103,067	79,279
판매촉진비	64,254	55,811
기타	1,184,022	975,896
매출원가 및 판매비와관리비의 합계	18,912,227	16,586,252

출처: 전자공시시스템

　연결 재무제표의 주석 32번 항목인 '비용의 성격별 분류'를 보면, 전체적으로 비용이 늘었음을 확인할 수 있습니다. 매입액이 늘었지만 매출액 증가에 연동하면서 늘어났기 때문에(매입액/매출액 비율이 67%대로 비슷합니다) 수익성에 악영향을 주었다고 보기는 어렵네요. 급여 및 퇴직급여가 증가한 것은 인원수 증가보다는 임금 인상 때문인 것으로 보입니다(사업보고서 내 '임원 및 직원 등에 관한 사항'에서 확인할 수 있습니다). 별도 재무제표와 마찬가지로 감가상각비가 사용자산상각비로 인해 늘었고, 지급수수료는 종속회사인 에스에스지닷컴이 연결 반영되면서 증가했습니다. 일회성으로 보이는 공사재료비와 공사외주비가 크게 늘었는데, 이는 향후 공사가 완료될 경우 당연히 감소할 비용이라 장기 수익성에 미치는 요인은 아니라고 볼 수 있습니다.

주식회사 에스에스지닷컴(구, 주식회사 이마트몰)과 그 종속기업 (단위: 원)

과목	주석	제 2 (당) 기	제 1 (전) 기
매출액	5, 26, 34	844,198,717,594	8,843,436,334
매출원가	27, 35	487,282,215,952	4,942,812,801
매출총이익		356,916,501,642	3,900,623,533
판매비와관리비	5, 27, 28, 34	438,769,622,532	2,769,243,040
영업이익 (손실)		(81,853,120,890)	1,131,380,493
기타수익	29	959,185,605	368,981
기타비용	29	2,643,384,631	7,673
금융수익	30	12,407,610,010	3,286,329
금융비용	30	4,376,152,656	73,790,220
지분법이익		94,783,250	20,941,578
법인세차감전순이익 (손실)		(75,411,079,312)	1,082,179,488
법인세수익	31	16,925,410,090	64,539,132
당기순이익 (손실)		(58,485,669,222)	1,146,718,620

출처: 전자공시시스템

또 하나 눈에 띄는 것이 2019년부터 연결 편입된 종속회사인 에스에스지닷컴의 초기 적자입니다. 2019년 이마트몰일 당시에는 매출액과 영업이익이 각각 88억 원, 11억 원이었는데, 2019년 신세계몰을 흡수합병하여 에스에스지닷컴으로 변경된 후의 매출액과 영업이익은 각각 8,442억 원, -818억 원을 기록했습니다. 즉, 에스에스지닷컴으로만으로 인해 약 830억 원 정도의 이익이 감소한 효과가 있었던 것이죠. 이를 어떻게 해석하느냐가 중요합니다. 에스에스지닷컴이 계속 적자를 기록할 것인지, 아니면 유통의 온라인화 트렌드와 이마트의 물류 경쟁력에 힘입어 빠르게 외형이 성장하고 적자폭을 줄여 나갈지가 향후 이마트 실적과 주가에 영향을 미칠 것이기 때문입니다. 여기서는 그것에 대한 예상을 하지 않겠습니다. 이를 전망하기 위해서는 많은 리서치를 해야 하기 때문이기도 하고, 그것이 이 책의 목적도 아니기 때문입니다.

그럼에도 제가 이 부분을 굳이 거론하는 이유는 기업의 재무제표를 세부적으로 분석하면 이런 식으로 어떤 부분에 주목을 해야 하고 어떤 방향으로 리서치를 해야 할지 힌트를 얻을 수 있음을 보여드리기 위함입니다. 다시 강조드리면, 재무제표 분석의 근본 목표는 기업을 좀 더 잘 이해하고, 기업 분석을 좀 더 효율적으로 하는 것입니다.

현재와 흐름에 집중하라

이제부터 본격적으로 앞에서 빼놓았던 재무제표 읽기를 시작해보겠습니다. 주식 투자에 도전하는 많은 분들이 가장 어려워하죠. 재무제표 분석(경영 분석이라고도 합니다)은 기본적으로 재무제표상의 숫자를 기초로 과거 숫자 혹은 동종 기업의 숫자와 비교하거나 두 숫자 간의 관계를 비율로 나타내 기업의 재무 상태 및 경영 성과를 분석하는 것을 말합니다. 재무제표 분석은 '현재'와 '흐름'에 집중하는데, 현재 상태를 보기 위해서는 비율 분석과 업종 내 비교 분석을 하고, 과거로부터의 흐름을 보기 위해서는 시계열 분석을 합니다. 이를 통해 미래를 예측하기 위한 단서를 얻는 것이 재무 분석의 목표입니다.

재무 분석을 할 때에는 항상 '왜?'라는 의문을 가져야 합니다. 사실을 단순하게 받아들이면 안 됩니다. 우리의 목표는 이 기업이 투자할 만한가를 파악하는 것이고, 재무 분석은 목표가 아니라 수단일 뿐입니다. 좋은 기업을 재무 분석'만'을 통해 발견할 수 있는 것은 아니지만, 재무 분석을 통해 그 확률은 상당히 높일 수 있습니다. 재무 분석을 할 줄 모른다면 훤히 잘 아는 자신 있는 분야로 투자 범위를 제한하길 권합니다.

주요 재무제표를 종류별로 구분해 보면, 대표적으로 재무상태표, 손익계산서, 현금흐름표를 들 수 있습니다. 이 외에도 많이 있지만, 주식 투자를 위해서는 이 세 가지 재무제표를 잘 알기만 해도 충분하다고 생각합니다. 그래서 여기서는 그 셋을 중심으로 말씀드리겠습니다. 물론 앞서 말씀드렸듯이 이 세 가지 재무제표도 회계 기준으로 보면, 개별 기업별 별도재무제표가 있고, 자회사를 다 연결해서 만드는 연결재무제표가 있습니다.

1) 재무상태표

먼저 재무상태표 balance sheet 입니다. 많은 사람이 손익계산서만 많이 보는데, 기업의 역사를 알기 위해서는 재무상태표를 먼저 보는 것이 좋습니다.

재무상태표의 원리를 살펴보겠습니다. 기업을 운영하는 데에는 초기 자금이 필요하고, 이 자금은 자기 출자금과 주주의 출자금, 그리고 외부에서 차입한 금액으로 조달됩니다. 기업은 조달한 자금을 어떻게 사용했는지를 투명하게 밝히고, 현재는 얼마의 자금이 어디에 남아 있는지를 주주와 채권자에게 보고해야 합니다. 결국 자금의 조달이 기록되는 '대변'과 자금의 사용이 기록되는 '차변'이 정확히 일치해야 합니다. 그래서 과거에 '재무상태표'를 '대차대조표'라고 부른 것입니다.

재무상태표를 보는 목적은 기본적으로 자금의 조달과 사용을 통해 기업의 과거 경영 성과를 이해하고, 이를 통해 미래의 성과가 어떠할지 단서를 얻을 수 있기 때문입니다. 운동선수로 비유하자면 재무상태표는 선수의 기본 신체와 체력 등의 몸 상태와 그 과거 기록이라고 할 수 있습니다. 이 정보를 가지고 다음 경기에 나가 어느 정도의 성적을 올릴지 추정해 볼 수 있는 것이지요.

이제 재무상태표를 살펴봅시다.

자산	부채	자본
유동자산	**유동부채**	**지배기업의 소유지분**
현금 (현금성자산)	매입채무 및 기타지급채무	납입자본
매출채권	단기 차입금	자본금
재고자산	단기파생상품부채	주식발행초과금
단기파생상품자산	상품권	신종자본증권
기타단기금융자산	미지급법인세	이익잉여금
기타유동자산	기타단기금융부채	기타자본항목
비유동자산	기타유동부채	**비지배주주지분**
유형자산	매각예정비유동부채	**자본총계**
투자부동산	**비유동부채**	
무형자산	장기 차입금	
관계기업 및 공동기업 투자	장기파생상품부채	
매도가능금융자산	순확정급여부채	
장기파생상품자산	이연법인세부채	
이연법인세자산	기타장기금융부채	
기타장기금융자산	기타비유동부채	
기타비유동자산	**부채총계**	
자산총계		

재무상태표의 계정은 크게 자산, 부채, 자본으로 나뉩니다. 자산

5. 기업 분석의 꽃, 재무제표 읽기 | 151

은 자금이 사용된 형태이고, 부채는 차입 자금의 조달이며, 자본은 주주 자금의 조달과 유보된 이익을 말합니다. 이중에 단기간(통상 1년입니다) 내에 바로 현금화가 가능하느냐에 따라 '유동자산'과 '비유동자산'으로 구분됩니다. 즉, 자산 중 1년 내 유동화가 가능한 자산이 유동자산이고, 대표적으로 현금, 현금성자산, 매출채권, 금융자산 등이 있습니다. 그 외의 자산이 '비유동자산'입니다. 부채 중에서도 1년 내에 상환해야 하는 부채는 '유동부채'고, 상환이 그 이상 걸리는 부채는 '비유동부채'입니다.

자본에서는 주주의 원금을 '자본금'이라고 하고, 자본금을 가지고 기업이 사업을 통해 벌어들인 이익금이나 추가 증자를 통해 늘어난 자본금을 '이익잉여금'이라고 합니다. 네, 이해합니다. 이렇게 설명하면 매우 어렵다는 것을요. 그냥 이런 용어들이 있다는 것만 기억하시고 과감하게 넘어가도 됩니다. 재무 분석을 한 챕터에서 다 설명할 수도 없고, 한 번 읽고 통달할 수 있다고 생각하지 마세요. 당연히 어려운 부분입니다. 재무상태표를 이용해 투자 분석을 할 때 어떤 부분을 중점적으로 봐야 하는지가 더 중요합니다. 그 부분에 집중하면 됩니다.

좋은 주식을 고르기 위해 재무상태표를 활용하는 가장 중요한 이유는 안 좋은 기업을 걸러내고 좋은 기업을 선별하기 위함입니다. 투자자로서 다음 세 가지에 주안점을 두고 살펴보면 좋습니다.

첫 번째 주안점은 '최소한 투자를 고려할 수 있는 기업인가?'입니다. 즉, 투자 대상으로 고려할 수 있는지 기본적인 스크리닝을 하는 겁니다. 스크리닝 기준은 투자자 본인이 세워야 하지만, 가치 투자자는 잃지 않는 투자가 우선이라는 점에서 안정성과 활동성 지표를 유심히 봐야 합니다.

안정성 지표로는 '부채비율'을 많이 봅니다. 부채비율이란, 부채를 자본으로 나눈 것인데, 주주의 자금인 '자본' 대비 채권자의 자금인 '부채'를 얼마나 쓰고 있는지를 체크하는 것입니다. 당연히 채권자 자금 비율이 낮은 게 좋기 때문에 부채비율은 75% 이하, 많아도 100% 이하인 것이 좋습니다. 부채비율이 낮고, 현금이 많다면 안정적인 편입니다.

활동성 지표로는 '매출채권 회전율'이 대표적입니다. 매출채권은 고객에게 제품을 주었지만 돈은 아직 받지 못한 자금, 즉 외상매출금이라고 보시면 됩니다. 매출채권 회전율은 매출액을 매출채권으로 나눈 것으로, 이를 통해 매출채권이 얼마나 빨리 회수되는지를 확인할 수 있습니다. 당연히 외상이 많은 것보다는 적은 것이 좋기 때문에 매출채권 회전율은 높은 것이 좋고, 절대값도 상승하는 것이 좋습니다. 매출채권 회전율이 지속적으로 하락하거나 특정 시기에 급격하게 하락한다면, 매출채권이 현금화되는 속도가 늦어져 돈이 잠긴다는 것으로, 향후 현금흐름에 부담이 증가한다는 신호이니 유의해야 합니다. 또한, 동종업체와의 비교 분석도 유용합니다. 동종업체 대비 매출채권 회전율이 높다는 것은 업계에서 상대적 경쟁력이 있고, 가용 현금에 여유가 있다는 것으로 해석할 수 있습니다.

기억해 두세요. 이 지표들은 '기준'에 해당합니다. 이 기준을 맞추지 못하는 기업은 처음부터 관심을 가지지 않는 것이 초보 투자자가 위험을 회피하는 방법 중 하나입니다.

두 번째 주안점은 '좋은 기업인가?'를 파악하는 것입니다. 첫 번째 기준을 통과한 기업 중에서 정말 훌륭한 기업인지를 분석하는 것인데, 재무상태표와 손익계산서를 동시에 봐야 합니다. 자본과 자산을 효율적으로 사용하여 수익성 있는 사업을 영위하고 있는지를 확인하기 위함입니다. 여기서는 ROE와 ROA가 제일 중요한데, 이 지표들은 중요하기 때문에 뒤에서 따로 설명하겠습니다.

마지막으로 '숨겨진 가치가 있는가?'를 체크해야 합니다. 기업이 시가총액에 육박하는 대규모 현금을 보유하고 있으면, 일단 안정적인 동시에 조금만 영업이 좋아지면 주가가 오를 가능성이 큰 기업입니다. 재무상태표에 취득 당시의 가격으로 기록되어 있는 부동산이 알고 봤더니 엄청난 가치를 가지고 있는 경우도 많습니다. 업무 이외의 용도로 보유하고 있는 토지나 건물은 유심히 봐야 합니다. 알짜 자회사가 있는지를 파악하는 것도 중요합니다. 자회사 지분가치가 얼마로 반영되어 있는지는 재무상태표의 주석을 통해 파악할 수 있고, 이를 현재 가치와 비교해 보면 의외의 수확이 큰 경우가 많습니다. 앞서 살펴본 이마트가 스타벅스커피코리아의 지분 50%를 가지고 있는데, 장부가 2,441억 원보다 실질 지분가치가 2~4배 크다는 것을 상기하시면 좋을 것 같습니다.

다른 예를 들면, 화공약품을 판매하는 삼영무역이라는 기업은 2019년 매출액과 영업이익을 각각 2,742억 원과 92억 원 기록했지만, 자회사 에실로코리아(지분율 49.8%)로부터의 지분법이익은 영업이익의 2.8배 수준인 259억 원을 기록했습니다. 당연히 시가총액(2020년 6월 기준 2,600억 원)은 에실로코리아에 대한 지분가치도 반영하고 있는 것이죠. 삼영무역과 같이 본사의 영업가치보다 자회사의 지분가치가 더 큰 기업이 종종 발견되고는 합니다. 특히, 잘 알려지지 않은 비상장 자회사의 가치가 클 경우 다른 사람이 알아

보기 전에 미리 투자를 한다면 좋은 성과를 얻을 수 있습니다.

단, 현금이나 관계 회사들에 대한 지분 투자가 무조건 많다고 좋은 것은 아닙니다. 수익률이 좋지 않은 회사에 자금을 투자하는 경우도 있고, 적정 수준을 훨씬 초과하는 현금을 보유함으로써 소액주주의 가치를 훼손시키는 경우도 있기 때문에 반드시 ROE와 연계해서 생각하는 것이 좋습니다. ROE를 하락시키는 현금 보유 및 관계사 지분 보유가 있다면, 꼭 필요한지를 면밀히 따져봐야 합니다. 이유가 타당하지 않다면 현금과 관계사 지분가치를 할인하여 평가하는 등 보수적인 가치평가를 하는 것이 좋습니다.

2) 손익계산서

다음으로 봐야 하는 것이 손익계산서입니다.

매출액		제품/서비스에 대한 대가
매출원가		생산과 관련된 비용
	재료비	생산에 소요되는 부품/재료 비용
	인건비	생산 인력의 임금
	감가상각비	생산 시설의 감가상각비
	기타비	생산과 관련된 기타비용
매출총이익		=매출액-매출원가
판매관리비		본사 비용
	인건비	본사 인력의 임금
	감가상각비	본사 및 관리시설의 감가상각비
	광고선전비	제품/서비스에 대한 광고선전
	판매비	판매와 관련된 비용
	관리비	관리 비용
	기타비	기타

영업이익	=매출총이익-판매관리비
영업외이익	영업외 이자수익, 환이익 등
영업외비용	영업외 이자비용, 환손실 등
세전이익	=영업이익+영업외이익-영업외손실
법인세	=세전이익×법인세율
순이익	=세전이익-법인세

손익계산서는 특정 기간(분기 혹은 연간) 기업이 얼마의 매출을 올렸고, 얼마의 비용을 써서 얼마의 이익을 남겼으며(영업이익), 영업 외로 손익이 어떻게 나오고 세금을 얼마나 내서 최종 이익이 얼마인지(순이익)를 주주와 채권자에게 보여 주는 재무제표입니다. 운동선수로 비유하자면, 그해 시합에 나가서 어느 정도의 실적을 올렸는지 확인할 수 있습니다.

손익계산서는 재무제표와 마찬가지로 대응이 중요합니다. 수익과 비용은 정확히 대응해야 합니다. 수익과 비용이 대응하지 않으면 분식 등의 회계 조작 가능성이 큽니다. 수익과 비용은 발생한 기간에 맞춰 배분했는가를 살펴봐야 하고, 상각되는 자산도 적정한 기간으로 안분해서 비용으로 처리했는지를 검토해야 합니다.

손익계산서를 볼 때 두 가지에 중점을 둬야 합니다. 우선 '최소한 투자를 고려할 만한 기업인가?'를 따져야 합니다. 이를 위해서는 기본적으로 매출액 증가율이 높은지와 매출총이익률 및 영업이익률이 높은지를 확인해야 합니다. 여기서 '기본적으로'라는 조건이 붙은 이유는 업종별로 상황이 다를 수 있기 때문입니다. 다만, 이익률이 너무 낮은 기업은 작은 변화에도 민감할 수 있기 때문에 보통 매출총이익률과 영업이익률이 높은 것이 좋습니다. 매출액 증가율이 특히 중요한데, 매출액이 증가하지 않는 기업은 수익성이 훼손될 가능성이 높기 때문입니다. 우리는 채권에 투자하는 것이 아닙니다. 기업에 투자하는 목적은 성장의 과실을 나누기 위함입니다.

두 번째로는 '좋은 기업인가?'를 파악하는 관점에서 살펴봐야 합니다. 재무상태표에서 말씀드린 것과 마찬가지로, 좋은 기업인지를 파악하기 위해서는 주요 재무제표를 동시에 봐야 합니다. 손익계산서 측면에서는 경쟁 환경 속에서도 지속 가능한 수익을 창출할 수 있느냐의 여부, 즉 경제적 해자가 있느냐에 집중해야 합니다. 좋은 사업을 하는 경쟁력 있는 기업은 기본적으로 양호한 매출총이익률과 영업이익률을 기록하고 있고, 자산을 통해 충분한 수익성을 내고 있어 높은 ROE와 ROA를 보여 줍니다. 이익의 질을 파악하기 위해서는 현금흐름표를 같이 살펴보아야 합니다.

3) 현금흐름표

이제 현금흐름표를 보도록 하겠습니다. 주요 항목은 아래와 같습니다.

영업활동으로 인한 현금흐름	(1)
당기순이익	
현금 유출이 없는 비용등 가산	ex) 감가상각비
현금 유입이 없는 수익등 차감	ex) 사채상환이익
영업활동으로 인한 자산부채 변동	ex) 운전자본변동
투자활동으로 인한 현금흐름	(2)
투자활동 현금 유입액	ex) 금융자산처분
투자활동 현금 유출액	ex) 유형자산취득
재무활동으로 인한 현금흐름	(3)

재무활동 현금 유입액	ex) 사채발행
재무활동 현금 유출액	ex) 차입금감소
현금의 증가	(4)=(1)+(2)+(3)
기초 현금	(5)
기말 현금	(6)=(4)+(5)

현금흐름표는 특정 기간(분기 혹은 연간) 기업이 현금을 어떻게 만들었고, 어떻게 사용했는지를 보여 줍니다. 장부상의 이익이 아닌 실제 현금의 창출 및 사용을 보여 준다는 강점이 있습니다. 운동선수에 비유하자면, 시합에 나가서 성적을 올린 후 실제로 얼마의 상금을 받았고, 관련해서 현금 비용을 얼마나 지출했는지를 알려 주는 것이죠.

현금흐름표의 원리 중 '이익과 현금은 다르다'는 것이 가장 중요합니다. 손익계산서에서 매출이 발생했고 이익이 나왔지만, 많은 외상매출금으로 인해 현금이 없어 부도나는, 소위 흑자 부도의 사례도 많습니다. 기업에서 현금은 이익에 비해서 조작하기 어렵다는 점에서 현금흐름표가 중요합니다. '이익은 의견이고, 현금은 사실이다'라는 유명한 격언이 그냥 나오진 않은 것이죠.

현금흐름표를 볼 때의 주안점도 두 가지입니다. 첫 번째로 '최소한 투자를 고려할 수 있는 기업인가?' 관점에서 보면, 이익은 만들 수 있지만 현금은 상대적으로 만들기 어렵기 때문에 현금 창출 능력을 점검해야 합니다. 전체적으로 이익보다 현금흐름이 많은 것이 좋지만, 장기 기업가치를 높이기 위해 단기 이익을 훼손시키고 투자를 많이 하거나, 고객을 확보하기 위해 지출을 늘리는 경우도 많기 때문에 종합적으로 고려해야 합니다.

두 번째로 '좋은 회사인가?'라는 관점에서 보면, 성장을 위해 계속 투자해야 하는 기업은 주주에게 돌아오는 과실이 적기 때문에 주의해야 합니다. 이익에 비해 시설 투자 비용 규모가 어느 정도인지를 점검해야 합니다. 이익이 발생하면, 배당을 늘리거나 미래를 위해 투자를 하거나 차입금을 갚거나 하면서 주주 가치를 증대시키는 기업이 좋습니다.

4) ROE

재무상태표와 손익계산서 설명에서 가장 중요하게 볼 지표 중 하나가 ROE라고 말씀드렸습니다. ROE는 상당히 중요한 지표이니 좀 더 자세히 설명드리겠습니다. ROE는 '자기자본이익률Return On Equity'의 약자로 자본을 통해 얼마의 이익을 내는지를 측정하는 지표입니다. 계산은 순이익을 자기자본으로 나누어 값을 구합니다. 여기서 순이익은 연결 자회사의 지분율을 반영한 지배기업의 소유주 지분 순이익이고, 자기자본도 지배 기업의 소유 지분 자본을 의미합니다. 즉, 해당년도 말 자기자본을 쓰거나 혹은 해당년도 및 전년도 말 평균 자기자본을 쓰면 됩니다

$$ROE = \frac{순이익}{자기자본}$$

이마트의 ROE를 한번 계산해 볼까요? 아래 표들을 보세요.

법인세비용차감전순이익	282,102,598,156	
법인세비용	58,266,354,879	
계속영업당기순이익	223,836,243,277	
중단영업		
중단영업당기순이익		
전체영업		
당기순이익	223,836,243,277	― 2019년 순이익 = 2,238억 원
당기순이익의 귀속		
지배기업소유주지분	233,895,212,545	
계속영업당기순이익	233,895,212,545	
중단영업당기순이익		

부채총계	10,888,018,088,222	7,896,367,362,273	
자본			
지배기업의 소유지분	8,808,680,956,182	8,172,316,367,360	2019년/2018년 평균 자본총계 = 84,905억 원
납입자본	4,332,912,902,329	4,332,912,902,329	
자본금	139,379,095,000	139,379,095,000	
주식발행초과금	4,193,533,807,329	4,193,533,807,329	
신종자본증권	777,718,380,000	378,968,900,000	
이익잉여금	2,794,304,006,497	2,772,675,687,942	
기타자본항목	903,745,667,356	687,758,877,089	
비지배주주지분	1,398,059,735,405	685,179,955,380	
자본총계	10,206,740,691,587	8,857,496,322,740	
부채와 자본 총계	21,094,758,779,809	16,753,863,685,013	

    2019년 지배주주 순이익이 2,238억 원이고, 2018년과 2019년의 평균 지배 기업 자기자본은 8조 4,905억 원입니다. 그렇게 되면 ROE는 2.6%로 계산됩니다.

$$ROE = \frac{2{,}238}{84{,}905} = 2.6\%$$

ROE가 중요한 이유는 ROE가 기업의 경쟁력을 가장 쉽게 보여주는 지표이기 때문입니다. 예를 들면, ROE 20%라는 것은 연 20%의 수익률을 내는 사업이라는 뜻입니다. 경쟁자가 진입하기 시작하고 그에 따라 가격 경쟁 등이 시작되어도 여전히 20% 수익률을 낼 정도라면, 경쟁자가 진입하기도 어렵고, 진입하더라도 이 기업의 경쟁력 덕에 이익이 훼손되지 않음을 의미하는 것이거든요.

ROE는 또한 경영진이 사업을 성장시키기 위해 자본을 어떻게 활용하고 있는지도 잘 보여 줍니다. 지속적으로 상승하는 ROE는 기업이 주주가치를 창출하는 데 뛰어나다는 것을 의미하지요. 왜냐하면 기업이 이익을 현명하게 재투자하여 생산성과 이익을 높이는지를 알고 있기 때문입니다. 반대로 ROE가 하락한다면 경쟁력이 훼손되거나 생산성이 낮은 자산에 자본을 재투자하는 어리석은 결정을 내린 것으로도 해석할 수 있습니다.

예를 들어, 아래 표와 같이 첫 해에 순자산 100억 원을 가지고 20억 원의 순이익을 내는 기업이 있다고 가정해 봅시다.

(단위: 억 원)

구분	0년	1년	2년	3년	4년	5년	6년
순자산(자본)	100	120	140	160	180	200	220
ROE	20%	17%	14%	13%	11%	10%	9%
순이익	20	20	20	20	20	20	20

이 기업의 ROE는 무려 20%로 높습니다. 하지만 아쉽게도 성장을 전혀 하지 못하는 기업입니다. 향후 6년간 첫 해 순이익 20억 원이 유지되는 것이죠. 산업이 전혀 성장하지 못했을 수도 있고, 산업은 성장하는데 경쟁자가 많아지면서 이 기업의 점유율이 하락하여 정체된 것일 수도 있습니다. 어떠한 이유이든, 기업이 성장을 못하더라도 꾸준히 이익은 나면서 배당이 없다고 가정했을 때 매년 순자산(자본)이 20억 원씩 증가합니다. 자본이 늘어나는데 비해 순이익은 증가하지 않기 때문에 이 기업의 ROE는 매년 약 3%씩 하락하여 6년 후에는 9%가 됩니다. ROE 20%를 기록하던 효율적인 기업 성장을 하지 못하면서 9%의 그저 그런 기업이 된 것이죠. 자본효율성이 떨어지는 것이 보였다면, 경영진은 1) 성장성이 높은 신시장으로 진출하거나, 2) 점유율을 확대하고 유지하기 위한 제품을 만들고 그에 맞는 마케팅 전략을 실행하거나, 3) 배당 확대 등을 선택하고 성공시켜야 했습니다. ROE 하락은 결국 이 선택을 못했거나 성공시키지 못했던 것으로 해석할 수 있습니다. 기업 자체뿐만 아니라 경영진의 능력에 대한 의구심을 가질 수밖에 없습니다.

ROE는 단순하게 현재의 숫자만을 보는 것이 아니라, 다양한 각도에서 분석하고 해석해야 합니다. 예를 들면, ROE에 대해서 다음과 같은 질문을 던져 봐야 합니다.

- 절대적으로 높은 ROE를 보이는가?
- 과거 ROE와 비교해 높아지는가, 낮아지는가?
- 업계 평균과 비교해서 높은 ROE를 보이는가?
- ROE가 꾸준한가? 아니면, 변동성이 큰가?

• ROE를 움직이는 변수가 무엇인가?

ROE를 분석할 때의 유의할 점 중 하나는 COE, 즉 자기자본비용Cost of Equity과 비교해야 한다는 것입니다. COE는 자본의 조달비용을 의미하는데, ROE가 COE보다 크면 자본을 조달한 비용보다 자본으로 창출한 수익이 크다는 뜻입니다. 이는 자본을 사용하는 것이 가치를 창출하고 있다고 해석할 수 있습니다. 반대로 ROE가 COE보다 낮으면 가치를 파괴하고 있다고 해석할 수 있고요. 위험도가 다소 큰 사업은 통상 COE가 높기 때문에 ROE도 평균적으로 높아야 합니다.

예를 들어, 아래 표의 기업이 주주 자본 50억 원과 차입금 50억 원으로 사업을 시작한다고 가정하겠습니다.

구분	0년	1년	2년	3년	4년	5년	6년	7년	8년
자본 구성	100.0	102.3	104.5	106.8	109.0	111.3	113.5	115.8	118.0
주주	50.0	52.3	54.5	56.8	59.0	61.3	63.5	65.8	68.0
차입	50.0	50.0	50.0	50.0	50.0	50.0	50.0	50.0	50.0
(부채비율=차입/주주)	100%	96%	92%	88%	85%	82%	79%	76%	74%
COE	3.5%	3.5%	3.5%	3.5%	3.5%	3.4%	3.4%	3.4%	3.4%
주주	3.0%	3.0%	3.0%	3.0%	3.0%	3.0%	3.0%	3.0%	3.0%
차입	4.0%	4.0%	4.0%	4.0%	4.0%	4.0%	4.0%	4.0%	4.0%
매출액	100.0	100.0	100.0	100.0	100.0	100.0	100.0	100.0	100.0
영업이익(=5%)	5.0	5.0	5.0	5.0	5.0	5.0	5.0	5.0	5.0
(이자비용=4%)	2.0	2.0	2.0	2.0	2.0	2.0	2.0	2.0	2.0
(세금=세율 25%)	0.75	0.75	0.75	0.75	0.75	0.75	0.75	0.75	0.75
순이익	2.25	2.25	2.25	2.25	2.25	2.25	2.25	2.25	2.25
ROE	4.5%	4.3%	4.1%	4.0%	3.8%	3.7%	3.5%	3.4%	3.3%

주주 자본은 연간 3%의 수익을 바라고, 차입금은 연간 4%의 이자를 지급합니다. 기업은 매년 100억 원의 매출액과 5억 원의 영업이익을 발생시킵니다. 연간 이자비용은 2억 원을 내고, 세금은 7,500만 원((5억 원-2억 원)×25%)을 냅니다. 매년 2.25억 원의 순이익을 내는 것이죠.

첫 해 ROE는 4.5%(2.25억 원/50억 원)으로 COE 3.5%((50억 원×3%+50억 원×4%)/100억 원)보다 높아서 가치 창출이 됩니다. 하지만 4년이 지나자 ROE는 3.8%로 하락하여 차입금 이자율 4.0%보다 낮아지게 됩니다. 그나마 주주 자본의 기대수익률 3.0%보다 높아서 아직까지는 주주를 만족시키는 수준입니다. 7년이 지나자 ROE는 3.4%로 하락하여 COE와 같아집니다. 여전히 주주의 기대수익률인 3.0%보다는 높지만, 차입금 이자율보다 더 낮아지게 되어 전체적으로 자본 구성 측면에서 비효율적이 됩니다. 이럴 경우 차입금을 갚아서 차입금 비중을 더 낮추어 COE를 낮추어야만 자본 효율성이 유지됩니다. 이렇듯 ROE를 COE와 비교하는 것은 자본을 통해 가치가 창출되고 있는지 아니면 파괴되고 있는지를 구분하고, 자본 구성을 어떻게 가져가는지를 판단할 수 있는 유용한 방법입니다.

그럼 ROE가 장점만 있을까요? 한계도 있기 때문에 주의도 필요합니다. 우선 자사주 매입에 의해 왜곡될 수 있습니다. 자본으로 자사주를 매입해서 소각한다는 것은 자본(분모)을 감소시켜 ROE를 높이는데, 지나칠 경우 재무 건전성을 해칠 수 있습니다.

위의 사례를 계속 이어가 보겠습니다. 7년 차에 ROE가 COE 수준으로 하락하는 것이 싫었던 기업이 20억 원의 자금을 들여 자사주를 매입/소각하여 주주 자금을 65.8억 원에서 45.8억 원으로 줄입니다.

구분	0년	1년	2년	3년	4년	5년	6년	7년	8년
자본 구성	100.0	102.3	104.5	106.8	109.0	111.3	113.5	95.8	98.0
주주	50.0	52.3	54.5	56.8	59.0	61.3	63.5	45.8	48.0
차입	50.0	50.0	50.0	50.0	50.0	50.0	50.0	50.0	50.0
(부채비율=차입/주주)	100%	96%	92%	88%	85%	82%	79%	109%	104%
COE	3.5%	3.5%	3.5%	3.5%	3.5%	3.4%	3.4%	3.5%	3.5%
주주	3.0%	3.0%	3.0%	3.0%	3.0%	3.0%	3.0%	3.0%	3.0%
차입	4.0%	4.0%	4.0%	4.0%	4.0%	4.0%	4.0%	4.0%	4.0%
매출액	100.0	100.0	100.0	100.0	100.0	100.0	100.0	100.0	100.0
영업이익 (=5%)	5.0	5.0	5.0	5.0	5.0	5.0	5.0	5.0	5.0
(이자비용=4%)	2.0	2.0	2.0	2.0	2.0	2.0	2.0	2.0	2.0
(세금=세율 25%)	0.75	0.75	0.75	0.75	0.75	0.75	0.75	0.75	0.75
순이익	2.25	2.25	2.25	2.25	2.25	2.25	2.25	2.25	2.25
ROE	4.5%	4.3%	4.1%	4.0%	3.8%	3.7%	3.5%	4.9%	4.7%

ROE 계산식 중 자기자본이 줄기 때문에 당연히 ROE는 4.9%로 상승하면서 COE를 훨씬 상회합니다. 반면, 부채비율은 76%에서 109%로 상승하면서 재무 건정성은 다소 하락합니다. 이렇듯 재무 공학적으로만 ROE에 접근하게 되면 다른 재무 비율이 훼손될 수 있음에 유의해야 합니다.

또한, ROE는 무형자산을 고려하지 못할 수 있습니다. 영업권, 상표권, 저작권, 특허권 등은 자본으로 제대로 평가받지 못하여 ROE를 계산할 때 누락되기 쉬운데, 무형자산의 비중이 큰 기업의 가치를 판단할 때 잘못된 판단으로 이어질 수 있으니 유의해야 합니다.

6
투자할 만한 기업을 골라내는 가치평가의 기술

사업보고서와 재무제표를 통해 좋은 기업을 발견했다고 무조건 투자를 할 수는 없습니다. 앞에서 말씀드렸듯이 그 기업의 주식이 상대적으로 저렴해야 투자의 가치가 있습니다. 주식 가격이 저렴한지 아닌지 따져볼 수 있어야 하는 것이죠. 그렇기에 이번 장에서는 자료를 조사하고 보는 법과 가치평가valuation를 통해 적정 주가를 산정하는 법을 알려드리려고 합니다. 산업 및 기업 분석을 위해 자료를 어떻게 찾고, 그 자료에서 어떤 점을 봐야 하는지를 배울 겁니다. 그리고 재무 분석과 자료 리서치를 이용한 가치평가를 통해 적정 주가를 산정해 보겠습니다. 우리의 궁극적인 목표는 주식 홀로서기입니다. 홀로서기를 위한 방법론에 집중합니다.

어떤 자료를 보아야 하는가?

자료를 찾고search, 그 찾은 자료를 다시 분석하는 것re을 '리서치research'라고 합니다. 그렇다면 왜 자료를 찾고 분석해야 하는 것일까요? 여기까지 읽으신 분들은 앞의 내용을 통해 쉽게 답하실 수 있을 겁니다. 산업과 기업에 대해 이해하고, 그것을 기초로 실적을 추정하는 것입니다. 여기서 더 나아가 적정 가치를 계산하고 미래 주가를 예상해야 합니다. 투자하려는 기업의 미래 주가를 예측하는 것, 그것이 궁극적인 목표입니다.

리서치의 기본인 서치는 '어떤 기업인지를 이해하는 것'을 말합니다. 관심이 가는 기업을 발견하면 전자공시시스템에 들어가서 사업보고서를 읽고, 해당 기업이 어떤 일을 하는지를 살펴보는 과정이죠. 그리고 나선 기업의 내부자가 아닌 외부자가 작성한 보고서를 통해 다양한 시각을 공부해야 합니다. 즉, 서치는 자료를 찾는 것이 기본입니다.

자료를 찾았으면 이제 분석을 해야 합니다. 분석을 위한 자료의 종류는 무궁무진합니다. 가장 좋은 것은 기본적으로 기업의 사업보고서와 IR 자료입니다. IR은 'Investors Relation'의 약자로 말 그대로 '투자자와의 관계'를 위한 설명회인데, 그때 쓰이는 것이 IR 자료입니다. IR 자료는 기업 스스로가 본인을 알리기 위해 만든 것이기 때문에 기업을 이해하기는 좋으나 전체적으로 좋은 면만 부각되는 경향이 있습니다. 그러니 IR 자료에서는 기업의 의견보다는 두 가지를 얻는다고 생각해야 합니다.

첫 번째는 재무제표에서는 확인하기 힘든 과거 경영 성과와 관련한 주요 지표들, 즉 데이터data입니다. 앞에서 예를 들었던 이마트의 경우엔 동일점포매출액증가율, 매출구성비율 등이 되겠죠. 두 번째는 회사 측이 제시하는 미래 경영 계획입니다. 이마트의 경우에는 연도별 출점 계획과 전문점, 온라인 사업계획 등이 될 겁니다. 당연한 말이지만, 목표 및 계획과 실제 달성 여부는 다르다는 것을 잊지 말아야 합니다.

이마트의 IR 자료를 한 번 볼까요? 이마트의 회사 소개 사이트(www.emartcompany.com)를 가 보면, 투자정보(http://www.emartcompany.com/ko/investor/irpresentation_list.do)가 있습니다. 이 중 'IR 프리젠테이션' 항목에는 분기별 실적 발표 후의 IR 자료가 올라와 있습니다. 2020년 2분기 실적 발표 자료를 보면, 각 부문별 실적과 함께 국내, 해외 점포 현황과 연도별 이마트, 트레이더스 점포 수 추이 등과 같은 각종 데이터가 있습니다. 또한 '2020년 하반기 추진전략'이라는 슬라이드에는 할인점 및 기타 사업 부문의 향후 경영 계획과 전략 등도 공개하고 있습니다. 이런 자료들을 보면서 이마트의 과거 사업이 어떻게 진행되어 왔고, 향후 회사는 어떠한 계획으로 사업을 해 나갈 것인지를 추정해 볼 수 있는 것입니다.

애널리스트 리포트를 읽는 것도 좋습니다. 애널리스트는 증권회사에서 전문적으로 주식을 분석하는 사람들로, 해당 증권사 고객을 위해 기업 및 주식에 대한 보고서를 작성합니다. 애널리스트가 작성하는 산업 및 기업 분석 보고서는 많은 정보를 담고 있어 관심 있는 주식을 분석하는 데 도움이 됩니다. 하지만 그것도 결국엔 애널리스트 개인의 의견이기 때문에 참고로만 활용하고, 최종 투자 판단은 투자자의 몫입니다. 투자 의견과 목표 주가만 보지 말고, 기업을 이해하는 데 필요한 각종 정보와 데이터를 얻어야 합니다. 그리고 애널리스트가 이 기업을 좋게 혹은 나쁘게 보는 근거와 논리를 살피는 것이 좋습니다. 비판적 글 읽기가 필요한 것입니다.

예를 들면, 어느 애널리스트가 특정 기업에 대해 투자 의견을 매수로 유지하되 목표 주가를 낮추었다면, 매수라는 의견보다 목표 주가를 낮춘 이유가 뭔지에 더 집중하는 것이 좋습니다. 업황이 안 좋아지면서 기대했던 실적이 나오지 않을 것 같다는 판단이었다면, 왜 업황이 안 좋아지는지에 대한 정보를 찾아보고, 이런 업황에서도 경쟁사에 비해 해당 기업이 더 좋을 수 있는 이유에 대한 애널리스트의 판단을 읽어 보시는 것이 좋습니다. 무엇보다 자신과 애널리스트의 판단을 비교하면서 보는 것이 좋습니다. 또한, 애널리스트 사이에 실력 차이가 있어 신뢰할 만한 애널리스트의 보고서를 선별하는 것도 중요합니다.

이밖에 은행, 신용평가사, 대기업 경영연구소 등에서 기업에 대한 보고서를 작성하여 외부에 공개하기도 합니다. 전문 리서치 회사가 각 산업에 속한 고객을 위해 작성한 산업 조사 자료도 있는데, 보통 유료입니다. 이런 곳들은 주식 관점의 접근이 아닌 산업, 전략, 여신의 관점에서 보고서를 작성하기 때문에 주식 투자자 입장에서 필요한 정보를 정확하게 짚어 주지는 않습니다. 그렇기 때문에 산업에 대한 현황 및 전망과 관련된 내용을 읽거나, 기업이 어떤 투자 계획을 가지고 있어서 자금이 필요한지를 통해 향후 전략 방향성을 이해하는 식으로 접근해야 합니다.

각종 리포트는 다음 사이트들에서 찾으실 수 있습니다.

주요 은행 부설 연구소

- 하나금융경영연구소 www.hanaif.re.kr
- KB경영연구소 www.kbfg.com
- 우리금융경영연구소 www.wfri.re.kr
- IBK경제연구소 http://research.ibk.co.kr
- KDB미래전략연구소 https://rd.kdb.co.kr
- 수출입은행해외경제연구소 http://keri.koreaexim.go.kr/

주요 신용평가사

- 한국신용평가 http://www.kisrating.com/research/
- NICE신용평가 http://www.nicerating.com/
- 한국기업평가 http://www.rating.co.kr/
- 서울신용평가정보 http://www.scri.co.kr

주요 그룹 경제 연구소

- LG경제연구원 http://www.lgeri.com
- 현대경제연구원 http://www.hri.co.kr/
- 포스코경영연구원 www.posri.re.kr/
- 현대차그룹 글로벌 경영연구소 http://gbic.hyundai.com/

전문 연구기관

- 산업연구원 http://www.kiet.re.kr
- 한국개발연구원 http://www.kdi.re.kr
- 한국금융연구원 http://www.kif.re.kr

- 전국투자자교육협의회 https://www.kcie.or.kr
- 한국무역협회 http://www.kita.net
- 대외경제정책연구원 http://www.kiep.go.kr
- 대한무역투자진흥공사 https://www.kotra.or.kr

　기업 리포트를 구할 수 있는 웹사이트도 있습니다. 일단 유료 사이트는 자료가 많지만 비싼 편입니다. 대표적인 곳이 리포트 유통 채널인 에프앤가이드Fnguide와 와이즈에프엔Wisefn, 한국기업데이터가 운영하는 케이리포트Kreport가 있습니다. 그 밖에 각 증권사 홈페이지에서도 기업 리포트를 구할 수 있습니다. 무료 사이트는 사용료는 없지만 없는 자료도 있고 손품을 많이 팔아야 합니다.

기업 리포트를 구할 수 있는 웹 페이지

유료 사이트
- 에프앤가이드Fnguide http://www.fnguide.com/
- 와이즈에프앤Wisefn http://corp.fnguide.com/
- 케이리포트Kreport http://www.kreport.co.kr/
- 그 밖에 각 증권사 홈페이지

무료 사이트
- 전자공시시스템DART http://dart.fss.or.kr/
- 한국거래소전자공시홈페이지KIND https://kind.krx.co.kr/
- 네이버 금융 https://finance.naver.com/
- 한국IR협의회 http://www.kirs.or.kr/
- 한경컨센서스 http://hkconsensus.hankyung.com/

- MK증권 http://vip.mk.co.kr/
- 그 밖에 각 회사 IR 홈페이지

기업 실적의 핵심 요소 찾기

자료 찾을 때는 무턱대고 찾을 것이 아니라 핵심적인 자료를 위주로 선별해야 합니다. 각 산업별, 회사별로 수익을 결정하는 핵심 요소키팩터, Key Factor가 무엇인지를 먼저 파악해야 하고, 자질구레한 데이터로 시간을 낭비하기보다는 핵심 데이터 위주로 찾고 관리하는 것이 효율적입니다. 애널리스트 리포트를 포함해서 모든 자료를 볼 때는 핵심 데이터가 무엇인지를 파악하려고 노력해야 합니다.

여기서 말하는 핵심 데이터는 무엇보다 매출액이 어떻게 발생하는가와 관련 있습니다. 매출액에서 모든 사업이 시작되기 때문이죠. 매출액 결정 변수 중 변할 수 있는 것을 최대한 찾고, 그 변화의 흐름을 예상하는 것이 결국 미래 가치 추정의 핵심입니다. 예를 들어 이마트의 사례를 보면, 매장 수, 추가 출점 수, 객단가, 할인매장 이외의 다른 매장 수, 동일 점포 매출액 증가율 등이 중요합니다. 이런 데이터와 매출액의 추이를 비교하면 향후 매출액 전망치에 대한 힌트를 얻을 수 있습니다. 그다음은 '비용에서 중요하게 체크해야 할 것은 무엇인가'입니다. 이러한 자료 조사의 궁극적인 목적은 아래 그림과 같이 미래 실적을 추정하여 기업가치를 계산해 보기 위함입니다.

주요재무정보	연간						
	2015/12 (IFRS연결)	2016/12 (IFRS연결)	2017/12 (IFRS연결)	2018/12 (IFRS연결)	2019/12 (IFRS연결)	2020/12(E) (IFRS연결)	2021/12(E) (IFRS연결)	2022/12(E) (IFRS연결)
매출액	136,400	146,151	155,149	170,491	190,629	213,811	227,411	240,145
영업이익	5,038	5,686	5,849	4,628	1,507	2,115	3,100	3,765
영업이익 (발표기준)	5,038	5,469	5,849	4,628	1,507			
세전계속사업이익	6,938	5,068	7,997	5,850	2,821	3,928	3,817	4,569
당기순이익	4,559	3,816	6,279	4,762	2,238	2,881	2,960	3,537
당기순이익 (지배)	4,547	3,762	6,161	4,502	2,339	2,909	2,962	3,548
당기순이익 (비지배)	12	54	119	260	-101			
자산총계	144,938	154,301	160,665	167,539	210,948	212,294	214,574	219,563
부채총계	72,544	73,059	72,951	78,964	108,880	107,615	107,361	108,999
자본총계	72,394	81,242	87,714	88,575	102,067	104,678	107,212	110,563

출처: 네이버 금융

가치평가를 통해 적정 주가 산정하기

초보 투자자가 오해하는 것 중의 하나는 '좋은 기업=좋은 주식'이라는 것입니다. 이는 대체적으로 맞는 생각입니다만, 항상 맞는 것은 아닙니다. 좋은 기업이 무조건 좋은 주식이 아닌 이유는, '가치평가'라는 비교가 들어가기 때문입니다.

예를 들면, 한샘이라는 회사는 국내 최대의 부엌 가구 및 토털 홈 인테리어 업체입니다. 2015~2016년 한샘은 연간 1.7~1.9조 원의 매출액을 기록했고, 영업이익은 1,400~1,600억 원을 기록했습니다. 8%대의 영업이익률과 20% 후반의 ROE를 기록한 좋은 기업이었죠. 하지만 당시 한샘의 주가는 이를 이미 상당 부분 반영한 상태였습니다. PER가 40배를 넘었고, PBR도 9배 수준으로 동종업종뿐만 아니라 주식시장 전체에서도 손꼽히게 높은 수준이었습니다. 그런데 아래 그래프를 보세요.

출처: 네이버 금융

좋은 기업임에도 한샘의 주가는 너무 높은 가치평가를 받고 있다는 부담으로 30만 원 이상으로 뻗어가지 못하고 20만 원대로 하락했다가 이후 실적이 안 좋아지면서 주가는 10만 원 아래로 하락했습니다. 한샘은 여전히 좋은 기업이지만 2015년 이후로 좋은 주식은 아니었던 것입니다.

가치평가는 영어로 'Valuation'입니다. 'Value'라는 가치를 뜻하는 명사에 평가의 의미를 가진 '-ation'이라는 어미가 붙었습니다. 즉, 가치를 평가하는 행동인 것이죠. 그렇다면 무엇을 어떤 목적으로 평가하는 것일까요? 투자의 목적을 위해서 가치가 적정한지를 평가하는 것이겠죠. 결국 가치평가는 자산의 적정 가치를 평가해서 현재 주가와 비교하여 투자 여부를 결정하기 위한 기준을 설정하는 것이라고 설명할 수 있습니다. 그냥 한마디로 쉽게 표현하면, '적정주가를 계산하는 것'을 말합니다.

가치평가 방법은 정말 많습니다. 이 책에서는 다양한 가치평가 방법 중에서 많이 쓰이고, 상대적으로 이해하기 쉬운 PER와 PBR

위주로만 살펴보겠습니다. 다른 방법까지 모두 말씀드리면, 어렵다고 중도에 포기하실지도 모르니까요.

1) PER

많은 분이 한 번 이상은 들어봤을 PER은 가장 일반적으로 쓰이는 가치평가 방법입니다. PER은 '주가이익배수Price to Earnings Ratio'의 약자입니다. PER은 한 해 이익의 몇 배 가격 수준에서 주식이 거래되고 있는지를 가늠하는데, 기업이 매년 벌어들이는 순이익(또는 주당순이익)이 몇 년 동안 지속되면 현재의 시가총액(또는 주가)이 되느냐를 의미하는 지표입니다. 당연히 그 기간이 짧으면 짧을수록 좋기 때문에 PER은 기본적으로 낮으면 '주식이 저평가되었다'고 판단합니다. 이때 중요한 것은 얼마나 낮은 것을 '저평가'라고 할 수 있는지이고, 그렇기 때문에 비교 기준이 필요합니다. 그 계산식은 아래와 같습니다.

$$PER = \frac{주가}{EPS} = \frac{시가총액}{순이익}$$

여기서 EPS는 주당순이익Earnings Per Share의 약자로, 순이익을 주식 수로 나눈 값입니다.

PER의 비교 기준은 '과거 시계열 비교'와 '유사 기업 비교' 두 가지입니다. 과거 시계열 비교는 기업이 크게 바뀌지 않았으면 과거 평균값과 유사한 수준의 PER를 유지해야 한다는 논리입니다. 유사 기업 비교는 비슷한 사업을 하는 기업들은 비슷한 PER를 기록해야 한다는 논리인데, 유사 기업의 평균값에 해당 기업만의 고유한 요인들을 할증premium 또는 할인discount한 후 반영해 비교합니다.

PER를 이용해서 적정 주가를 산정하려면 두 가지 데이터가 필요합니다. '예상 EPS'와 '목표 PER'이 바로 그것이죠. 적정 주가 계산식은 다음과 같습니다.

$$적정\ 주가 = 예상\ EPS \times 목표\ PER$$

예상 EPS는 실적 추정을 통해 산출하는데, 직접 하기 어렵다면 네이버 금융 등에서 구할 수 있는 애널리스트 컨센서스 정보를 활용하는 것도 방법입니다. 하지만 애널리스트가 분석하지 않는 기업은 예상 EPS를 구하기 힘들기 때문에 조사한 자료를 토대로 직접 계산해야 합니다.

PER을 이용한 가치평가는 단순해 보입니다. 곱하기만 하면 되기 때문이죠. 하지만 모든 것이 가정이기 때문에 실수할 가능성도 큽니다. 예상 EPS는 향후 1년 혹은 몇 년 후의 실적 예상치를 기반으로 하고, 목표 PER은 유사 기업 혹은 과거 평균 혹은 내 자신이 정한 목표치입니다. PER을 사용하여 가치평가를 할 때는 이를 충분히 감안해야 합니다.

실제로 PER를 이용해 적정 주가를 계산하는 사례를 들어 보겠습니다. 앞서 예로 들었던 이마트 사례로 계산을 해 보겠습니다. 참고로 이마트에 대한 투자 판단을 하려는 것이 절대 아니니, 이 사례는 적용 예시로서만 봐주시기 바랍니다.

먼저, '과거 시계열 비교'를 통해 적정 주가를 계산해 보겠습니다.

네이버 금융에서 이마트를 찾아보면 아래와 같이 EPS 추정치가 나옵니다.

EPS(원)	16,312	13,497	22,101	16,150	8,391	10,435	10,624	12,729
PER(배)	11.59	13.56	12.26	11.30	15.20	10.88	10.68	8.92
BPS(원)	250,718	276,203	295,780	293,291	326,681	336,360	345,459	357,557
PBR(배)	0.75	0.66	0.92	0.62	0.39	0.34	0.33	0.32

적정 주가 = 예상 EPS × 목표 PER

143,959 = 11,263 × 12.78(5년)

113,500 = 현재 주가

28% = 상승 여력

145,514 = 11,263 × 12.92(3년)

주: 2020년 6월 19일 네이버 금융의 이마트 컨센서스 기준
출처: 네이버 증권

향후 3년 평균 EPS가 11,263원이고, 과거 5년치 평균 PER를 적용하면 12.78배입니다. 이를 곱하면 적정 주가는 143,959원으로 계산됩니다. 과거 3년치 평균 PER을 적용해도 12.92배이니, 적정 주가는 145,514원이 됩니다.

다음으로 '유사 기업 비교'를 통해 적정 주가를 계산해 보겠습니다.

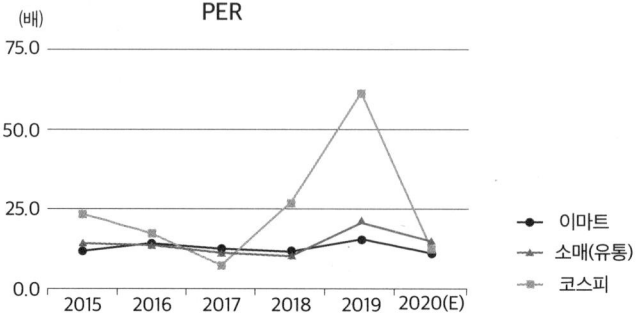

항목	2018	2019	2020(E)
이마트	11.30	15.20	10.88
소매(유통)	26.30	60.69	12.58
코스피	9.97	19.79	14.61

적정 주가 = 예상 EPS × 목표 PER

141,684 = 11,263 × 12.6

113,500 = 현재 주가

25% = 상승 여력

주: 2020년 6월 19일 네이버 금융의 컨센서스 기준

    위의 자료에 근거해 향후 3년 평균 EPS가 11,263원이고, 유사 기업으로는 소매(유통) 기업의 평균 PER인 12.6배(소수점 올림)를 적용하겠습니다. 그러면 적정 주가는 141,684원이 나옵니다.

    앞서 단순히 PER을 적용하는 것이 아니라 기업에 맞게 할증 또는 할인해야 한다고 말씀드렸는데, 이것이 자의적이라고 해석될 수도 있으니 주의해야 합니다. 조금 어려워서 여기서는 자세히 설명드리지는 않겠지만, 기본적으로 PER의 할증, 할인 요인은 성장률, 위험,

그리고 배당입니다. 당연히 성장률이 높은 업체, 위험이 낮은 업체, 그리고 배당을 많이 하는 업체가 유사 기업 대비 할증을 받고, 반대인 업체가 할인을 받습니다. 예를 들면, 이마트의 최근 실적을 보면 성장률은 낮아지고, 경쟁 위험은 늘어났기 때문에 적정 주가를 계산할 때 단순하게 과거 평균 PER를 적용하기 보다는 과거에 비해 할인된 PER를 적용하는 것이 좀 더 합리적일 수 있습니다.

PER의 장점은 직관적이라는 것입니다. 예상 EPS와 목표 PER만 있으면 적정 주가를 계산할 수 있기 때문이죠. 자료를 구하기도 상대적으로 쉽습니다. 과거 시계열 자료도 있고, 유사 기업을 선정하기도 편하죠. 순이익을 기반으로 하기 때문에 자산의 효율성을 이미 고려한 가치평가라는 점도 장점입니다.

하지만 PER를 사용할 때 유의할 점도 많습니다. 먼저 순이익은 영업 외 요인에 의해 변동성이 크고, 순이익이 마이너스인 경우 PER을 적용하기 어렵습니다. 예를 들어, 시가총액이 400억 원인 어느 기업의 영업이익이 100억 원인데, 일시적으로 영업 외 유형자산 처분 손실이 120억 원 발생해서 20억 원의 순손실을 기록했다고 가정해 봅시다. 그러면 PER은 400억 원/-20억 원으로 -20배로 계산되지만, 이는 일회성 비용에 의한 수치이기 때문에 기업의 실질 가치를 반영하지 못합니다. 이럴 경우에는 일회성 비용을 조정한 순이익, 즉 영업이익 100억 원에 세금 20억 원(세율 20% 가정)을 뺀 80억 원을 기준으로 PER 5배로 보는 것이 좀 더 비교 가능할 것입니다.

또한 기업의 회계 정책에 따라 순이익이 변동하기도 하고, 부도덕한 경영진에 의해 분식 회계도 가능합니다. 사이클(경기 순환)을 타는 기업의 경우 단기적인 예상 순이익보다는 한 사이클의 평균적인 순이익이 중요합니다. 비교 기준이 명확하지 않을 수도 있습니다. 유사 기업이라면 어느 정도 수치가 유사해야 하고, 과거 평균을 가지고 미래에 적용할 수 있는지가 납득 가능해야 하기 때문입니다. 이로 인해 시장 상황에 따라 달라지는 기준을 적용하면, 가치평가가 자의적일 수 있어 조심해야 합니다.

2) PBR

두 번째로 소개해 드릴 가치평가 방법은 PBR입니다. PBR은 '주가순자산배수 Price to Book Ratio'의 약자로, 기업의 주가가 지금까지 벌어들인 순자산, 즉 자본총계 대비 몇 배에서 거래되고 있는지를 평가하는 지표입니다. PBR이 낮다는 것은 기업 자산 대비 낮은 평가를 받고 있다는 의미에서 저평가되었다고 해석됩니다. 계산식은 아래와 같습니다.

$$PBR = \frac{주가}{BPS} = \frac{시가총액}{자본총계}$$

여기서 BPS는 '주당순자산 Bookvalue Per Share'의 약자로, 자기자본(순자산)을 주식 수로 나눈 값입니다.

PBR를 적용하여 적정 주가를 산정하기 위해서는 두 가지 데이터, 즉 '예상 BPS'와 '목표 PBR'이 필요합니다. 여기서 예상 BPS는 실적 추정을 통해 산출하는데, 시장 컨센서스 정보를 통하거나 과거 수치를 사용해도 되기는 합니다. BPS는 그리 크게 변동하지 않기 때문이죠.

PBR를 통해 적정 주가를 계산하는 것은 비교적 단순한 가치평가 방법이지만, 그래도 예상 BPS를 계산하고 목표 PBR을 산정하는 것에 실제적인 어려움은 있습니다. 목표 PBR은 앞선 PER 사례처럼 유사 기업 혹은 과거 평균치 혹은 내 자신이 정한 목표치를 적용하면 되기에 상대적으로 쉬운 편이고, 예상 BPS를 계산하는 것이 조금 더 어렵습니다.

적정 주가 = 예상 BPS × 목표 PBR

정확한 실적 추정을 하지 않아도 예상 BPS를 쉽게 계산하는 방법을 소개해 드리겠습니다. 먼저, BPS는 자기자본(순자산)을 주식 수로 나누는 것이기 때문에 자기자본에 대한 추정이 필요합니다. 금년 자기자본은 전년 자기자본에 순이익을 더한 후 배당을 빼면 됩니다.

배당은 전년 수준이나 기업에서 발표한 수치를 사용하면 되기 때문에 어렵지 않습니다. 예상 순이익을 계산하는 것이 어려울 수 있는데, 전년 자기자본에 추정 ROE를 곱하는 것으로 해결할 수 있습니다. ROE가 '순이익/자기자본'이기 때문입니다.

추정 ROE는 기업이 장기적으로 유지 가능한 ROE를 적용하면 되는데, 과거 10년 평균 혹은 과거 5년 평균 혹은 과거 3년 평균 등을 종합적으로 고려해서 향후 이 기업이 유지 가능하다고 생각되는 수치를 고르면 됩니다. 물론 변동성이 크지 않은 기업이어야만 합니다.

자, 그럼 이번엔 PBR를 이용해 적정 주가를 계산해 보겠습니다. 계속 이마트 사례로 살펴보도록 하죠. 먼저 '과거 시계열 비교'를 통해 산정한 목표 PBR을 적용해 보겠습니다. 네이버 금융에서 이마트를 검색하면 아래와 같이 BPS 추정치가 나옵니다.

EPS(원)	16,312	13,497	22,101	16,150	8,391	10,435	10,624	12,729
PER(배)	11.59	13.56	12.26	11.30	15.2	10.88	10.68	8.92
BPS(원)	250,718	276,203	295,780	293,291	326,681	336,360	345,459	357,557
PBR(배)	0.75	0.66	0.92	0.62	0.39	0.34	0.33	0.32

적정 주가 = 예상 BPS × 목표 PBR

$\boxed{231,434 = 346,459 \times 0.67}$

113,500 = 현재 주가

104% = 상승 여력

$\boxed{222,888 = 346,459 \times 0.64(3년)}$

주: 2020년 6월 19일 네이버 증권의 이마트 컨센서스 기준
출처: 네이버 증권

향후 3년 평균 BPS가 346,459원이고, 과거 5년치 PBR 평균값을 적용하면 0.67배입니다. 이를 곱하면, 적정 주가는 231,434원으로 계산됩니다. 과거 3년치 PBR 평균값을 적용하면 0.64배이고, 적정 주가는 222,888원이 나옵니다.

여기서 짚고 넘어가야 할 것이 있습니다. 이렇게 계산한 적정 주가만 보면, 현재 주가와 괴리가 큰 경우가 많습니다. 왜 그럴까요? 앞서 PER를 설명할 때 말한 것처럼, 기업이 과거 상태에 머물지 않기 때문입니다. 이마트의 성장성과 수익성이 과거에 비해 둔화된 상태이기 때문에 당연히 이마트의 자산에 대한 평가도 과거에 비해 낮아질 수밖에 없습니다. 낮아진 자산의 이익 창출력을 감안하여 적정 주가를 계산할 때 단순하게 과거 평균 PBR를 적용하기보다는 과거 평균에 비해 할인된 PBR를 적용하는 것이 합리적인 것입니다. 수익성이 크게 훼손되었던 2019년 PBR인 0.39배를 향후

3년 평균 BPS에 곱해서 적정 주가를 계산해 보면, 135,1119원이 나옵니다. 좀 더 현실적인 목표 주가가 나오게 되죠. 주의할 점은 적정 PBR 배수가 0.67배인지 아니면 0.39배인지는 단순히 취향에 따라 선택하는 것이 아니라 '왜 이 PBR 배수를 적용하는 것이 합리적이냐?'라는 질문에 답할 수 있는 명확한 논거를 찾아야 한다는 것입니다. 가치평가는 단순 공식의 적용이 아니라 자신이 지금까지 리서치한 기업에 대한 모든 내용을 적정 주가라는 형태로 합리화하는 단계임을 명심해야 합니다.

다음으로 '유사 기업 비교'를 통한 평균 PBR를 적용해 보겠습니다. 앞의 예와 마찬가지로 향후 3년간 평균 BPS로는 346,459원, 유사 기업으로는 소매(유통) 기업의 평균 PBR인 0.47배를 적용하겠습니다. 그러면, 적정 주가는 162,836원으로 계산됩니다.

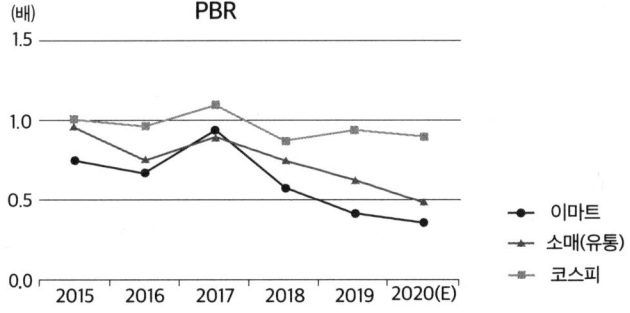

항목	2018	2019	2020(E)
이마트	0.62	0.39	0.34
소매(유통)	0.74	0.61	0.47
코스피	0.86	0.90	0.86

적정 주가 = 예상 BPS × 목표 PBR

168,836 = 346,459 × 0.47

113,500 = 현재 주가

43% = 상승 여력

주: 2020년 6월 19일 네이버 금융의 이마트 컨센서스 기준
출처: 네이버 금융

PBR의 장점은 PER와 마찬가지로 직관적이고 간단하다는 점입니다. 그래서 자산이 핵심인 자본집약적 산업이나 보유 자산을 항상 현재 시장 가격으로 평가하는 금융업에서 유용합니다. 단점은 역시 기업의 회계 정책과 분식 등에 의한 조작 가능성이 있고, 비교 기준이 명확하지 않으면 유용성이 떨어지며, 시장 상황에 따른 할증 및 할인이 자의적일 수 있다는 점입니다. 가장 중요한 단점으로 최근에 각광받는 콘텐츠 기업이나 플랫폼 기업과 같이 회계로 반영되지 않는 무형자산을 많이 보유한 기업들을 평가하는 데 활용하기에는 한계가 있다는 점입니다.

3) PER와 PBR의 두 가지 활용법

PER와 PBR을 좀 더 세련되게 사용하기 위해서는 '주가 밴드'라는 것을 확인하는 과정과 PER과 PBR의 관계를 이해하는 과정이 필요합니다. 여기서 밴드는 영어 band인데, 범위나 구간을 뜻합니다.

우선 주가 밴드라는 것은 아래의 그래프와 같이 과거 EPS(또는 BPS)를 기준으로 동일한 배수의 PER(또는 PBR)을 선으로 연결해 놓은 것입니다.

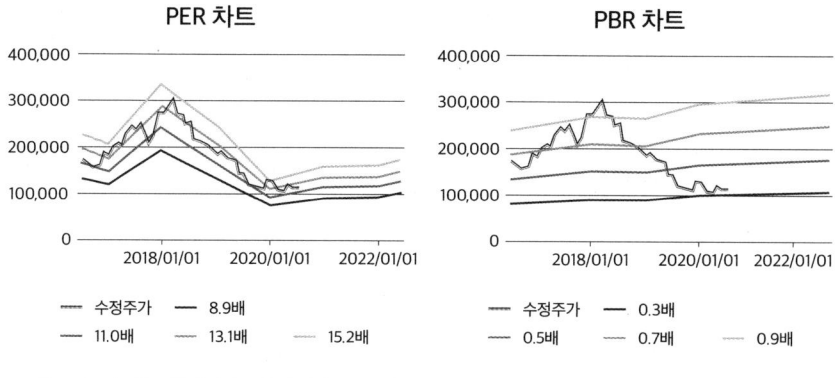

주: 2020년 6월 19일 네이버 금융의 이마트 기준
출처: 네이버 금융

통상적으로 동일 PER(또는 PBR)선을 5개 정도 긋고, 그 중간에 주가가 움직인 모습을 보여 줍니다. 그러면 이 기업의 주가가 과거에 어느 정도의 PER(또는 PBR) 구간 사이에서 움직였는지를 알 수 있고, 현재 주가 위치를 파악하는 데도 유용합니다. 위 밴드 차트를 보면, 이 기업의 주식은 PER을 기준으로 10~20배 사이에서 움직였고, 가장 많이 움직인 구간은 10~13배 사이임을 확인할 수 있습니다. PBR을 기준으로 보면, 0.6~0.9배 사이에서 움직였습니다. 과거 PER 10배, PBR 0.6배 이하로는 주가가 떨어지지 않았다는 점을 통해 주식 시장에서 이 기업에 대해 가장 낮은 수준의 가치평가가 어느 정도인지 아이디어를 얻을 수 있습니다. 즉, 웬만한 악재가 아니면 주가가 PER 10배, PBR 0.6배 이하의 가치평가를 보이는 가격 이하로는 빠지지 않을 것이라는 판단을 할 수 있는 것이죠.

PER과 PBR의 관계를 이해하면, 각 가치평가 방법의 단점을 줄이고 좀 더 신뢰성 있는 가치평가를 할 수 있습니다. PBR은 주가/BPS, 즉 시가총액/자본총계이고 PER은 주가/EPS, 즉 시가총액/순이익입니다. ROE가 순이익/자기자본(=자본총계)이라는 점을 감안하면, PBR은 PER와 ROE를 곱한 것으로 계산됩니다. 즉, PBR이 높으려면 ROE가 높고, 위에서 살펴본 PER의 할증 요인들이 필요하다는 것을 확인할 수 있습니다. PER와 PBR을 가치평가에 적용할 때, 자의적으로 할증하거나 할인하지 말고 합리적인 기준을 가지고 해야 합니다.

$$PBR = \frac{시가총액}{자본총계}$$

$$PER = \frac{시가총액}{순이익}$$

$$ROE = \frac{순이익}{자본총계}$$

$$PBR = PER \times ROE$$

가치평가와 그 활용법을 좀 더 공부하고 싶다면, 『워런 버핏처럼 적정 주가 구하는 법』과 『모닝스타 성공투자 5원칙』을 읽어 보기를 추천합니다.

『워런 버핏처럼 적정 주가 구하는 법』은 워런 버핏의 투자 철학을 따라하고 싶어하는 많은 투자자를 위해 실무적인 차원에서 워런 버핏이 어떻게 가치평가를 했는지를 그의 철학을 기반으로 설명한 책입니다. 워런 버핏이 실제로 가치평가에 대해 이 책에서처럼 한꺼번에 설명하지는 않았습니다. 저자가 주주서한 등을 통해 버핏의 가치평가를 꾸준히 연구해서 하나의 커리큘럼으로 녹여 내어 책으로 엮은 것이죠. 이 책은 워런 버핏이 강조하는 주주 이익[+] 자본 지

[+] 워런 버핏의 주주이익 개념은 순이익과 비현금유출비용을 더하고 거기서 연간 자본적 지출 평균과 운

출이 무엇인지와 이를 실제 어떻게 계산하는지 그 과정을 보여 주고, 어떤 의미를 가지는지 자세히 알려줍니다. 그리고 주주 이익을 할인할 때 사용하는 할인율을 계산하는 방법도 설명하고, 그를 통한 내재가치 계산과 자회사 및 투자자산 등에 대한 처리는 어떻게 하는지를 보여 주기 때문에 가치평가 공부에 큰 도움이 됩니다.

『모닝스타 성공투자 5원칙』은 앞에서 추천했던 『경제적 해자』의 저자인 팻 도시의 또 다른 책인데, 가치 투자를 전반적으로 설명하는 책이면서 가치평가에 관한 부분도 충실한 편이라 보조 자료로 도움이 됩니다.

전자본 증가량을 빼는 것을 의미한다.

[와이민 콕!]

'3년에 2배'라는 질문의 힘

제가 미국 투자 회사에서 근무하던 이야기를 해 보겠습니다. 당시 저는 한국에서 이미 투자 관련 일을 했던 터라 나름대로 분석 경험을 가지고 있었습니다. 미국인보다 한국 시장에 대한 이해도가 있다는 자존심도 살포시 있었던 터라 제 기준으로 괜찮다고 하는 기업을 대상으로 열심히 리서치를 해 갔는데, 보스는 마음에 들지 않았는지 계속 다시 해 오라고 했죠. 각각의 리서치가 반려되었던 이유는 달랐습니다. 그중 한 가지, 지금도 또렷하게 기억나는 것이 있습니다.

보스는 제가 어떤 기업에 대한 분석 보고서를 써 오면, 보고서를 읽어 보지도 않고 항상 첫 질문이 "3년에 2배 갈 수 있는 기업이냐?"라고 물었습니다. "네, 그렇습니다"라고 대답을 해야 보고서를 읽고, 그렇지 않고 대답을 주저하거나 아니라고 대답을 하면 돌려보내곤 했습니다. 이런 일을 몇 번 겪다 보면, 당연히 이 질문을 신경 쓸 수밖에 없기 때문에 "3년에 2배"라는 기준을 통과하지 못할 것 같은 기업은 보고서를 작성하지도 않게 되더군요. 물론, 그 기준을 통과할 것 같다고 생각하고 작성해서 가져간 보고서도 중간에 보스의 의구심에 대답하지 못하면 반려되어 추가 리서치를 하거나 보류되는 경우도 많았습니다.

그런데 참 이상한 것이 그 질문을 먼저 떠올리면서 기업을 찾고 리서치를 하다 보니 검토하는 기업군이 달라지더라고요. "3년 2배"

라는 기준을 주가 상승 여력을 나타내는 단순한 기준이라고 생각할 수 있지만, 그 기준에 맞는 기업을 찾는 것이 생각보다 어려웠습니다. 기본적으로 성장이 충분해야 하고, 3년 동안 기업에 어떤 큰 손해를 가져올 만한 변화가 없던지 아니면 그 변화가 기회가 되던지 해야 합니다. 아니면 극심하게 저평가된 '딥 밸류Deep Value' 상태라 더 이상 떨어질 수 없는데 그 할인 요인이 해결될 만한 신호가 보여야 했습니다.

제가 보고서를 가져가면 보스가 늘 강조하면서 하는 말은 "나에게 웬만큼 저렴해 보인다고 해서 가져오지 마라. 조금 저평가되어 있다고 에너지를 쏟으면서 분석할 필요가 없다. 진정 저렴한 것이 명확히 보이는 기업을 가져와라"였습니다. 그런 기업을 찾다보니 당연히 고평가된 기업뿐만 아니라 웬만큼 저렴해 보이는 기업도 걸러지게 되더라고요. 그래서 저평가되어 있어 보여도 그 정도가 작거나, 아니면 저평가에 대한 확신이 없는 기업은 분석 초기에 걸러지니 시간이 흐르면서 자연스럽게 분석 대상이 되는 기업군이 추려지더군요.

그 대상 기업을 리서치하는 방법도 달라지게 되었습니다. "3년에 2배"라는 기준으로 보면, 기본적으로 비지니스 모델이 훌륭해야 하고, 그 모델을 실행하는 경영진들을 꼼꼼히 보게 됩니다. 분기 실적의 단순 숫자보다는 초기 투자를 결정하게 되었을 때의 핵심 아이디어가 실적을 만들어 낸 과정에서 어떤 역할을 했는지 보게 됩니다. Deep Value라고 하더라도 3년 안에 오를 것이라는 단순한 기대감에 기대지 않게 됩니다. Deep Value인지, 아니면 Deep Price인지를 따져보게 되고, 왜 Deep Value인지에 대한 이유도 찾아보게 됩니다.

즉, 기업을 분석하는 생각의 틀이 바뀝니다. 질문에 대답해야 하기 때문에 말이죠. 저는 이 질문을 아직도 제 기업 분석의 주요 방법론 중 하나로 삼고 있습니다. 물론, 다양한 방법론을 수용하고 있지만, 기본적으로 제 기준은 항상 "3년 2배"라는 질문부터 시작됩니다. 질문이 바뀌면, 생각이 달라지게 되는 것을 저는 직접 경험했습니다.

여러분은 어떤 질문으로 기업을 찾고 분석하시는지요? 각자 나름의 질문이 있을 것으로 생각합니다. 좋은 질문을 하면 좋은 대답이 나오듯이 주식을 찾고 분석하는 과정에서도 스스로에게 좋은 질문을 해 보시면 좋은 결과가 나올 것이라고 생각이 듭니다. 자, 다시 묻겠습니다.

어떤 질문을 하고 기업을 찾으시나요?

7

가치평가를 할 때 주의해야 하는 것들

가치평가 방법은 앞 장에서 살펴본 PER와 PBR만 있는 것이 아닙니다. 이 책에서는 언급되지 않았지만 PSR, PCFR, EV/EBITDA, DDM, DCF, RIM 등 여타 수많은 방법이 있습니다. 그래서 어느 가치평가 방법이 제일 좋고, 무엇이 맞느냐가 많은 사람들의 고민입니다. 그래서 이번 장에서는 이와 관련하여 가치평가를 할 때 놓치지 말아야 하는 부분에 대하여 이야기해 보겠습니다.

어떤 가치평가 방법을 선택할 것인가

어떤 가치평가 방법이 가장 좋을까요? 우선 제가 하고 싶은 말은 정답은 없다는 것입니다. 정말 제대로 하려면 각 기업별로 그 기업의 가치를 가장 잘 설명할 수 있는 가치평가 방법을 선택할 수 있을 정도가 되어야 합니다. 가치평가는 기본적으로 기업에 대한 완벽한 이해를 바탕으로 해야 하고, 궁극적인 목표는 기업의 적정 가치를 산정하여 현재 주가와 비교하여 얼마만큼의 안전마진이 있는가를 확인하는 과정입니다.

같은 산업에 속해 있는 기업이라고 하더라고 세부적으로 살펴보면, 다른 고객을 대상으로 다른 제품을 파는 경우가 많습니다. 그런 기업은 이익률이 다르고, 기업 문화가 다르며, 회계 정책이 다릅니다. 신사업과 주주가치 정책에 대한 경영진의 의사결정 기준도 다릅니다. 저는 이렇게 각기 다른 기업에 공통으로 적용할 수 있는 적정 가치평가 방법이란 게 과연 존재할 수 있을지 의문스럽습니다.

모든 투자자는 기업을 서로 다르게 이해하고 각기 다른 가치평가를 하여 결국 다른 가치를 계산해냅니다. 가치평가 방법이 중요한 것이 아니고, 기업에 대한 이해를 바탕으로 '합리적으로 추정하는가'와 그 합리적 추정을 기반으로 '기업 가치를 근사치로 추정할 수 있는가'가 중요하다고 생각합니다. 가치평가는 기업과 그 주식을 좀 더 잘 이해하기 위한 수단일 뿐, 가치평가 그 자체가 목적은 아니기 때문입니다.

가치평가는 수학이 아니다

여기서 잠깐, 가치평가 분야에서 세계적인 석학으로 통하는 애스워드 다모다란 Aswath Damodaran 뉴욕대 스턴비즈니스스쿨 교수가 본인의 유튜브 강연에서 한 말을 들어보겠습니다.

당신이 진정으로 가치평가를 배우고 싶다면 기업을 평가하세요. 차량 공유 기업인 우버Uber를 예로 들어 보겠습니다. 우버는 자동차 서비스 기업입니까, 아니면 운송 기업입니까? 우버는 지역적으로만 네트워크 혜택을 줍니까, 아니면 글로벌로 네트워크 혜택을 줍니까? 이 과정의 끝은 당신의 이야기를 토대로 해야 합니다. 이것이 우버의 가치입니다. 우버의 가치 범위는 이야기에 따라 8억 달러에서 950억 달러 사이입니다.

가치의 차이가 이렇게 큰 것은 우리의 숫자가 다르기 때문이 아니라 서로 다른 스토리를 가지고 있기 때문입니다. 모든 이야기가 똑같을 수 없고, 이것이 당신이 물어야 하는 진짜 질문입니다. '올바른 스토리는 무엇입니까?'

만약 당신이 투자자로서 구글이 지속적으로 성장할 기업이라고 생각한다면, 내가 묻고 싶은 질문이 있습니다. '구글에 대해 당신이 말하고 싶은 스토리는 무엇입니까? 이 기업은 무엇을 하고 있나요?' 왜냐하면, 이것이 구글의 가치평가를 이끌어내는 것이기 때문입니다.

가치평가는 스토리를 말하고, 그 스토리를 뒷받침하는 결정들을 전달하는 것에 관한 내용입니다.

가치평가의 세계적인 석학다운 말입니다. 가치평가를 수학의 영역으로 오해하시는 분이 많지만, 그건 가치평가를 반만 이해하고 있는 것입니다. 실제로 가치평가의 반은 애스워드 다모다란이 말하듯 '스토리'입니다. 여기서 스토리라 함은 테마주나 작전주 같은 소위 '스토리 주식'에서의 스토리를 말하는 것이 아니라, 투자 의사결정을 하기 위한 '이야기', 다른 말로는, '아이디어'입니다. 왜 스토리에 따라 가치평가가 달라질까요? 쉬운 이야기는 아니니 가상의 사례를 통해 살펴보도록 하겠습니다.

A라는 기업이 있다고 합시다. 손익계산서를 살펴봤더니 이 기업은 2017년 현재 제품 a와 제품 b를 생산 중이고, 매출총이익률은 20%입니다. 판관비는 매출액 대비 10% 수준이고, 매년 3%씩 증가합니다. 영업 외 손익은 없고, 유효법인세율은 25%입니다. A기업은 신제품을 개발 중이고, 2020년부터 신제품인 제품 c가 매출로 이어지게 되는 상황이고, 제품 c의 성과에 따라 A기업의 실적과 주가는 크게 달라지는 상황이라고 합시다.

먼저 공격적인 시나리오를 살펴보겠습니다. 아래 표를 봐 주세요.

A기업의 시나리오 (1) 제품c가 크게 성공할 경우

(단위: 억 원)

	2017년	2018년	2019년	2020년F	2021년F	2022년F	가정
매출액	200	208	216	325	434	544	
제품 a	100	103	106	109	113	116	연간 3% 성장
제품 b	100	105	110	116	122	128	연간 5% 성장
제품 c				100	200	300	
매출총이익	40	42	43	55	87	139	제품 GPM 10%/20%/30%
판관비	20	21	22	23	24	26	연간 5% 증가
영업이익	20	21	21	32	63	113	
세전이익	20	21	21	32	63	113	영업외손익 0
순이익	15	15	16	24	47	85	유효법인세율 25%
순이익 증가율		3%	3%	50%	96%	81%	
적정 PER	10	10	10	15	15	15	Valuation 10배 → 15배
적정 시총	150	155	159	358	703	1,273	
시총 증가율		3%	3%	125%	96%	81%	
수익률		매수 시점				700%	

제품 c가 출시되자 마자 대박을 냅니다. 제품 c의 2020~2022년 매출액은 100억 원부터 300억 원까지 증가하고, 매출총이익률도 10%에서 30%까지 빠르게 올라갑니다. 순이익이 50% → 96% → 81%로 증가하고, 이익이 큰 폭으로 증가함에 따라 시장에서 PER을 10배에서 15배까지 높여줍니다. 적정 시가총액은 2019년 159억 원에서 2022년 1,273억 원까지 크게 상승하고, 2019년에 A기업을 매수했다면 무려 700% 수익을 냅니다.

자, 이 시나리오가 보여 주는 최종 숫자 중에 제품 c의 매출액과 매출총이익률, 그리고 PER의 변화가 중요합니다. 손익계산서의 최종 목표인 순이익은 결과로 나온 숫자지만, 그 결과를 만들어 내는 것은 제가 공격적으로 가정한 제품 c의 매출액과 매출총이익률입니다. 그리고 주가에 영향을 주는 PER도 제가 가정한 숫자의 변화율, 즉 순이익 증가율에 기반해서 상승했습니다. 즉, 향후 주가 수익률을 결정하는 모든 숫자는 결국 제 가정, 제 스토리, 제 이야기, 제 아이디어에 기반합니다.

다른 가정을 해 볼까요? 좀 더 평범한 시나리오입니다.

제품c는 출시되었지만 실적이 그저 그렇습니다. 제품c의 2020~2022년 매출액은 50억 원부터 100억 원까지 증가하고, 매출총이익률도 5%에서 기존 제품군 수준인 20%까지 오릅니다. 결과적으로 순이익은 38% → 21% → 46%로 증가하고, PER은 10배에서 12배로 올라갑니다. 적정 시가총액은 2019년 159억원에서 2022년 389억원까지 크게 상승하고, 2017년에 매수했다면 주가 수익률은 144%입니다. 나쁘지 않습니다만, 앞서 가정한 시나리오보다는 수익이 덜합니다.

A기업의 시나리오 (2) 제품c가 평범한 실적을 냈을 경우

(단위: 억 원)

	2017년	2018년	2019년	2020년F	2021년F	2022년F	가정
매출액	200	208	216	275	304	344	
제품 a	100	103	106	109	113	116	연간 3% 성장
제품 b	100	105	110	116	122	128	연간 5% 성장
제품 c				50	70	100	
매출총이익	40	42	43	48	54	69	제품 c GPM 5%/10%/20%
판관비	20	21	22	23	24	26	연간 5% 증가
영업이익	20	21	21	24	30	43	
세전이익	20	21	21	24	30	43	영업외손익 0
순이익	15	15	16	18	22	32	유효법인세율 25%
순이익 증가율		3%	3%	15%	21%	46%	
적정 P/E	10	10	10	12	12	12	Valuation 10배 → 12배
적정 시총	150	155	159	219	266	389	
시총 증가율		3%	3%	38%	21%	46%	
수익률			매수 시점			144%	

다모다란 교수가 말한 내용을 다시 읽어 보겠습니다. "우리가 가치에서 이렇게 큰 차이들을 얻을 때, 그것은 우리들의 숫자가 다르기 때문이 아니라, 서로 다른 스토리를 가지고 있기 때문입니다." 자, 이제 어떻게 이해가 되시나요? 가치평가가 다른 것은 숫자가 다르기 때문인가요, 아니면 스토리가 다르기 때문인가요?

가치평가에서 숫자에 집착하다가 잘못된 결론에 빠지는 경우도 많습니다. 투자를 하다 보면, 합리적인 가정과 그 가정이 만들어 낸 숫자를 기반으로 가치평가를 하는 것이 아니라, 이미 마음 속으로 '이 기업 너무 좋은데 사고 싶다'라는 결론을 낸 상태에서 그것에 가정과 숫자를 맞추는 경우가 자주 있습니다.

벤저민 그레이엄은 이와 관련해서 그의 책 『현명한 투자자The Intelligent Investor』 부록에 다음과 같은 멋진 글을 남겼습니다.

미래 전망, 특히 지속적인 성장 전망이라는 개념을 통해 좋아하는 주식의 현재 가치를 계산하기 위해서는 수학 공식들이 동원되어야 한다. 하지만 아주 부정확한 가정과 정확한 수학 공식의 조합은 특정 주식의 가치를 만들어내거나 옹호하는 데 주로 쓰인다. 사람들은 수학이 정확하고 믿을 만한 답을 도출해낸다고 확신하고 있다. 하지만 수학이 더 정교해지고 난해해질수록 도출된 결론은 더 불확실하고 투기적일 수밖에 없다. 따라서 수학은 투기를 투자로 위장하는 수단일 수 있다.

우리는 각자가 다른 가정을 통해 다른 가치평가를 하고, 결국 다른 가치를 계산해냅니다. 그 가정이 스토리이고, 중요한 것은 그 가정이 합리적이고 바람직한가의 여부이지, 실적 추정과 숫자 놀음이 아닙니다.

비싸게 사는 것의 위험

우선 아래 그림을 봐주세요. 산을 그린 그림이 아닙니다. 주가 차트입니다. 실제로 투자한 분들의 아픔을 생각해서 종목의 이름과 가격은 지웠습니다.

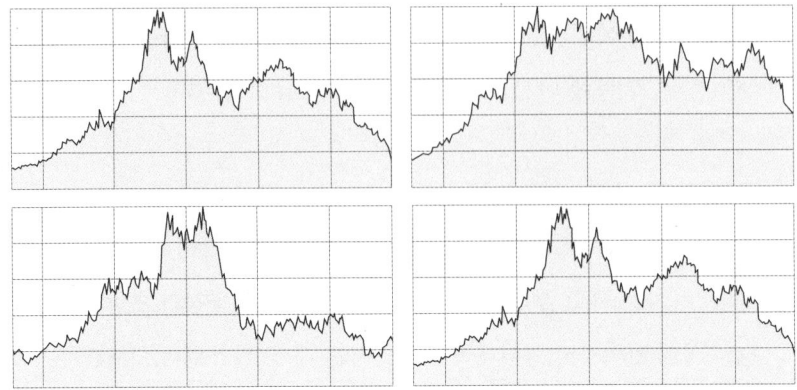

무엇이 느껴지시나요? 차트에서 주가가 높았던 시기는 대략적으로 2015년이었습니다. 그 이후로 3년 동안 계속 주가가 빠졌던 종목들입니다. 고점 대비 많게는 2분의 1에서 적게는 6분의 1 수준까지 하락했습니다.

이런 차트들을 보면, 주식하기 무섭다고들 하죠. 물론, 주식이 이리도 위험하니 주식을 하지 말란 의미에서 이 차트들을 보여 드리는 건 아닙니다. 다만 주식이 가진 위험이 무엇인지를 정확히 인지해야 한다는 것을 말하고 싶었습니다.

보통 주식의 위험성을 이야기하면, 사업 위험 business risk과 재무 위험 financial risk에 대해서만 생각하기 쉽습니다. 사업 위험은 기업이 사업을 영위하는 데 발생하는 각종 위협 요인 즉, 신기술과 신제품 출현으로 인한 기존 기술과 제품의 도태, 신규 경쟁자의 진입, 가격 경쟁 심화로 수익성 하락, 원재료의 가격 급등, 전반적인 경기 둔화, 그리고 정부의 규제 변화 등을 말합니다. 기업의 매출액과 수익성에 직접적인 영향을 주기 때문에 이익의 규모를 줄이지요.

재무 위험은 말 그대로 기업에 재무적으로 발생 가능한 위험입니다. 부채비율이 높거나 차입금의 만기 구조가 짧아서 기업의 재무 구조가 지나치게 좋지 않은 경우, 전반적인 금융 환경이 악화되거나 자산 매각이 어려워서 유동성이 마르는 일 등이 발생하여 기업이 자금 조달에 있어 어려움이 생기는 경우, 금리 및 환율 등 거시 경제나 금융 관련 위험이 기업에게 전이되는 경우 등이 여기에 포함됩니다. 이외에도 분식 회계 같은 사기 등도 포함될 수 있습니다. 사업 위험과 재무 위험을 모두 기업 위험이라고 할 수 있습니다.

통상 위험이라고 하면, 투자자들은 이 기업 위험을 먼저 떠올리는데, 간과하기 쉬운 위험이 또 있습니다. 바로 가치평가 위험valuation risk입니다. 주식에 투자하기 위해서는 항상 위험에 걸맞은 적절한 수익률이 기대되어야 합니다. 높은 위험의 상품에 투자하기 위해서는 그만큼의 보상, 즉 수익률이 높아야 한다는 것이죠. 그런데 투자자가 이 당연한 사실을 간과하는 시기도 있습니다. 돈은 너무 많이 풀려 있는 반면, 투자할 대상은 적어지는 경우입니다. 적은 투자 대상에 많은 돈이 몰리게 되면, 자연스럽게 수요가 공급보다 많아져서 낮은 기대 수익률에도 높은 위험을 수용하게 되는 경우가 있습니다. 높은 가격을 지불하는 것이 곧 높은 위험을 의미하니, 낮은 기대 수익률에 높은 가격을 지불하는 것입니다.

제 기억으로 2015년도에 방금 전 보여 드린 종목들의 PER이 엄청나게 높았습니다. 그 높은 PER을 정당화한 논리가 아직도 기억납니다. "현재와 같은 저성장 환경 속에서 이 정도로 안정적으로 성장할 수 있는 기업이라면 높은 PER을 줘야 한다." 기업은 크게 달라지지 않았는데, 저금리와 저성장 환경 속에서 기업을 보는 투자자의 관점만 바뀐 것입니다. 물론 금리는 기대 수익률의 벤치마크,

즉 비교 기준이기 때문에 금리가 낮아지면 기대 수익률도 좀 더 낮아질 수 있고, 그럼 좀 더 높은 PER을 받아들일 수 있습니다. 하지만 이 당시의 가치평가는 지나친 측면이 강했습니다.

가치평가 위험이 컸던 해당 종목들은 그 이후 사업의 성장성과 수익성이 둔화되는 사업 위험이 예상보다 커지면서 이익이 줄었고, 그 여파로 PER도 하락했습니다. 즉, 이익과 PER이 동반 하락하면서 주가는 큰 폭으로 하락했습니다.

우리는 사업을 하는 사람이 아닙니다. 사업을 하는 사람을 지원하는 동업자죠. 동업자가 명심해야 할 점은 사업에 대한 적절한 가치평가를 거친 후에 지원해야 한다는 것입니다. 아무리 좋은 사업이라 하더라도 과도한 평가를 바탕으로 자금을 지원하면, 그 투자는 이미 위험을 품고 있게 됩니다.

이러한 위험 평가를 사후적으로 했다고 생각하실 수도 있습니다. 하지만 저는 아무리 좋은 사업이라도 투자자 각자가 계산한 적정한 가치평가 수준 이상으로 주가가 오를 때는 조심해도 나쁠 것이 없다고 생각합니다. 나중에 그 투자가 기회였음이 분명해지더라도 기회를 놓치는 것이 손실을 보는 것보다는 낫다는 게 가치 투자의 철학이기 때문이죠.

[와이민 콕!]
사업과 가치평가의 관계

가치평가를 '실행'할 때 조심해야 할 것이 있습니다. 주식에 있어 위험은 사업 자체가 가지고 있는 '사업 위험'과 이 사업과 주가 사이의 관계에서 발생하는 '가격 위험$^{price\ risk}$'이 있습니다. 좋지 않은 사업을 하는 기업의 주가가 가치 대비 엄청나게 높으면, 이는 사업 위험도 높고 가격 위험도 높은 것입니다. 이런 주식은 절대로 투자하면 안 되겠죠. 정말 좋은 사업을 하는 기업은 사업 위험이 낮습니다. 그런데 이런 주식이라도 단기 주가 상승이 커서 가치평가로 합리화되기 어렵다면 이는 가격 위험이 높은 것이죠. 즉, 고평가되었을 가능성이 높기 때문에 주가 수익 측면에서 결코 좋은 상태가 아닙니다.

문제는 가치가 고평가되었거나 가격 위험이 높다고 판단하는 것이 개인마다 다 다르다는 것입니다. 아마존의 주가는 10년 전부터 고평가 논란이 있었음에도 지속적으로 상승해 온 것이 그 일례입니다. 사업의 가치를 믿는 사람에게 단기 주가의 고평가는 결국 시간이 해결해 줄 문제라고 여겨지는 것이죠. 그렇기 때문에 기본적으로 사업 위험이 낮은 기업의 주가는 단기 가격 위험이 높다고 하더라도 장기적인 흐름 속에서는 훌륭한 투자가 될 수 있습니다. 찰리 멍거와 필립 피셔가 대표적으로 이 부류에 속한 투자자지요.

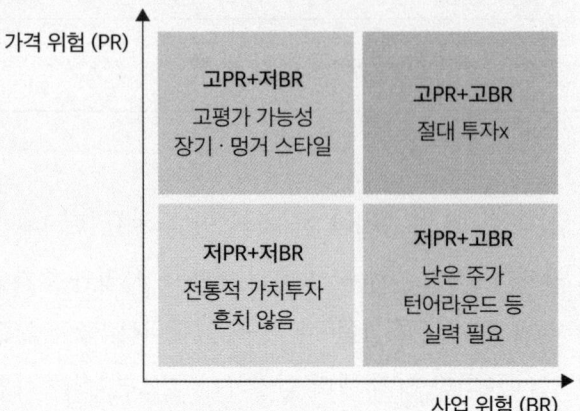

사업 위험이 높은데, 가격 위험이 낮은 주식도 있습니다. 예를 들면, 사양 사업인데 주가가 너무 눌려 있어서 청산 가치 이하이거나 자산 가치 대비 현저히 저렴한 주식도 많습니다. 이익이 턴어라운드turn around 즉, 흑자 전환 초기에 있는 기업도 그 대상입니다. 이런 주식에서 단기 대박 사례가 가끔 나옵니다. 이러한 주식을 발견하는 데에도 역시 실력이 필요합니다. 투자자가 모르는 부실이 나오거나 예상과 달리 사업 위험이 훨씬 높았던 것일 수 있기 때문입니다.

사업 위험도 낮고, 가격 위험도 낮은 것이 가장 좋은 전통적인 가치 투자인데, 좋은 만큼 흔하지 않습니다. 이런 경우는 시장이 '공포 매도panic selling' 상황인 경우에 많이 발견됩니다. 기다리면 기회가 오고, 이 기회가 왔을 때 시장의 공포에 맞서 적극적으로 매수할 필요가 있습니다. 쉽지 않기 때문에 평소에 사업 위험에 대한 확신을 가지고 있는 기업이어야 합니다. 또한 종목의 위험, 본인의 철학과 위험 수용력에 대해서도 명확하게 정립해 두어야 합니다.

8

기업과 주식을 연결하는 법

좋은 기업을 찾고 사업보고서를 읽고 재무 분석을 해 보았다면, 이제 우리가 할 일은 그 기업의 적정한 가치를 산정해서 현재 주가와 비교하여 투자 여부를 결정하는 것입니다. 그게 가치평가입니다.

그런데 이런 가치평가 활동이 필요하지 않은 경우도 있습니다. 장기적으로 보면, 좋은 기업은 실적이 좋아지고 좋아진 실적은 주가 상승으로 귀결되기 때문입니다. 여기서는 이 부분과 관련해서 이야기를 하려고 합니다.

이와 관련해서 트와이스Twice라는 아이돌 그룹의 광팬이었던 어느 개인 투자자가 그들의 기획사인 JYP엔터테인먼트(이하 'JYP') 주식을 사서 대박을 친 사연을 먼저 소개해 드리겠습니다. 편의상 이 투자자를 A라고 하겠습니다.

쯔위 팬, JYP를 사서 대박나다

우선 A의 투자를 일반화하여 따라 할 만한 고수라고 생각하지는 마시길 바랍니다. 어쩌면 단순히 운이 좋았을 수도 있습니다. 다만 A는 단 한 번의 뛰어난 의사결정을 하여 그것이 좋은 결과로 이어졌는데, 이 의사결정에서 우리가 얻을 수 있는 투자 아이디어가 있습니다.

A는 트와이스 멤버 중에서도 쯔위의 팬이었습니다. 쯔위를 보고 반해 팬이 되었고, 트와이스가 소속된 JYP의 실적이 좋아질 거라고 예감했습니다. 그래서 가진 돈을 탈탈 털어 트와이스가 데뷔한 2015년 말 즈음 JYP 주식을 4,000원대 후반에 매수했습니다.

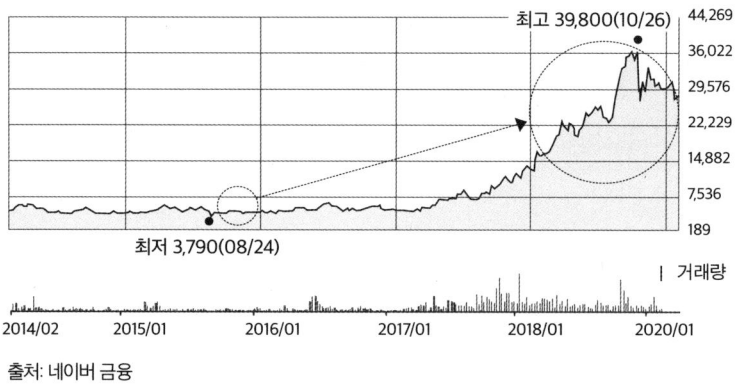

출처: 네이버 금융

차트를 보면 알겠지만, 한 1년을 횡보하던 JYP 주가는 트와이스가 '치어 업Cheer Up'이라는 노래로 히트를 치기 시작하면서 서서히 오르더니 돔 투어 등으로 돈을 벌기 시작하자 폭등합니다. 얼마까지 올랐냐고요? 3만 원이 넘었고, 2019년 2월 현재도 2만 원대 후반에서 움직입니다. 5배 수익이 났네요. A는 기쁜 마음으로 주식을 팔아 큰 수익을 냈습니다.

아이돌을 좋아하는 팬만이 가능한 투자라고 생각하시나요? 제가 엔터테인먼트 기업을 예로 들어서 그렇지, 생활 속에서 대박 주식을 발견하는 경우가 꽤 많습니다. 스타벅스는 어떤가요? 스타벅스를 좋아하는 분들은 스타벅스 주식을 샀으면 대박 났겠다는 생각을 많이 해 보셨을 겁니다. 애플 마니아 분들은 어떤가요? 애플 주식도 살펴볼까요? 엄청나죠.

주: 2020년 6월 19일 주가 기준
출처: google

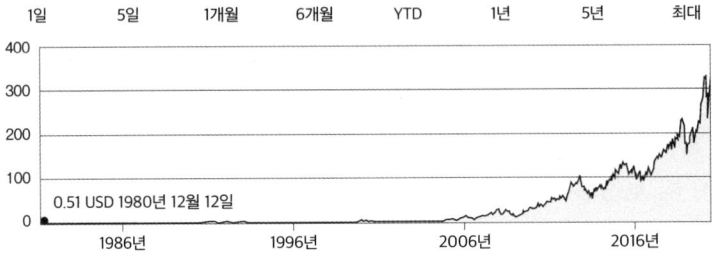

주: 2020년 6월 19일 주가 기준
출처: google

    미국의 유명 투자 저술가인 토머스 펠프스는 "모든 인간의 문제는 해결책을 예상할 수 있다면 투자 기회입니다. 도둑이 없다면, 누가 자물쇠를 살까요?"라고 했습니다. 새로운 방법, 새로운 소재, 새로운 제품이 삶을 개선하고, 문제를 해결하고, 우리가 무엇인가를 빠르고 저렴하고 효율적으로 하도록 돕는다면 큰 투자 기회가 될 수 있습니다. 트와이스는 삼촌 팬을 즐겁게 해 주었고, 스타벅스는 커피와 장소에 대한 새로운 정의를 했고, 애플은 다양한 IT 제품과 서비스를 통해 삶을 윤택하게 했습니다.

    네, 이런 말이 저처럼 시대를 제대로 읽지 못했던 사람에게는 사후적인 판단으로 들릴 수 있습니다. 누가 알았겠어요, 이렇게 대박이 날지. 하지만 분명 누군가는 이 기회를 봤고, 큰 성공을 거두었습니다. 주변의 사회 변화를 눈여겨보고, 그 변화가 삶에 어떤 영향을 미칠지를 주의 깊게 살펴보는 습관을 가졌던 사람들이죠. 돈은 엉뚱한 곳이 아닌 바로 우리 주변에서 만들어지고 있음을 잊지 말아야 합니다.

주가 상승의 두 가지 동력

앞에서 예로 들었던 A는 자신의 취미 생활에서 좋은 투자 아이디어를 얻었고, 그 결과는 아주 성공적이었습니다. 하지만 매번 쯔위 같은 기회가 나타나기만을 기다릴 수는 없습니다. 현실적으로 주식을 잘 모르는 사람에게 대박 투자 기회는 자주 오지 않습니다.

트와이스에 대한 팬심을 접고 현실론으로 돌아옵시다. 생활 속에서 좋은 투자 기회를 발견한다고 하더라도 이를 주가와 연결시킬 수 있는 능력이 필요합니다. 기회와 주가가 연결되려면, 먼저 주가는 어떻게 움직이는지를 알아야 합니다. 지금부터는 이 이야기를 해 보겠습니다.

주식의 가격이 상승하려면, 기본적으로 주식의 기저를 형성하고 있는 기업의 가치가 높아져야 합니다. 기업의 가치가 주가의 근원이지만, 주가의 움직임은 다음 두 가지로 설명이 가능합니다. 이익 증가와 가치평가의 상승입니다.

앞에서 살펴보았듯, 우리는 적정 주가를 산정하는 기본적인 평가 방법으로 PER라는 것이 있음을 살펴보았습니다. 잠깐 복습하자면, PER은 주가이익배수로, 어떤 기업의 주가가 그 기업이 한 해 동안 벌어들이는 이익의 몇 배에서 거래되고 있는지를 나타내는 지표입니다. 예를 들어, A라는 기업의 이익이 100억 원이고, 이 기업의 시가총액이 1,000억 원이면, 이 기업의 PER은 1,000을 100으로 나눈 10입니다.

결국 기업의 주가, 즉 시가총액은 한 해 이익에 적정한 PER을 곱한 값입니다. 여기서 주가가 오르려면 무엇이 필요한지가 분명해집니다. 이익이 증가하거나 PER이 상승하면 됩니다.

앞에서 예로 든 A라는 기업의 시가총액이 기존 1,000억 원에서 1,500억 원으로 50% 상승하기 위해서는 PER이 변하지 않고 이익이 100억 원에서 150억 원으로 증가하거나, 아니면 이익은 100억 원 그대로이지만 갑자기 투자자의 가치평가가 후해지면서 PER이 10배에서 15배로 상승하면 됩니다. 물론 이익 증가와 PER 상승이 동시에 진행되는 경우가 가장 좋습니다. 일반적으로 그렇게 되고요. PER은 이익에 대한 투자자의 기대감이기 때문에 이익이 늘어나는 기업의 PER은 보통 그렇지 않은 기업에 비해 높여 주기 때문입니다.

주가 상승의 요소가 이익 증가와 가치평가 상승 두 가지이기 때문에 네 가지 경우의 수가 만들어집니다. 이를 4분면으로 나타내면 이렇게 됩니다.

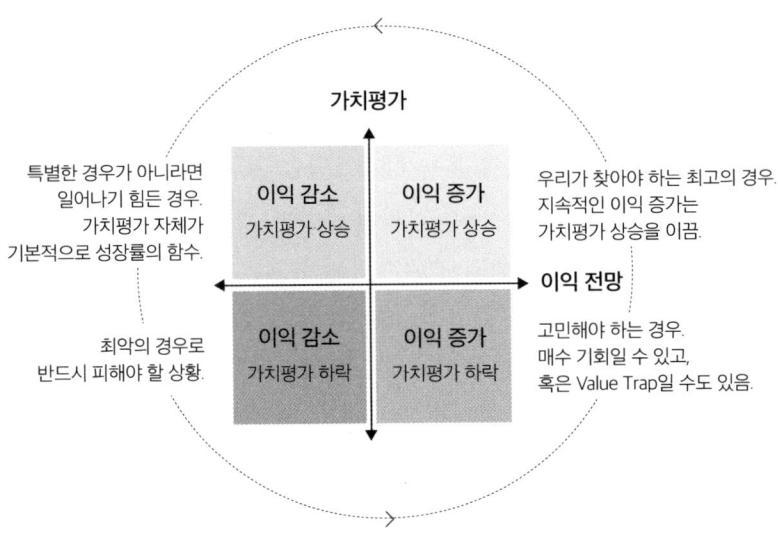

먼저 그래프의 오른쪽 위로부터 시작하는 1사분면은 이익도 증가하고 가치평가도 상승하는 상황입니다. 이는 우리가 찾아야 하는 최고의 경우인데, 일반적으로 지속적인 이익 증가는 투자자의 신뢰를 높이기 때문에 가치평가도 상승합니다. 이는 향후 기업의 이익흐름을 기반으로 설명할 수 있습니다. 이익 증가율이 높아지면 미래 이익의 현금흐름이 커지고, 이를 할인한 현재 가치 합산도 커지는 것이죠. 그렇기 때문에 현재 이익 대비 기업 가치 배수가 커지고, 시장에서도 이를 반영시키면서 가치평가도 상승하게 되는 것입니다.

4사분면은 이익은 증가하는데, 가치평가가 하락하는 경우입니다. 이 상황에서는 고민이 필요합니다. 이익 증가에 변함이 없는데, 외부적인 요인에 의해 가치평가만 하락하는 경우라면 당연히 매수의 기회로 삼아야 합니다. 하지만 가치평가가 이미 충분히 높은 상황에서 이익 증가율이 하락한다거나, 아니면 현재는 이익이 증가하고 있지만 많은 투자자가 향후 이익이 감소할 것으로 예상하여 매도하는 경우라면 매수를 보류해야겠죠.

3사분면은 이익이 감소하고, 가치평가도 하락하는 경우입니다. 앞서 1사분면의 정반대 상황인데, 최악의 경우로 반드시 피해야 합니다.

2사분면은 이익이 감소하는데, 오히려 가치평가가 상승하는 상황입니다. 통상적으로 가치평가 중에서 PER은 성장률의 함수이기 때문에 이익이 감소하는 상황에서 PER이 상승하는 경우는 드뭅니다. 이 경우에는 이익 외의 요인이 주가를 자극하고 있거나, 아니면 현재의 이익은 감소하고 있지만 곧 반전되어 증가할 것으로 보는 투자자가 많은 경우일 수도 있습니다. 2사분면은 모든 경우를 면밀히 따져서 매수와 매도에 신중한 판단을 해야 하는 상황입니다.

가치 흐름과 가격 흐름을 이해하라

주가 상승의 두 가지 동력인 이익 증가와 가치평가의 상승에 대해 알아보았으니, 이제 주식의 가치 흐름과 가격 흐름에 대해 공부할 차례입니다.

가격 흐름과 관련해서 기간으로 나누면 장기와 중기로 구분되고, 중간에 변동성이라는 개념이 접목된 단기가 추가됩니다. 자산의 가격이 길게 보았을 때 경제 성장, 인플레이션, 그리고 수요 증가 등에 상승하는 것이 장기 흐름입니다. 다만 이 가격이 선형적으로 올라가지는 않습니다. 중간에 경기 변동과 수요-공급의 불균형에 의해 오르락내리락하면서 움직입니다. 오르내리는 과정에서 전 저점과 현 저점, 전 고점과 현 고점 등의 가격 변화가 중기 흐름입니다. 단어에서도 알 수 있듯이 단기 흐름은 중기보다 짧은 흐름으로, 이는 시장 내 수요-공급의 변화로 발생하기 때문에 예측이라기보다는 대응의 성격이 강합니다. 중기 흐름과 단기 흐름 속에서 변동성이 확대되는데, 유동성, 투자자 심리, 정부 규제 등 다양한 요인에 의해 발생합니다.

아래 세 그래프 중 첫 번째 검정색 직선은 자산 가격의 장기 흐름을, 두 번째 진한 회색 곡선은 중기 가격 변동을 포함한 가격의 흐름을, 마지막 연한 회색 곡선은 변동성이 확대된 가격의 변동을 나타냅니다.

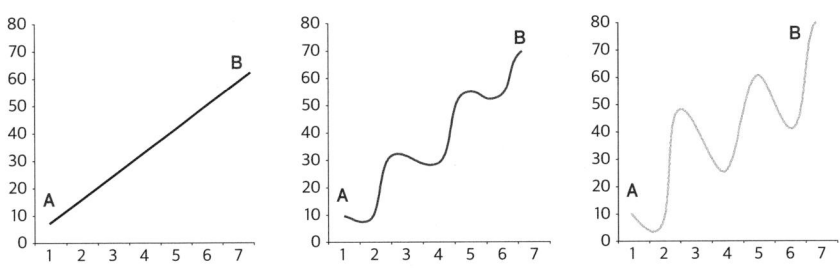

이 세 개의 그래프를 합쳐보면, 아래와 같은 그림이 나옵니다.

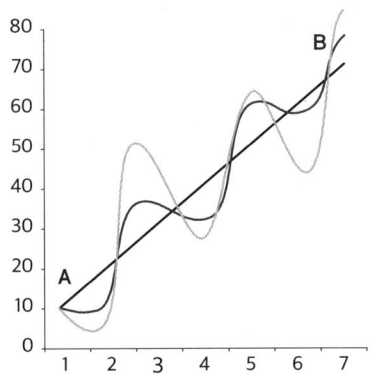

즉, 가격은 A라는 시작점에서 B라는 종료점까지 변동성을 보이면서 움직입니다. 이렇게 세 가지 흐름이 있다는 것을 이해하시면, 투자를 할 때 내재된 위험, 즉 가격 하락을 어느 정도 피할 수 있고, 매수나 매도 시점을 잡을 때도 도움이 됩니다. 다만 앞서 말씀드렸듯이 저는 매매 시점을 정확히 맞출 수 없다고 봅니다. 그러니 여기서의 시점은 대략적인 선이라고 이해하시면 됩니다. 그럼 세 가지 가격 흐름에서 무엇을 염두에 두어야 하는지 구체적으로 알아보죠.

먼저, 장기 흐름 관련입니다. 어떤 자산이 장기적으로 오른다는 전제가 없으면 투자를 하면 안 됩니다. 크게 보면 장기 흐름 그래프는 아래와 같이 세 가지입니다.

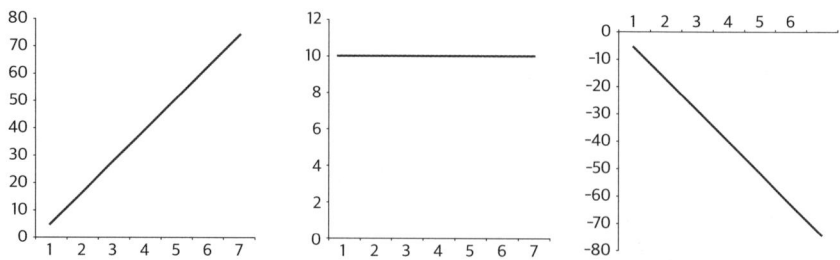

투자하려면 자산의 장기 그래프가 이 중 첫 번째에 해당한다고 전망할 때만 투자해야 합니다. 두 번째, 세 번째 그래프와 같이 자산이 장기로 현재 가격을 유지하거나 오히려 하락한다고 전망되는 데도 투자를 한다면, 이는 '투자'라기보다는 가격 변동을 이용한 '투기'에 가깝습니다. 이때의 투기가 부정적이라는 것은 아닙니다. 다만 가격 변동을 정확하게 예측해야 하는 상당히 어려운 투자라고 보기 때문에 투기라고 하는 것입니다.

이러한 투기는 시간이 적입니다. 한 번 변곡점을 잘못 예측하면, 가격 하락의 위험과 기회비용의 위험이 동시에 부정적으로 작용합니다. 예를 들면, 장기 흐름이 정체된 그래프에서는 시간이 지나 고점이 오더라도 기회비용이 큽니다. 아래 그래프를 보시죠.

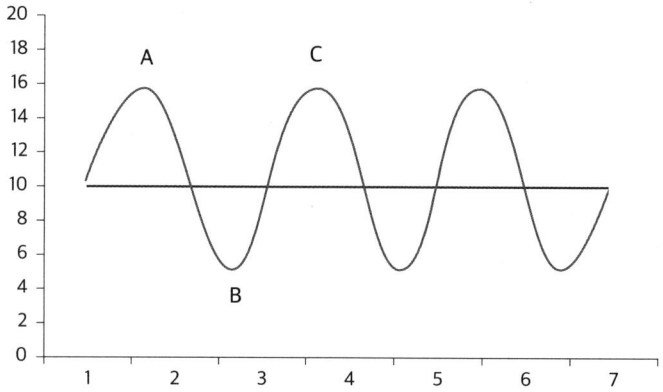

그래프의 A지점에서 주식을 샀다면 장기적으로 가격 흐름이 정체되었기 때문에 가격이 B지점을 지나 C지점까지 반등했다고 해도 결국 자신이 산 가격에 불과합니다. A지점에서 C지점까지의 시간 동안 투자금은 0%의 수익을 냈는데, 손해를 보지 않았다고 생각할 수 있지만 그 기회비용이 상당히 큽니다. 그 자금을 다른 곳에 투자했다고 생각해 보세요.

그럼 그래프의 B지점에 사면 되지 않느냐고 물을 수 있습니다. 그런데 B지점에서 사서 C지점에 파는 것은 힘든 일이고, 지속적으로 그러기는 더더욱 힘듭니다. 그럴 수 있는 고수가 얼마나 있는지 모르겠네요. A지점과 B지점 사이에서 매수하고 C지점에서 매도하면 수익률은 작습니다. 즉, 장기 흐름이 정체되어 있는데 가격 변동성을 노리는 전략은 잦은 매매를 해야 하고 실수를 할 확률도 높습니다.

장기 흐름이 하락하는 경우는 재앙입니다.

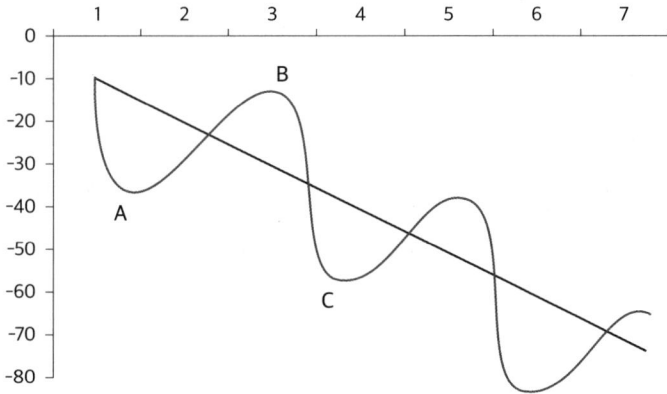

A에서 사서 B에서 팔아도 수익률이 별로고, 만약 A에서 사서 C에서 팔면 손해입니다. B에서 사서 C에서 팔면 재앙입니다. 즉, 장기 흐름이 하락하는 추세면 절대 투자해서 안 됩니다. A-B구간의 수익률 대비 B-C구간의 위험이 너무 커서 수익-위험 관점에서 매력이 없습니다.

결론은, 주식은 기본적으로 장기 흐름이 우상향할 때 투자하는 것이 안전합니다. 장기 흐름이 정체일 때는 매수와 매도의 타이밍 싸움이기 때문에 고수의 영역으로 들어가게 되고, 장기 흐름이 우하향일 때는 누가 되었든 투자하지 않는 것이 좋습니다. 시장과 맞서면 큰코다칩니다.

장기 흐름이 우상향이라고 보고, 투자를 결정했다면 절반은 성공입니다. 이제 고민해야 할 건 투자 기간입니다. 이때 중요해지는 것이 중기 흐름입니다.

자산은 경제의 일부이기 때문에 경제가 변동하면, 즉 경기가 변동하면 영향을 받을 수밖에 없습니다. 경기가 좋아지면 사람들이 돈을 벌게 되고, 필수적으로 써야 하는 돈을 제외하고는 미래를 위해 저축이나 투자를 하게 되고, 이로 인해 주식, 부동산 등 투자 자산의 수요가 증가하면서 가격 상승 압력이 생깁니다. 당연히 경기가 나빠지면 정반대가 되겠죠. 결국 자산 가격이 장기 우상향한다고 할 때, 선형적으로 상승하지 않고 자산 가격에 영향을 주는 요인들에 의해 진동하면서 상승합니다. 아래 그림처럼 말이죠.

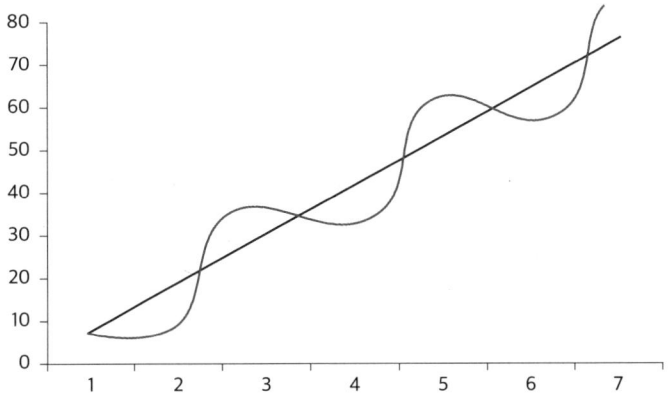

　인플레이션은 전반적인 물가 상승을 의미하는데, 물가 상승은 반대로 통화 가치의 하락이라고 할 수 있습니다. 통화 가치가 하락한다고 예상되면, 현금을 보유하는 것은 좋은 선택이 아니기 때문에 현금 이외에 통화 가치를 보전할 수 있는 수단을 찾게 됩니다. 당연히 주식도 그 수단의 한 가지이니 수요가 늘어나게 되고, 여기서 '자산의 인플레이션 방어'라는 개념이 나옵니다.

　수요-공급의 변동은 투자자의 심리와 연관이 큽니다. 주식 공급의 비탄력성 때문입니다. 우리가 주로 거래하는 주식시장의 상장 주식은 수요가 늘어난다고 해서 갑자기 그에 걸맞은 공급이 생기지 않습니다. 물론 수요 증가 시기에 공급이 부족해지면 가격은 상승하게 되고, 가격이 상승하면 그 이득을 취하기 위해 공급이 늘어납니다. 반대로 공급이 수요에 비해 많아지거나 수요가 갑자기 감소하게 되면 공급 초과로 가면서 가격은 하락합니다. 다만 경제학의 이 당연한 수요-공급의 원리가 공급 측면에서의 비탄력성으로 좀 더 확대되는 현상이 나타납니다.

8. 기업과 주식을 연결하는 법 | 215

정부의 개입도 있습니다. 자산 가격이 급락하면 사람들은 자신이 가진 돈이 줄었다고 생각하기 때문에 일시적으로 소비를 줄입니다. 소비의 위축은 기업과 자영업자의 소득을 축소시키고, 이는 봉급 생활자에게 영향을 줍니다. 디플레이션의 위험도 생깁니다. 정부는 이를 막기 위해 경기 부양 정책을 써서 경제에 개입하게 됩니다(금리 인하가 대표적입니다). 자산 가격이 적정 수준을 넘어 상승하는 것도 문제를 발생시킵니다. 자산 소유자와 비소유자 사이에 부의 격차를 만들면서 사회적 불안정을 가져옵니다. 또한, 자산 가격 상승이라는 달콤한 효과로 인해 생산 활동에 쓰여야 하는 자금이 자산 시장으로만 향하게 되면, 경제의 생산성이 전체적으로 떨어지게 되면서 장기적으로 부정적인 영향을 줄 수 있습니다. 이걸 막기 위해 정부는 또 다시 '규제'라는 카드를 들고 시장에 개입합니다(금리 인상이 대표적입니다).

이렇게 다양한 요인에 의해 자산 가격은 변동합니다. 어떤 이유이든, 중기적 가격 변동은 자연스러운 시장 내 현상입니다.

중기적 가격 변동을 추가적으로 확대시키는 가장 큰 원인은 투자자의 심리입니다. 가치의 변동 혹은 가격 변동을 통해 이득을 보려는 사람이 증가하게 되면 가격 변동성은 커집니다. 투자자 개인은 자신의 입장에서 최선의 의사결정을 합니다. 하지만 기본적으로 서로 다른 투자 수익률과 투자 기간을 가진 수많은 사람이 시장에 진입하면서 자산 시장은 점차 비합리적으로 변모합니다. 특히, 단기 투자 수익을 원하는 사람이 많아지면 단기 가격 변동성이 커지고 이는 다시 단기 성향의 투자자를 끌어들입니다. 각 개인은 합리적이라고 생각한 의사결정이 모이면, 각 개인 입장에서는 작은 수준이었던 비합리성이 누적되면서 집단 동력 자체가 결국 비합리성을 띠게 되어 가격 진행 방향으로 모멘텀을 형성하게 됩니다. 이것이 가격의 변동성을 확대시키는 것입니다.

아래 그래프를 보면 좀 더 이해하기 쉬울 겁니다.

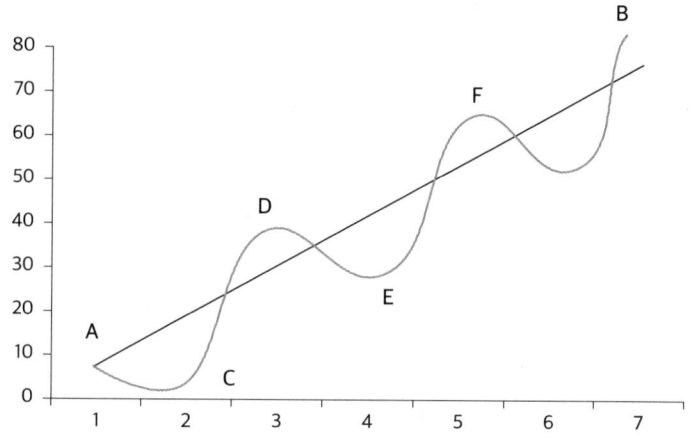

검은색의 장기 추세 위에 가격 변동성이 확대된 회색 선이 있습니다. 장기 가격은 A에서 B로 올라가지만, A에서 B로 바로 가지 않고, C, D, E, F를 거치면서 갑니다.

여기까지 이해하셨다면 거의 다 되었습니다. 시장의 장기, 중기 흐름과 변동성 확대를 이해했다면, 이에 맞춰 투자를 하면 됩니다.

기본적으로 투자는 장기 흐름 속에서 생각해야 합니다. 일단 장기 추세에서 자산이 될 것이라는 믿음이 생기면 투자를 합니다. 그리고 중기 흐름 사이클의 저점 부근에서 매수를 시작하죠. 이때 누구도 저점을 정확히 맞출 수는 없습니다. 자신이 판단하는 합리적인 기준을 가지고, 저점 근처라고 보면 투자를 시작합니다. 하락기에 변동성이 확대되어 정상적인 저점보다 과도하게 낮아진 저점이면 더 좋겠지만, 그게 아니더라도 일단 저점 부근이라면 매수를 합니다.

저점에서 가격이 방향을 틀고 상승하게 되면 그때까지 투자를 합니다. 장기 추세선과 가격이 비슷해질 때까지가 매수 가능 영역입니다. 장기 추세선을 넘어서면 매수를 중단하고 가격 흐름을 지켜봅니다. 이때는 추가 매수가 아니라 가진 자산을 보유하면서 매도의 시기를 저울질할 때입니다. 가격이 상승 영역에서 적정 상승폭까지는 소위 말하는 정상적인 시장 흐름 속에서의 상승이기 때문에 이때의 가격은 건강한 상승입니다. 하지만 이 건강한 상승을 목격한 단기 성향의 투자자들이 시장에 진입하면서 가격 상승폭이 만들어지고, 작은 버블이 생겨납니다. 갑자기 시장 내 단기 성향의 투자자가 넘치기 시작하면 매도의 신호입니다. 이때부터 서서히 매도하기 시작합니다. 아래 그래프를 보시죠.

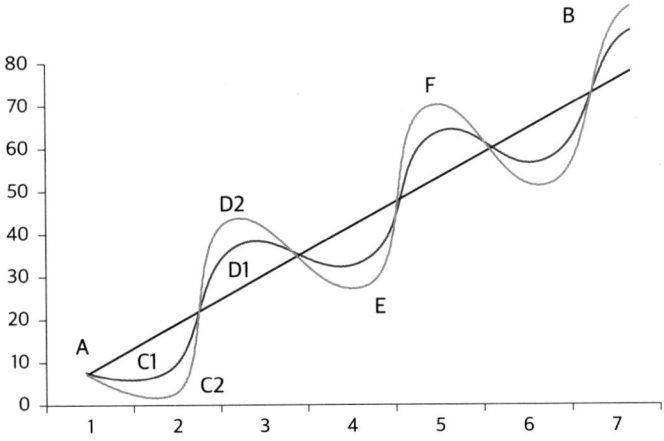

자산 가격이 A에서 B까지 오르는 과정이고, C1까지는 경기 변동에 의한 중기 하락 흐름입니다. 그리고 C2는 시장이 얼어붙고 유동성이 털린 투자자의 투매로 인한 공포 매도 기간입니다. 현명한 투자자는 C1부터 매수에 진입합니다. C2에서 살 수 있다면 최선이겠지만 맞추기 어렵습니다. 바닥인 C2를 찍고 가격이 오르면서 연한 회색 선이 검정색 선과 만날 때까지가 매수 가능 영역입니다. 검정색 선을 넘어서면 매수를 자제하고 지켜봅니다. D1부터 매도 시작인데, C2에서 D1까지의 가격 상승을 목격한 단기 성향의 투자자들이 급하게 진입하는 과정에서 가격은 D2까지 오릅니다. 고점인 D2를 찍고, 가격이 하락하면서 새로운 사이클이 시작됩니다. 자산 가격은 이러한 중기 흐름을 반복하면서 A에서 B까지 오르는 장기 추세를 형성합니다.

여기서 많은 분이 매매 타이밍에 대한 환상을 가집니다. 완전 저점과 완전 고점에서 사고팔 수 있다는 환상을 버려야 합니다. 누구도 못합니다. 그때 매수/매도한 사람은 운이 아주 좋은 것이라고 생각해야 합니다. 실력이 있더라도 매번 정확할 수는 없습니다. C1에서 샀는데 C2까지 떨어지면 기다리면 됩니다. 중기 흐름이나 장기 추세가 확실하면 C1에서 C2로의 가격 하락은 '소음'에 불과합니다. C1에서 C2로의 가격 하락을 단기 흐름에서 보면 '신호'이겠지만, 중기 혹은 장기 흐름에서 보면 소음일 뿐입니다. 자신의 시나리오에 따라 신호와 소음의 기준이 달라지거든요.

만약 D1에서 매도했는데, D2까지 상승했다면 무시하십시오. 자기가 매도하고 추가 상승이 있다면 이건 단기 성향 투자자의 몫이거나 누구도 실현할 수 없는 일시적 상승일 겁니다. 설령 이 말이 틀리더라도 이렇게 생각하는 게 마음 편합니다. 물론, 전 이 말을 믿습니다.

지금까지 설명한 흐름으로 자산 가격의 움직임을 이해하면, 위험을 관리하는 데도 큰 도움이 됩니다. 저는 투자자가 투자 기간을 명확히 했으면 좋겠습니다. 장기 추세를 먼저 보고, 중기 흐름을 고려해서 투자하고자 하면 금리나 규제 등의 위험이 현저히 줄어듭니다. 강조하자면, 금리나 규제는 변수가 아니라 상수입니다. 투자를 하면서 항상 마주치게 됩니다. 이를 상수로 고려하지 않고, 갑자기 이상한 정치적 이슈가 나왔다고 당황하거나 힘들어 하면, 그건 단기 투자 수익을 원한 것이고, 그러면 위험이 엄청 늘어납니다. 다시 그래프를 보겠습니다.

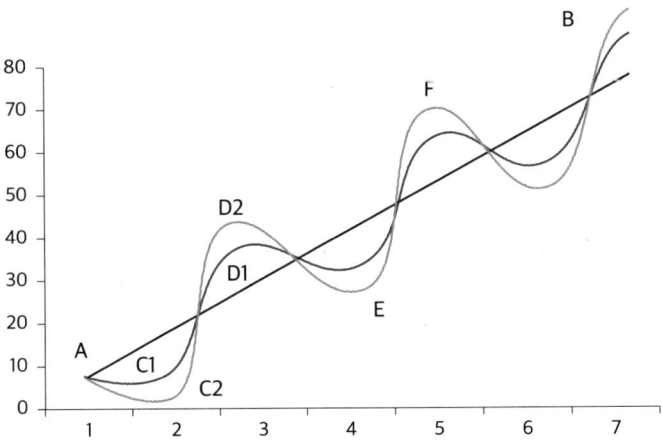

A에서 B까지 투자 기간을 잡고 투자를 하면 중간에 C, D, E, F 지점의 가격 변동은 위험이 전혀 아닙니다. 그냥 일시적 가격 변동일 뿐이고, 투자 수익과는 무관합니다. 만약 D지점에서 샀다면 어떻게 할까요? 그럼 B지점까지 기다리면 됩니다. 수익률은 많이 낮아지겠지만, 그래도 중간의 가격 변동 위험을 신경쓰지 않아도 됩니

다. 물론 D2지점에서 투자를 하면 안 되겠죠. C2와 D2 사이에 투자해서 B까지 버티면 됩니다. 단기적인 욕심을 버리고 자연스러운 가격 흐름을 생각하면 D2에서 매수하는 우를 범하지 않게 됩니다.

단기적인 시야로 보면 중간에 가격 변동성은 피할 수 없는 위험이고, 위험/수익의 관점에서 투자가 매력적이지 않게 보일 수 있습니다. 그러나 투자 기간을 길게 보면 중간 가격 변동은 위험이 아닙니다.

이렇게 말하면, 돈도 없는데 어떻게 장기로 투자하느냐고 반문하는 분들도 있습니다. 그런 분들은 짧게 짧게 먹고 나오면서 투자금을 빨리 늘려야 한다고 주장합니다. 그런데 여러분은 단기 가격 변동을 계속 맞출 수 있나요? 매번 가격 흐름을 맞추면서 저점에서 사서 고점에서 팔 자신이 있으신가요? 그럴 능력이 있으면 그렇게 하시면 됩니다. 하지만 그럴 분은 많지 않을 겁니다.

여기까지 따라오신 분들은 이런 의문이 자연스럽게 생길 겁니다. '중기의 자연스러운 가격 변동은 어떻게 알 수 있나?' 중기 가격 변동은 단기보다 상대적으로 쉽습니다. 특정 시장에 오래 머물면서 경기와 수요-공급 등을 계속 보면 정확한 저점과 고점을 맞추지는 못해도 가격변곡점 근처에서 행동하실 수 있을 겁니다. 예를 들면, 반도체 산업에서 오래 근무한 사람이 D램 반도체 가격의 정확한 변곡점을 맞출 수 없을지는 몰라도 대략적으로 수요자의 수요 강도와 공급자의 생산능력을 고려하여 향후 D램 반도체 가격의 변화 방향에 대해서는 예상할 수 있죠. 그렇다면 D램 반도체 가격의 변화에 민감한 메모리 반도체 업체의 실적 개선 여부를 예상하고, 이를 주가에 결부시킬 수 있는 것입니다.

결론적으로 단기보다는 중기 이상의 투자 기간을 설정해서 보시길 바랍니다. 중기적, 장기적으로 가격 흐름을 보면 위험성이 크게 줄어듭니다. 가격 흐름에 영향을 주는 요인을 변수로 보지 말고, 상수로 보면서 투자하면 위험을 조심하게 됩니다. 과도함은 남에게 주고, 정상적인 시장 흐름만 취하면 안정적으로 투자할 수 있습니다.

이를 위해 먼저 가지고 있는 자금에서 얼마를 주식에 투자할 것인지를 결정하는 것이 좋습니다. 보유 자금 중 긴급하게 써야 하는 자금을 빼고, 철저하게 장기로 가져갈 수 있는 자금으로 투자금을 한정하는 게 좋습니다.

관점을 바꿔야 합니다. 돈 벌 시간은 많습니다. 단기 가격 변동에 일희일비하지 말고, 오르는 것 못 샀다고 안타까워 말고, 못 팔았다고도 슬퍼 말고, 큰 흐름을 생각하며 편안하게 대응하세요. 감당할 수 있는 가격 흐름에만 대응하시기 바랍니다.

마지막으로 이번 시간에 배운 것을 아래와 같이 정리하며 이야기를 마치겠습니다.

가격 흐름 속에서 투자자가 할 일

1단계. 가치가 상승하는 사례를 발굴한다.
2단계. 가격변동성을 인내하며 가격이 가치를 충분히 반영할 때를 기다린다.
3단계. 마켓 타이밍에 대한 환상을 버린다.
4단계. 위험을 시스템적으로 관리한다.
5단계. 이를 끊임없이 반복한다.

[와이민 콕!]
투자 경험담 위주의 책은 어떻게 읽어야 할까?

투자를 공부하려는 분들이 가장 먼저 실천하는 일 중 하나는 투자와 관련된 책을 선별하여 읽는 것이겠죠. 투자 관련 용어나 개념이 부족한 초보 투자자 분들이 주로 선택하는 책은 대개 투자에 대해 쉽게 설명한 기초서나 투자를 통해 돈을 번 사람들의 성공 스토리가 담긴 책입니다. 책이 아니라면, 각종 카페나 블로그에서 그러한 유형의 경험담을 보기도 합니다.

먼저 경험담 책은 아주 좋은 동기 부여의 방법입니다. 투자 공부란 새로운 용어 및 개념에 익숙해지는 과정이기도 하고, 투자를 실천하기 위해서는 종잣돈을 모아야 하는 인고의 과정도 필요로 합니다. 또 실제 투자에 나설 때의 두려움도 극복해야 하기 때문에 쉽지 않지요. 굳은 결심을 한다고 해도 중간에 흐지부지 포기하게 되는 확률이 꽤 높습니다. 성공 스토리를 경험한 다른 사람들의 책이나 글은 이런 어려운 여정을 완주할 수 있게 도와주는 에너지 드링크와 같은 역할을 합니다.

그런데 경험담 위주의 책, 블로그나 카페에 올라온 글을 볼 때 주의할 점은 없을까요? 주의점에 대해 말씀드리기에 앞서 벤 칼슨의 '경험은 과대 포장되어 있다 Experience is Overrated'라는 글에서 발췌한 내용을 보시죠.

경험은 전문 기술과 같은 것이 아니다. 시장에서의 경험은 종종 과대 평가된다. 재능과 지능 또한 과대 평가된다. 기질, 인내, 자각, 겸손, 규율 및 과정들은 모두 매우 과소 평가된다. 경험은 이러한 것들을 도울 수 있지만 필수 조건은 아니다. 어떠한 두 시장 환경도 동일하지 않다. 유일하게 불변인 것은 위험과 인간의 본성이다. 미래에 대한 모든 것은 항상 불확실하다. 이 두 가지 개념을 이해하는 투자자는 과거 시장에 대해 얼마나 많은 경험이 있는지 관계없이 사이클이 마침내 바뀔 때 성공할 확률이 높다.

경험담 위주의 책과 글은 투자 공부를 지속할 수 있는 동기 부여는 되지만, 일반화되기 어려운 내용도 꽤 많습니다. 성공 경험담 중에서는 '그 상황'에서 '그 사람'이었기 때문에 성공할 수 있었던 특수한 점도 많고, 향후 비슷한 상황이라도 다른 환경이나 사람들로 인해 결과가 달라질 가능성도 농후합니다. 단순하게 보더라도 투자를 둘러싼 경기, 유동성, 제도, 심리 등이 그때와는 다르기 때문이지요. 개인적인 역량을 통해 성공한 사람들의 능력은 일반화하기 어려운 경우도 많고요. 그럼 이런 책은 어떻게 읽어야 동기 부여 이상의 것을 끄집어낼 수 있을까요?

저자의 입장이 되어 보는 것입니다. 스스로가 저자라고 생각하고, '그 시점에서 저자는 왜 그런 행동(의사결정)을 했을까?' '만약, 그런 행동이 아니라 다른 행동을 했다면 결과는 어땠을까?' 등을 고민하고 시뮬레이션해 보는 것이죠. 이렇게 책을 읽으면, 단순히 경험담을 지식으로 아는 것이 아니라 향후 투자 의사결정을 하게 될 때 필요한 지혜를 늘리게 됩니다. 단순히 사례를 모방하고 카피하는 것은 금물입니다.

제가 선호하는 투자 경험담 책은 개인별로 다른 환경을 인정하고, 결과가 아닌 의사결정 과정이 잘 정리된 책입니다. 이런 책을 보면 이 사람은 '이러한 배경을 인식하고 이렇게 분석하여 이런 판단을 했구나'라는 식으로 배우는 것이 있습니다. 그런 것이 적은 책이라면 경험담보다는 단순 정보 전달 책이 더 나을 수 있습니다. 투자 성공담을 100번 읽어 봤자 잠시 동안 진통을 잊는 모르핀을 맞는 것일 뿐, 근본적인 치료는 아닙니다.

요즘 서점에 가면 정말 성공 투자서가 많습니다. 카페나 블로그에도 성공 스토리가 많고요. 그런 글을 보면 재미있기는 합니다만, 휘발성도 강하고 읽고 나서 남는 게 없는 것도 사실입니다. 물론, 뛰어난 책도 많지만요. 또, 업사이클$^{up\text{-}cycle}$에서 성공한 사람이 많습니다. 그렇지만 그 사람들이 다 모든 사이클에서 성공할 정도로 능력이 검증된 것이 아닌 이상, 일반화하기 어려운 성공담에 취해서 '저렇게 하면 되는구나'라는 식으로 투자를 가볍게 여기면 안 됩니다.

투자에 성공하기 위해서는 '공부 → 실행 → 공부 → 실행'이라는 과정을 무한 반복해야 합니다. 공부를 할 때 좋은 책을 선택해서 잘 읽는 것은 그 과정을 조금이나마 쉽게 해 줍니다. 투자를 위한 독서는 전략적으로 해야 하는 것이죠.

9

실전 투자에서 유용한 팁들

앞에서 투자의 기본은 거의 모두 다루었습니다. 마지막으로 실전 투자를 하다 보면 겪게 되는 다양한 상황에서 놓쳐서는 안 될 부분을 살펴보려 합니다. 그리고 잘못된 투자 습관 사례 및 유용한 실전 팁을 정리해 보겠습니다.

레버리지를 써야 할까?

선배의 지인은 전업 투자자입니다. 전업 투자를 하신 지 7년 정도 된 듯한데, 최근 5년 동안 꽤 많은 돈을 벌었다고 합니다. 연초에 만났을 때 50억 원은 벌었던 것 같다고 했어요. 그런데 얼마 전에 만났을 때 무척 놀랐다고 합니다. 잔고가 갑자기 5억 원 정도로 떨어져서요. 상식적으로 이해가 안 되는 숫자죠? 그런데 가능합니다.

이분이 5년 동안 50억 원을 번 것과 몇 달 만에 5억 원으로 떨어진 것은 모두 소위 말하는 '레버리지leverage' 효과 때문입니다. 몇 년간의 상승장에서 레버리지, 즉 예수금 및 유가증권을 담보로 주식 매입 자금을 대출하는 스탁론stock loan을 통해 본인 원금의 3배 정도로 투자했고, 이 베팅이 성공하여 수익을 극대화했습니다.

　여기서 그만하셨으면 좋았을 텐데. 2018년 초부터 장이 하락하면서 관심 종목들의 주가가 꽤 떨어지자 이를 매수 기회로 판단했습니다. 아쉽게도 좋은 기업의 주식을 본인 자금 내에서 매수했다면 괜찮았을 텐데 또다시 스탁론을 썼습니다. 그리고 10월의 급락장을 맞이하게 됩니다. 지수가 10% 후반 정도로 빠지면 웬만한 개별 주식은 30% 이상 급락합니다. 보유 주식이 속절없이 하락했고, 스탁론을 상환할 자금을 마련하기 위해 어쩔 수 없이 보유 주식을 팔아야 하는 상황, 즉 반대 매매가 발생한 것이죠. 결과는 엄청난 손실이었습니다.

　계산을 해 보죠. 50억 원의 3배 정도의 레버리지를 쓰면 150억 원을 투자할 수 있습니다. 개별 주식이 평균 30% 하락하게 되면 45억 원(150억×30%) 손실입니다. 원금 50억 원에서 손실 45억 원을 빼면, 남은 금액은 5억 원이 됩니다. 물론, 제가 더 이상 자세히는 알지 못하기 때문에 이 계산은 제 추측일 뿐입니다.

　레버리지라는 것이 이렇게 무서울 수 있습니다. 상승장에는 엄청나게 긍정적으로 작용하지만, 블랙스완black swan, 즉 전혀 예상치 못한 사건이 일어나서 급격한 하락이 발생하면 손실 폭이 엄청나게 증폭됩니다. 레버리지는 빨리 부자가 되고, 빨리 거지가 되게 하는 양날의 칼인 셈이죠.

50억 원의 부를 쌓았음에도 더 빨리 더 큰 부자가 되려는 욕심을 제어하지 못하고, 그 수단으로 상당히 위험한 방법을 사용하면서, 결과적으로 절대로 만나고 싶지 않았던 결과가 나타났습니다. 욕심과 수단이 만나면 얼마나 무서운 결과가 나올 수 있는지 기억해야 합니다.

반대 매매를 겪으신 분들의 아픈 상처를 건드리고 싶은 생각은 없습니다. 다만 투자를 할 때 자신이 통제할 수 있는 수준을 벗어나는 것이 얼마나 위험할 수 있는지를 말씀드리고 싶네요. 투자는 경험할수록 겁쟁이가 된다는 것을 다시 상기해 봅니다.

자본의 질이 중요하다

투자 실패담을 들어 보면, 실력적인 문제도 있지만 구조적인 원인으로 발생하는 경우도 많은 것 같습니다. 제가 일로 만나는 분들의 주변인은 보통 주식 투자 경력과 실력 측면에서 중수나 고수 수준입니다. 그런 분들의 실패담을 듣다 보면, 자본의 질이 얼마나 중요한지 간과하는 경우가 많습니다. 투자를 할 때는 기본적으로 자기 자금을 위주로 해야 하고, 그중에서도 장기로 가져갈 수 있는 자금인 것이 좋습니다. 자기 자금과 장기라는 자본의 질은 투자 성과를 좌우하는 중요하고도 구조적인 원인이 되기도 합니다.

우리는 투자를 할 때 항상 최선을 다합니다. 지금이 투자하기 좋은 타이밍이라고 생각하고, 여러 종목 중에서 가장 좋아 보이는 종목에 투자합니다. 한두 종목으로 위험할 수 있다고 생각해서 여러 종목으로 분산 투자를 하기도 합니다. 그렇게 최선을 다했음에도 생각하지 못하는 위험에 노출됩니다. 그것이 시장 위험market risk이고, 투자자 집단이 만들어 내는 비이성적 대응도 많습니다.

시장의 대세는 상승장이라고 하더라도 가끔씩 발작적으로 단기 하락이 나타나곤 합니다. 이렇게 시장에서 나타나는 단기간의 비이성적 움직임, 즉 단기 급락에 대처할 수 있게 제도적인 대응을 해 놓아야 합니다.

바로 이 제도적 대응이 자본의 질과 큰 연관이 있습니다. 주가가 단기 급등락하는 구간을 지나갈 수 있는 자본과 정신력이 필요한데, 정신력도 결국은 자본이 크게 좌우하고는 합니다. 시장이 급등락하고 있을 때, 원치 않는 타이밍에 원치 않는 가격에 매도하고 싶어 하는 사람은 없습니다. 어쩔 수 없이 하는 것이지요. 앞에서 봤던 레버리지를 과하게 쓴 분은 단기 주가 하락을 매수의 기회로 봤지만, 추가적인 주가 하락으로 인해 원하지 않는 시기와 가격에 반대 매매해야 했습니다. 레버리지를 쓰면서 가격 등락이 레버리지 비율만큼 확대되었고, 자금의 주인이 자신이 아니고 타인(저축은행 혹은 증권사)이기에 매도를 타인의 의사에 맞춰 강제로 하게 된 것이죠.

위험을 통제하는 가장 좋은 방법은 위험인지를 간파하고 회피하는 것이지만, 대부분의 위험은 우리가 인지하기 어려운 곳에서 발생하기에 위험을 매번 100% 회피하기는 힘듭니다. 이런 위험을 현실적으로 통제하는 첫 번째 방법은 위험이 영구적으로 가치에 영향을 미치는 종목이 아닌, 일시적으로 가격에만 영향을 주는 종목에 투자하는 것입니다. 두 번째 방법은 일시적으로 가격에만 영향을 주는 구간을 인내심을 가지고 견뎌내는 것입니다. 그러려면 다시 좋은 질의 자본을 가지고 투자를 하는 것이 중요합니다.

예를 들어, 2020년 발생했던 코로나19발 주가 급락을 살펴볼까요? 코로나19가 전 세계를 강타하면서 글로벌 증시가 급락했고, 많은 주식이 3월에 폭락했습니다. 3월 폭락을 예상한 사람은 그리 많지 않았고, 많은 투자자가 폭락장에서 손실을 봤습니다. 특히 어려워한 분들은 레버리지를 활용한 투자자들입니다. 레버리지를 활용한 투자자는 일정한 손실이 발생할 때 무조건 매도할 수밖에 없는데, 3월 폭락장에는 이렇게 강제 매도를 한 사람이 많았습니다.

그러나 본인 자금을 가지고 투자했다면 상황은 달랐을 것입니다. 이후의 상황을 보면, 각국 정부의 대응으로 증시는 안정을 찾아갔고, 3월 폭락 이전에 비해서 주가가 상승한 기업도 많았습니다. 카카오 같은 기업이 대표적입니다.

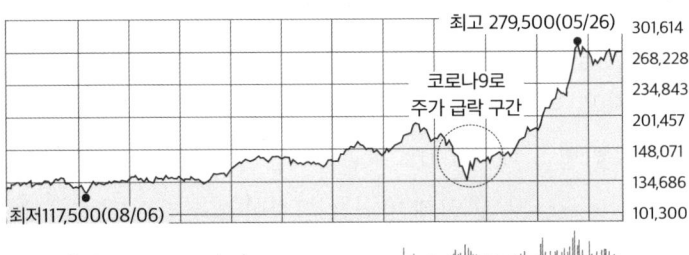

출처: 네이버 금융

일시적 하락장을 견뎠다면 상당한 수익을 기록할 수도 있었습니다. 결국 본인 자금이라는 자본의 질이 투자의 결과를 바꿀 수 있는 것입니다.

누구나가 빨리 부자가 되고 싶어 합니다. 그래서 자기 자본이 많지 않다고 느끼면 상대적으로 저렴해 보이는 타인의 자본을 레버리지로 활용하여 부가 늘어나는 시기를 당기고 싶을 수 있습니다. 하지만 타인의 자본이 싸다고 생각하는 것은 투자가 성공한다고 가정했을 때나 성립합니다. 필연적으로 발생하는 위험을 과소평가하는 것입니다. 자신이 통제하기 어려운 자본에 잠재해 있는 숨은 비용, 즉 이자와 원하지 않는 매도를 충분히 고려해야 합니다. 자기 자금일지라도 다른 용도로 사용해야 하는 단기 자금도 시장 위험의 부정적 영향력을 증폭시키는 역할을 하게 되니, 장기적으로 사용하기로 계획한 자금을 투자에 할당하는 것이 위험 관리 측면에서 유리합니다.

자본의 성격에 맞춰 투자하라

꽤 잘나가던 투자자문사에서 근무했던 친구가 있습니다. 그런데 그 투자자문사는 정점을 찍고 몇 년이 지나지 않아 자금 사정이 어려워졌고, 구성원들은 뿔뿔이 흩어지게 되었습니다. 제 친구도 구직으로 고생을 해야 했죠(지금은 견실한 회사에서 근무 중입니다). 친구가 근무하던 투자자문사는 왜 잘나가다 급격히 쇠락하게 된 것일까요? 저와 제 친구는 같이 생각을 해 보았습니다.

그 투자자문사는 운용 자산 규모가 꽤 컸고, 운용 인력은 유명 자산운용사 출신들이었습니다. 즉, 자산 규모와 인력 풀이 나름 괜찮았습니다. 그런데 약점이 있었습니다. 전체 운용 자산의 50% 이상이 두 개의 큰 고객사로 구성되어 있었고, 나머지 50%는 수많은 고객사로 채워져 있었습니다. 운용하는 펀드의 종목은 주로 코스닥에서 변동성이 큰 IT 및 바이오 분야였습니다.

저와 친구가 낸 결론은 펀드 자본 구성의 불안정성과 운용 종목의 변동성이 문제였다는 것이었습니다. 운용 종목의 상당수가 업황 사이클이 짧거나, 잠재력은 있으나 이익 발생까지 시일이 필요해서 시장과 심리 변화에 영향을 크게 받을 가능성이 높았습니다. 반면, 펀드 자금원은 소수의 고객사에 대한 의존도가 높기 때문에 유동성 위험에 노출되기 쉬웠습니다.

결국 손쉬운 자본 레버리지와 운용 변동성이 결합되면서 회사 수익원이 급격히 변동했던 것이 문제였다고 분석할 수 있는 겁니다. 자문사가 투자를 많이 한 몇몇 종목이 급격히 하락하게 되면 펀드 수익률이 나빠지게 되고, 그것을 본 고객은 펀드 손절매로 급격히 돈을 뺄 수 있습니다. 그러면 대형 고객에 의존하는 자문사의 특성상 그 여파가 클 수밖에 없습니다. 펀드 환매가 발생하면 자문사는 손실을 본 종목이라도 팔아야 하는 상황에 빠지게 되어 손실률은 증가합니다. 실제로 자문사 실패에 큰 영향을 미쳤던 것은 몇 종목에서의 큰 손실이었습니다. 운용 관리의 실수도 있었겠지만, 자본 구성과 운용 종목의 변동성을 상쇄할 만한 균형을 갖추지 못한 것이 아쉬울 뿐입니다. 물론 이런 이야기는 사후적 판단이지만요.

이런 문제는 비단 자문사만의 문제는 아닙니다. 개인 투자자 입장에서도 생각해 봐야 합니다. 자본과 운용의 변동성이 결합하면 정말 큰 실패가 나오기 쉽습니다. 가치 변동성이 크거나 잠재력이 발현되기까지 시일이 필요한 종목에 투자할 때는 자본 구성이 안정적인 것이 좋습니다. 앞선 사례와 같이 원하지 않는 시기에 매도하게 되어 투자 손실을 확정하거나 확대시킬 수 있기 때문입니다. 만약 현재 자신의 자본 구성이 안정적이지 않다면, 안정적인 종목 위주로 운용하는 것을 고려해야 합니다. 투자에서는 소소한 10번의 성공보다 크게 잃을 단 한 번의 실패를 경계해야 합니다.

고수의 의견에 너무 의존하지 마라

제 주변에는 가치 투자 고수가 많은 편입니다. 편의상 A, B, C라고 하겠습니다. 만나면 세상 돌아가는 이야기도 하지만, 시장과 관심 종목 이야기도 많이 하는 편입니다. 흥미로운 점은 고수라는 3인의 투자관과 종목이 다 다르다는 것입니다. 분명 세 명 다 가치 투자의 고수로 명성이 높은데 말이지요.

A는 2018년 여름 무렵, 살 종목이 없다고 해서 현금을 꽤 들고 있었습니다. 2018년 10월 이후 급락장에서도 일부 반대 매매 급락 종목을 신규로 매수한 것을 빼고는 시장 상황을 안 좋게 봐서 여전히 현금을 많이 들고 있었습니다. 종목들도 현금, 부동산 등 자산이 많아 주가가 그 이하로 떨어지지 않을 것 같은 종목들과 향후 성장 가능성이 보이는 종목들 몇 개의 비중이 좀 높은 편입니다.

B도 현금을 꽤 들고 있었습니다. 그러나 10월 급락장 이후 크게 떨어진 주식을 많이 쓸어 담았습니다. 분산 투자를 선호해서 꽤 많은 종목을 보유 중인데, 단순 자산보다 수익성과 성장 가치가 있는

종목을 좋아합니다. A와 C가 말한 관심 종목에 대한 의견을 물으니 그중 일부 종목은 좋아하지 않는 스타일이라고 말했습니다.

C는 현금보다는 주식을 계속 보유하고 있었습니다. 낮은 PBR, 낮은 PER 주식을 선호하는 편이고, 최근 보유 종목의 평균 PER를 계산해 보니 5배가 안 된다고 했습니다. A와 B의 보유 종목에 관해서는 일부 종목은 흥미로워했고, 어떤 종목에 대해서는 지배구조의 문제 등으로 쉽지 않은 것 같다고 평했습니다.

누가 맞았을지 궁금하시죠? 그런데 과연 이 사람들의 시장 전망과 보유 종목에서 맞고 틀림을 판단할 수 있을까요? 세 사람 모두 뛰어난 성과를 보여 준 고수고, 20년을 가깝게 투자 사이클에서 검증된 투자법을 가지고 있습니다.

중요한 것은 세 사람의 전망과 종목이 무엇이냐가 아니라, 누구나 고수라고 인정하는 사람들도 의견이 다 갈린다는 것입니다. 맞고 틀림이 아니라 다름의 영역이라고 생각해야 합니다. 제가 앞서 "가치 투자라는 기본 철학과 원리를 이해한다면, 그 철학과 원리를 실행하는 구체적인 방법은 정말로 다양하다"고 말씀드렸습니다. 이 세 사람의 다른 종목관이 그 사례라고 할 수 있겠네요.

A, B, C는 투자를 공부하기 시작하면서 가치 투자의 철학을 수용한 이후로 많은 책을 읽고 실전 투자를 하면서 시장과 종목에 대한 다양한 경험을 쌓았을 겁니다. 그 경험을 통해 가치 투자 방법 및 철학을 끊임없이 수정하여 강화했을 것이고, 그걸 다시 실전에 적용하는 피드백 과정을 겪었을 겁니다. 그 과정이 본인만의 투자법을 만듭니다. 즉, 투자 공부하며 수용한 철학이 같더라도 세부 실천 방법론에서는 얼마든지 각자의 영역을 구축할 수 있고, 그 각자의

영역에서 보면 개별 종목에 대한 호불호가 갈릴 수 있는 것입니다.

세 사람 모두 서로가 선택한 종목에서 아이디어를 얻을 수는 있겠지만, 각자 스타일에 맞는 아이디어가 아니면 그 종목들로 원래 아이디어의 주인보다 좋은 성과를 내기는 힘듭니다. 종목 그 자체도 중요하지만, 각자의 선호 이유와 투자 기간 그리고 기질과 성향 등이 종목의 비중과 매매 시점 등이 달라지기 때문입니다. 이 차이가 생각보다 포트폴리오 성과에 크게 영향을 미칩니다.

그래서 고수들은 종목에 대한 아이디어는 교환하되, 종목 자체를 무조건 수용하지는 않습니다. 자신의 투자관에 입각해 취사 선택을 합니다. 여러분도 그래야 합니다. 다른 사람의 종목 아이디어를 듣는 것은 좋습니다. 당연히 추종해서는 안 되고요. 그러나 결국 그 아이디어를 수용할지, 비중과 매도 시점은 어떻게 잡을지 결정하는 것은 본인의 몫임을 기억해야 합니다. 이 결정을 하려면 투자 공부와 경험을 통해 본인만의 '투자관'을 정립해야 합니다.

투자 카페나 블로그에 주식 종목을 찾기 위해 가지 마십시오. 본인의 투자관을 만드는 데 도움이 되는 정보를 찾는 일에 집중해야 합니다. 가능성 있는 아이디어를 수집하는 차원에서 멈추지 말고, 스스로 분석 및 판단하는 습관을 들이는 것이 훨씬 좋습니다. 그래야 성장하는 투자자가 됩니다.

기대 수준을 낮출까, 기준을 낮출까

어느 날 제가 존경하는 가치 투자자와 이야기를 나눌 기회가 있었습니다. 그 분이 "요즘 살 만한 종목이 없어 아쉽다"고 하시더군요.

그래서 제가 이런저런 종목이 좀 싸 보인다고 말했죠. 그런데 제 말을 듣고 이렇게 답하더군요. "조금 싸 보이기는 한데, 100% 마음에 들지는 않는다." 그러면서 "가슴이 뛰는 기업이 없는데, 80% 정도 마음에 든다고 해서 사야 하는지 모르겠다"고 하더군요. 그러면서 본인의 가치 투자 철학에 대해 이야기했습니다.

투자자는 모두 자신만의 투자 철학과 원칙, 그리고 종목에 대한 기준이 있습니다. 시장에 본인의 기준에 맞는 종목이 많으면 문제가 될 게 없는데, 주가가 상승하면서 가치평가가 비싸지거나 기업의 수익이 감소하면 기준에 맞는 종목이 줄어듭니다. 그럴 때 어떻게 대처해야 하는가가 앞선 대화의 핵심입니다.

보통 사람은 시장에 살 종목이 없어지면 종목의 기준을 낮춥니다. 앞의 가치 투자자는 이건 아주 좋지 않은 습관이라는 입장이었습니다. 매수 기준을 완화하기 시작하면, 자신의 철학과 원칙에 위배되는 종목을 자주 매수하게 되고, 이는 결국 실수로 이어질 수 있다는 것이었습니다. 날 것 그대로 표현하면 "안 먹고 말지, 기준을 낮추면 안 된다"는 것이죠. 살 종목이 없어지면 현금을 보유하고 좋은 종목이 나올 때까지 끈기 있게 기다리는 것이 낫고, 만약 기다릴 자신이 없으면 차라리 기준에 맞는 종목을 더 사거나, 기준에 맞는 종목에 대한 기대 수준을 낮추는 것이 낫다고 이야기하더군요.

어떤 투자자의 매수 기준이 'ROE 20% 이상인 종목'이고 목표는 100% 수익률이라고 가정합시다. 그럼 앞의 가치 투자자의 입장은 100% 수익을 기대할 수 있는 20% 이상인 종목이 더 이상 없다면, 'ROE 15% 이상인 종목'으로 기준으로 완화하지 말고 ROE 20% 이상인 종목에서 50% 수익을 기대하는 것이 더 낫다는 것입니다. 기준 완화를 통해 포트폴리오에 포함되지 않아야 할 종목이 들어가는 것이 더 좋지 않다는 것이죠.

가치 투자를 한다고 하고선, 가격에 매료되어 기준에 맞지 않는 종목을 매수하고 있지는 않은지 돌이켜 보길 바랍니다. 기준을 지켜 나갈 인내심과 현금을 보유할 용기를 가져야 합니다.

조바심을 경계하라

아쉽게도 한국의 펀드 매니저는 타이틀에 비해 연봉을 많이 받는 편은 아니고, 성과가 나빠지면 바로 짤린다는 공포가 있기 때문에, 본인의 실력에 자신감이 쌓이면 전업으로 나가는 경우가 많습니다. 많은 펀드 매니저가 자발적인 매미 생활에 들어가죠. 제가 아는 형님 한 명은 뛰어난 애널리스트이자 성공적인 펀드 매니저 생활을 했습니다. 제가 개인적으로 천재과라고 생각하는 사람 중 한 명이죠. 당연한 수순처럼 수 년 전에 전업 생활을 시작했습니다.

수억 원을 들고 전업 생활을 시작했는데, 뛰어난 정보력과 분석력 덕에 초기 매미 생활은 성공적이었습니다. 초기 수개월 만에 40% 이상의 수익을 냈죠. 이 형님도 저와 마찬가지로 다소 보수적인 투자 스타일이다 보니, 레버리지 활용을 하지 않고 본인이 잘 모르는 분야에도 투자하지 않았습니다. 그런데도 준수한 수익률을 기록한 것이지요. 그런 뛰어난 형님이 최근 힘들었다고 하니 너무 의아했습니다. 그래서 실례를 무릅쓰고 물어봤습니다. 친한 형님이다 보니 기분 나빠하지 않고 조언을 해 줬습니다.

자기도 어디부터 스텝이 꼬였는지 몰라 당황했다고 합니다. 처음에는 본인의 스타일과 원칙으로 투자를 잘 해 나갔는데, 어느 순간 주변 지인들의 수익이 눈에 들어왔다고 하더군요. 본인보다 실력이 없는 것 같은 사람들이 레버리지를 써서 바이오 주식을 사 엄청난 수익을 내는 것을 계속 보다 보니 마음이 흔들리기 시작했다고 하더군요. 지인들이 투자 스타일이 시대에 뒤처졌다고 말하며 이런 장에는 이렇게 돈 버는 것이라는 식으로 가르침(?)을 주곤 했답니다.

참 침착한 형님이었는데, 주변의 부추김과 시장의 흐름을 견디지 못했나 봅니다. 본인의 스타일에 맞지 않게 레버리지를 써서 IT 주식에 투자를 했습니다. 잘 되었으면 좋았겠지만, 시장은 개개인의 사정과 희망을 들어주지는 않죠. 레버리지를 써서 투자한 변동성 큰 주식은 결국 엄청난 손실로 귀결됩니다. 한 스텝이 꼬이니, 빠르게 만회해야겠다는 조바심이 투자 이성을 지배해 버렸습니다. 테마주에 투자하시면서 또 한 번 스텝이 꼬입니다.

이 이야기를 듣던 저는 정말 이해가 되지 않았습니다. 그래서 대놓고 물었죠. "아니, 그렇게 꼼꼼하게 기업을 잘 보는 사람이 왜 그런 실수를 해요?" 그 형님의 대답이 아직도 잊혀지지 않습니다. 기운이 빠진 듯 "그게, 그렇게 되더라……"라고 하더군요.

자신의 투자 스타일을 유지하려고 노력했는데, 어느 순간 주변 사람의 투자가 눈에 들어오고 상대적 박탈감을 느끼기 시작했을 겁니다. 매달 들어오는 월급이 없어진 순간, 매달 나가는 돈이 있으니 '잃지 않고 매월 벌어야 한다'는 압박감도 한몫 했을 겁니다. 이런 압박감 속에서 한 스텝 꼬이면서 이를 빠르게 만회하려는 조바심이 더 큰 실수로 이어졌을 겁니다.

형님이 제게 해 준 조언은 이렇습니다. "전업으로 나가기 위해서는 충분한 자금력을 확보해야 하고, 전업 초반에 어느 정도 성공을 해야만 마음이 편안해져서 다음 하락이나 실패에도 조바심이 나지 않을 수 있다." 전업에게 분석력, 정보력보다 더욱 중요한 것은 멘탈 관리임을 강조했습니다.

이 형님의 조언은 제가 '자본의 질이 무척 중요합니다'에서 여러분에게 말씀드리는 것과 일맥상통합니다. 여기에 한 가지가 더 추가되죠. 아는 것과 실제로 실행하는 것은 완전히 다른 문제이니 자만하지 말자는 것입니다. 이 형님은 저 이상으로 투자를 잘 아는 사람인데, "그게, 그렇게 되더라……"라고 말한 게 계속 머리에 남네요.

부처를 만나면 부처를 죽여라

앞에서 이야기한 선배와 어떤 투자자의 투자 철학에 대한 이야기를 하고 있는데, 대뜸 제게 "부처를 만나면 부처를 죽여라"라는 말을 하더군요. 참고로 "부처를 만나면 부처를 죽여라"라는 말은 불교 고승인 임제선사의 『임제록』에 나오는 설법입니다.

> 그대들이 여법한 견해를 갖추고자 생각한다면, 정안(正眼)이 없는 자들의 말을 함부로 받아들여서는 안 된다. 내외(內外)를 불문하고 만나는 것은 모두 죽여야 한다(否定). 부처를 만나면 부처를 죽이고 조사를 만나면 조사를 죽여라. 아라한을 만나면 아라한을 죽이고, 부모를 만나면 부모를 죽이고, 권속을 만나면 권속을 죽여라. 그래야만 비로소 해탈하여 그 어떤 것에도 구속되지 않는 투탈자재한 사람(자유인)이 될 수가 있다.

알고 있는 말이었지만, 이 말을 투자와 관련해서 들을 것이라고는 생각지도 못했기에 깜짝 놀랐습니다. 그러자 선배가 찬찬히 설명해 주었습니다. "부처를 죽여라"라는 과격한 말은 박제된, 그리고 박제 속에 갇힌 '부처의 상'과 '경전'에 매달려서는 본질에 다가갈 수 없고, 그로부터 벗어났을 때 비로소 참다운 바른 견해를 가질 수 있음을 의미합니다. 결국 투자자로서 조심해야 하는 것 중 하나도 위험한 단언과 권위에 대한 무분별한 추종이라는 말이었죠.

선배는 "워런 버핏이 코끼리라면, 우리 모두는 각자가 코끼리의 다른 다리를 만지고 있다"고 비유했습니다. 누군가는 버핏이 집중 투자를 한다고 했지만, 버핏의 초기 투자는 분산 투자였고, 현재도 수많은 기업에 투자를 하고 있습니다. 누군가는 버핏이 FCF(기업의 실제 돈 흐름)가 좋고, ROE가 높은 주식만을 사라고 했다는데, 그건 생존 편향의 결과가 아닐까라는 의문도 제기되고 있습니다. 그런 류의 기업만이 버핏의 포트폴리오에 살아남아 좋은 수익을 냈기 때문에 우리는 사후적으로 정답을 보고 판단하고 있을 수 있다는 것이죠.

이런 이야기를 들으면서 저도 뜨끔했습니다. 평소에 수많은 투자의 구루를 존경해 오며, 그분들의 말을 듣고 정리하는 낙에 빠져 있었거든요. '가치 투자'라는 본질에 대한 고민보다는 투자 구루의 성과나 방법이라는 외상에 집중한 것이 아닌가 반성하게 되었습니다. 구루의 말을 통해 그들이 생각하는 가치 투자의 본질을 생각하고 스스로의 철학을 구축해 나가야 하는데, 표면적인 해석을 통해 '수익 제고'라는 목표의 수단으로서만 활용하면서 헛되이 하고 있었던 것 같아 마음이 무거웠습니다.

스스로 투자의 본질에 다가가지 못한다면, 수없이 변화하는 투자 환경 속에서 중심을 잡기 힘듭니다. 저부터 구루의 말을 통해 좀 더 본질에 다가가는 수행을 해야 할 것 같습니다. "불상 속에는 부처가 없다"는 말을 되새겨봅니다.

원금을 유지할 것인가, 확대할 것인가

저는 위험 관리를 중요하게 생각하는데, 초보 투자자 분들의 고민 중에 이런 것이 많습니다. "투자 수익을 지속적으로 인출하고 원금 규모를 일정하게 가져가는 것과 수익금을 포함하여 모두 투입해서 복리 효과를 추구하는 것 중 어느 것이 옳은가?"

사실 이 고민에 제 답은 정해져 있습니다. 정답이 있는 것이 아니라 본인의 실력과 의지에 따른 선택의 문제라는 것입니다. 허탈하신가요? 어쩔 수 없습니다. 진짜 답이 없거든요. 선택의 문제라고 할 때, 질문한 분은 원금 유지를 선택해야 할까요? 아니면 원금 확대를 선택해야 할까요? 이 선택에서는 기준점이 중요합니다. 예를 든다는 차원에서 제 기준점을 설명드리겠습니다. 이를 참고 삼아 각자 자신만의 기준점을 만들어야 합니다.

저는 기준점을 자신의 투자법이 검증된 것이냐 아니냐로 설정합니다. 한두 사이클 속에서 지속적으로 수익을 내고 있으면 대체적으로 검증되었다고 봅니다. 지속 가능한 투자법을 가지고 있다면, 복리 효과를 가속화하기 위해 수익을 재투자하는 즉, 원금을 지속적으로 확대하는 방법이 유리합니다. 하지만 자신의 투자법이 검증되었다고는 하지만, 어느 구간에서는 사이클에 반하든지 혹은 일시적인 외부 충격에 의해 손실이 발생할 수도 있기에 수익 재투자로 원금을 확대하면 변동 규모도 확대됩니다. 이때 충분히 견딜 수 있는 심리 상태가 중요합니다. 일시적으로 확대된 손실을 견디지 못하면, 검증된 투자법이라도 실제 실행에 있어 실수가 많아지게 됩니다. 결론적으로, 자신의 투자법이 검증되었다고 하더라도 정신적으로 견고하지 않다면 원금 확대는 하지 않는 게 좋습니다.

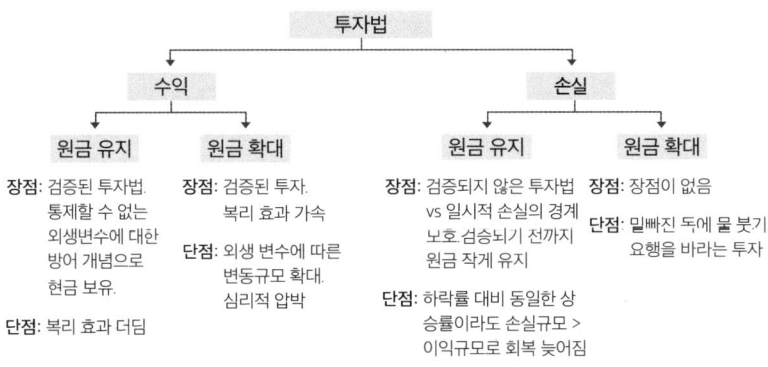

검증된 투자법이라도 원금을 유지하는 전략을 선택한다면, 수익은 고스란히 현금이 됩니다. 자산 전체의 ROE가 낮아지면서 복리 효과는 더딜 수 있지만, 단기 폭락장이 오면 현금이 빛을 발합니다. 좋은 주식이었지만 안전마진이 충분하지 않아 담지 않았던 종목을 살 수 있는 기회가 생기기 때문이죠. 현금 보유 기간에는 ROE가 낮지만, 현금을 사용한 후 최종 ROE는 훨씬 높을 수도 있습니다. 단, 기회가 와야만 맞는 말입니다.

투자법이 검증되지 않았다면, 원금을 확대하는 것은 원금이 줄어들 때마다 보유 현금을 투자에 넣어 지속적으로 물을 타는 행위입니다. 종목 물타기가 아닌 원금 물타기죠. 이 전략은 장점이 없습니다. 밑 빠진 독에 물 붓기로 요행을 바라는 행위일 뿐입니다. 저는 이런 투자는 절대 해서는 안 된다고 봅니다.

투자 손실이 발생하는 경우는 투자법이 검증되지 않은 구조적인 문제인지, 검증된 투자법에서 일시적 손실인지 경계가 모호합니다. 그러나 전체적으로 전자일 가능성이 높다고 보고 검증되기 전까지는 원금 손실 상태로 적게 유지하는 것이 좋습니다. 물론, 후자일 경우 향후 반등장에서 이익 규모가 기존 손실 규모보다 작아서 가슴이 아프겠지만 말입니다.

전 초보 투자자 분들이 손실을 보는 구간에서 수익을 빠르게 복구해 보겠다는 욕심에 투자금을 늘리는 것을 적극적으로 반대하는 편입니다. 투자법이 정립, 검증된 것인지 진지하게 자문해 보는 시간을 가지면 어떨까요? 손실을 봤다는 것은 투자법 때문이든, 현재 장세 때문이든 자신의 스타일이 통하지 않았음을 보여 주는 것입니다. 이런 상황에서 투자금을 확대할 경우, 주가가 다행히 반등하면 손실을 빠르게 만회하겠지만, 혹여 주가가 추가 하락하면 손실 규모는 추가적으로 확대되는 것이죠. 손실 복구의 욕심이 앞서 변동폭을 배가시키는 행위인 것이죠. 실력과 투자금의 규모는 비례하는 것이 상식적입니다. 실력이 없으면 투자금을 줄이고, 실력이 늘어남에 따라 자연스럽게 투자금을 늘리시는 것이 현명한 선택입니다.

직장인으로서 200% 수익을 낸 단순한 비결

이번엔 얼마 전 만난 개인 투자자의 이야기를 해 보겠습니다. 직장을 다니면서도 충분히 수익을 낼 수 있는 원칙을 가진 분이라는 생각이 들어 소개하려 합니다.

이 분은 직장 생활을 오래하셔서 경제적으로 여유가 있고, 업무도 다소 여유가 있습니다. 그래서 많은 직장인과 상황이 동일하다고 하기는 힘들 수 있지만, 그래도 직장에 속해 있어 기업 탐방을 가기 어렵고, 시장에 대한 판단을 할 수 있을 정도의 정보와 실력이 모자라다는 점에서는 일반적인 직장인 투자자와 동일합니다.

이 분이 보유하고 있던 종목이 3배 올랐습니다. 이 종목이 펀더멘털에만 기반해서 상승했다고 보기는 힘들지만, 그럼에도 불구하고 이 분의 투자 원칙과 방법론의 결과라는 점은 분명하기에 생각거리를 던져 줍니다. 이 분의 투자법을 요약하면 "여유 돈+장기 투자+확실한 수익원+리스크 제어"였습니다. 개인 투자자의 원칙에 상당히 부합하죠. 그리고 그 밑바탕에는 세상에 대한 끊임없는 호기심이 있고요.

우선 이 분의 투자 금액은 그렇게 크지 않았습니다. 4,000만 원 정도였는데, 중요한 것은 금액의 크기 아니라 본인의 자금 중에서 이 정도는 정말 없어도 된다는 확실한 여유 돈을 투자했다는 것입니다. 그 돈을 가지고 장기 투자를 기본 원칙으로 삼았습니다. 3년 정도를 보고 은행 이자보다 2배 이상의 수익률이면 만족한다는 생각으로 투자했다고 합니다.

여유가 있었기에 투자 기업도 인내심을 가지고 기다릴 수 있는 기업을 골랐습니다. 매년 꾸준한 현금 유입을 발생시키는 제품을 가진 기업인데, 미래를 위한 R&D 투자를 꽤 하는지를 보고 선택했습니다. R&D 투자가 성공하지 못하더라도 현재보다 기업가치가 훼손되지 않는 그런 기업이었죠. 즉, 콜 옵션 성격의 기업입니다.

다행히 이 기업은 최근 그간의 R&D 투자가 가치를 인정받으면서 주가가 크게 상승했습니다. 3년을 보고 투자를 했는데, 1년이 조금 지난 시점에 주가가 급등하면서 최근 주식을 매도했다고 합니다. 네, 이 부분에서 운도 꽤 작용했다고 생각합니다. 생각보다 빨리 시장에서 R&D의 가치를 평가하기 시작했고, 그 가치평가의 폭도 생각한 것보다 커서 큰 수익이 난 것이죠. 이번은 운이 좋았다고 생각하고, 다음에는 이러지 못할 것이라고 스스로 생각했다고 합니다.

그렇게 판단했기 때문인지 매도하여 수익을 낸 금액은 1년짜리 적금에 넣었다고 합니다. 그리고 기존에 투자했던 원금 4,000만 원을 가지고 다시 비슷한 성격의 기업을 찾고 있습니다. 기존 자금이 확실한 여유 돈이었으니 수익 금액도 여유 돈임에도 불구하고, 자신이 좋아하는 스타일의 종목을 다수 발굴할 자신이 없기 때문에 굳이 리스크를 확대할 필요가 없다고 판단한 듯합니다.

이 사례를 듣고 4,000만 원이라는 소액(?)(전문 투자자의 입장에서 보면 소액입니다……)을 가지고 산 기업의 주가가 운 좋게 급등하여 큰 수익을 낸 경우라고 생각할 수 있습니다. 하지만 전 이 분이 가진 본인만의 원칙이 좋았습니다. '여유 돈과 장기 투자'라는 금전적, 시간적 여유가 충분하기 때문에 투자 기업 선정과 멘탈 측면에서 상당한 이점이 있었습니다. 투자 기업을 선정할 때의 원칙도 '현재 이익흐름이 안정적이면서 미래 추가적인 수익원을 발굴할 수 있는 기업'이라는 점에서 제가 앞에서 소개한 '가치 투자자가 바이오 기업으로 대박난 방법'에서 말한 사례와 유사합니다. 마지막으로 자기 스타일의 한계와 운의 영향을 인지하고, 투자 원금을 확대하지 않고 스스로를 제어하는 모습에서 지속 가능한 투자법이라는 생각이 들었습니다. 사실 이 분은 이번 200% 수익 이외에도 꾸준하게 투자 수익을 내고 있었습니다.

이 분은 경제와 금융에 대한 지식이 해박하지만, 주식 투자를 전문으로 하는 분이 아니라서 세부적인 정보와 방법을 세세하게 알지는 못합니다. 그럼에도 불구하고 이렇게 단순한 원칙으로 꾸준하게 수익을 내고 있다는 것은 시사하는 바가 큽니다. 주식 투자를 하려면 상당히 어려운 사전 지식이 있어야 하고, 세계 경제와 금융의 변화에 발빠르게 대응해야 한다고 생각하는 분들이 많으니까요. 원칙이 단순하더라도 확실한 기회를 잡을 수 있고, 실행 가능하며, 꾸준히 지속된다면 수익을 낼 수 있습니다. 투자는 기본적으로 어렵습니다. 그러나 그렇다고 복잡한 것만은 아닙니다.

아, 그리고 한 가지 더 말씀드릴 것이 있습니다. 이 분이 이렇게 좋은 투자 원칙을 가질 수 있었던 배경에는 독서가 있습니다. 이 분은 출퇴근 시간이 각각 한 시간이 넘습니다. 그 출퇴근 시간과 저녁 등에 짬을 내어 다양한 분야의 책을 읽었습니다. 1년에 100~140권 정도의 책을 읽었다고 하네요. 경제와 금융에 대한 기본 지식과 투자 기업에 대한 통찰력은 이러한 독서가 밑바탕이 되었다고 생각합니다.

오랜만에 개인 투자자 중에서 좋은 원칙을 가지고 있고, 이를 실천하여 투자 수익을 내고 있는 분을 만나 기분이 좋았습니다. 여러분도 투자를 너무 어렵게 생각하지 말고, 단순하더라도 실천 가능한 원칙을 세우는 것에 집중해 보세요. 어렵게 수익을 내든, 단순하게 수익을 내든 결과는 같습니다. 수익을 냈다는 것이 핵심입니다.

주식 초보를 위한 23가지 조언

마지막으로 투자 초보 분들이 기억하면 좋을 원칙들을 소개하겠습니다. 소위 '동학개미운동'이 실패로 끝나지 않기 위해서 조심해야 할 점을 위주로 정리해 보겠습니다.

1. 목표를 명확히 해야 합니다.

단순하게 돈을 벌려고 하기 보다는 왜 주식을 투자하려고 하는지와 여러분이 투자할 자본금, 그 자본금의 연간 기대수익률, 자본금을 가지고 투자할 수 있는 기간 등을 좀 더 구체화해야 합니다. 그러면 그에 맞는 종목군을 선택할 수 있을 것입니다.

2. 자신을 먼저 돌아보세요.

자신을 알지 못한 채 주식시장에 뛰어들면 주식의 변동성과 위험에 놀랄 것입니다. 자신의 성격이 변동성을 참을 수 있는지, 자신의 자산이 위험을 충분히 감당할 수 있는지를 파악하고 투자를 결정해야 합니다. 주식 투자를 힘들어 하는 사람의 상당수가 자신의 성향 및 환경이 주식의 성향 및 환경과 맞지 않아서입니다.

3. 오래 가져갈 돈으로 시작하십시오.

여러분이 생각하는 그 어떤 것보다도 자본의 질이 절대적으로 중요합니다. 자본의 질이 허약하면, 2020년 3월에 있었던 폭락장과 같이 변동성 큰 환경에서 순식간에 퇴출됩니다. 주식은 빨리 팔고 싶거나 팔 수밖에 없는 매도자에게 매수하는 것입니다. 여러분이 팔 수밖에 없는 매도자가 되지 말아야 합니다.

4. 복리의 힘을 믿으세요.

오래 투자할 수 있는 돈을 자본금으로 꾸준히 안정적인 수익률을 낸다면 엄청난 수익을 얻을 수 있습니다. 72의 법칙을 생각하십시오. 연간 12% 수익을 내면, 6년 후 여러분의 돈은 2배가 됩니다. 투자는 결국 복리 수익률을 조금이라도 높이려는 노력일 뿐입니다.

5. 공부할 의지가 없으면 시작도 하지 마십시오.

누가 투자가 쉽다고 했던가요? 투자의 원리는 간단하지만, 실행은 원래 어렵습니다. 좋은 책과 유용한 블로그, 괜찮은 카페와 유튜브를 찾아가십시오. 생각보다 공부할 양이 많아서 깜짝 놀랄 것입니다. 제 서재에는 주식 책만 수백 권입니다.

6. 좋은 책을 여러 번 읽으세요.

초보자들이 가장 많이 하는 실수가 여기저기 좋은 책을 추천받아서 사는 것입니다. 책을 샀는데 자신의 수준과 맞지 않아서 읽지 않는 경우도 허다하고, 허접한 책을 고르는 경우도 많습니다. 검증된 초보용 책들과 고수들이 추천한 스터디셀러들 위주로 여러 번 읽는 것이 훨씬 좋습니다.

7. 반드시 실전 투자를 병행하십시오.

공부를 충분히 한 다음에 투자를 하더라도, 실전에 들어가면 공부와는 다른 심리적 부분이 큰 영향을 미친다는 것을 알게 됩니다. 어느 정도 공부를 한 다음에는 소액으로 투자를 시작하고, 실전에서 공부한 것을 적용해 보며 내 심리가 어떻게 움직이는지를 확인하세요. 버핏이 말하길 "돈이 있는 사람이 경험이 있는 사람과 만나면, 경험이 있는 사람은 돈을 가지게 되고 돈이 있는 사람은 경험을 가지게 된다"고 했습니다. 실전 투자만큼 큰 공부는 없습니다. 그러나 절대 큰 돈으로 시작하지는 마세요. 경험을 쌓는데 너무 큰 대가를 치를 필요는 없습니다.

8. 여러 종목을 기웃거리지 마십시오.

분산 투자는 좋은 전략이지만, 의미 없는 분산 투자는 오히려 독입니다. 여러 종목을 어설프게 아는 것보다 확실히 아는 종목을 몇 개 가져가는 게 낫습니다. 확실히 아는 종목을 먼저 만들고, 그다음에 종목을 넓혀도 늦지 않습니다.

9. 조바심 내지 마세요.

다른 종목은 오르는데 자기 종목은 안 오른다고 좌절하지 않아도 됩니다. 시장이 여러분 만큼 부지런하지 않았을 수도 있습니다. 여러분이 현명하게 종목 선택을 했다면, 결국에는 여러분 차례가 올 것입니다.

10. 우주 초고수가 되기 전까지 레버리지는 쓰지 마십시오.

레버리지는 돈을 빨리 벌고 싶은 여러분의 불타는 마음에 기름을 붓는 것입니다. 화력이 쎄져서 음식을 빨리 맛볼 수 있게 하지만, 자치하면 음식하는 사람을 태워 버릴 수도 있습니다. 레버리지 쓴 후 폭락장 맞아서 퇴출된 사람을 수없이 봤습니다. 우주 초고수가 되어 레버리지를 쓰더라도 항상 감당할 수 있는 수준으로 조금만 쓰는 게 좋습니다.

11. 현금 들고 있는 걸 창피해하지 마십시오.

누군가 인플레이션 시대에 현금 보유는 바보 짓이라고 하면 그런 소리 집어치우라고 하세요. 현금을 들고 있다가 기회가 오면 투자하는 것이 의미 없는 투자보다 훨씬 낫습니다. 세상 일은 아무도 모릅니다. 자신이 알지 못하는 것에 투자하려고 욕심내지 마십시오. 투자를 안 한다고 여러분을 비난할 사람은 없습니다. 모르는 것에 투자하는 것이 더 창피한 것입니다. 모를 때는 현금을 들고 있는 것이 마음이 편합니다. 세상 어떤 것도 여러분의 편안보다 우선할 수 없습니다.

12. 다른 사람과 절대 비교하지 마십시오.

투자는 다른 사람과 승부가 아니라 나 자신과의 승부입니다. 투자는 시장과 싸우는 것이 아니라 시장이 주는 기회를 얻어먹는 것입니다. 다른 사람이 100% 수익이 나더라도, 사실 10% 수익도 작지 않습니다. 다른 사람과 비교하는 순간 여러분의 투자 철학과 방법론이 무너질 수 있습니다.

13. 좋은 스터디 그룹을 만나세요.

위에서 말했지만, 주식 투자를 하려면 공부할 것이 많습니다. 스터디 그룹은 그 공부를 도와줄 수 있습니다. 스터디 그룹이 아니라면, 믿을 수 있는 조언자를 찾으세요. 그렇다고 너무 여러 군데 스터디 그룹 만나서 시간 낭비하지는 마시고요. 생각보다 시간이 많이 소요됩니다. 처음에 여기저기 가 보고, 마음이 맞는 팀원들 만나서 오래 가는 것이 낫습니다.

14. 여러분에게 뭔가 팔려는 사람을 조심하세요.

주식 이야기를 할 때, 사람들은 대부분 자기가 가진 종목을 선전하려고 합니다. 더 많은 사람이 자신이 보유한 종목을 매수하려고 해야 주가가 올라가고, 그래야 자신이 돈을 번다는 것을 알기 때문입니다. IR의 말도 걸러서 들으세요. IR 중 진실한 사람이 많지만, 기본적으로 자기 회사를 나쁘게 말하는 사람은 없습니다. 의견을 구하고 싶으면 그 분야에 전문가를 찾으세요. 그 전문가가 주식을 하지 않는 사람이면 더욱 좋습니다.

15. 자신의 투자 종목에 대해 이야기하지 마세요.

자신이 어디에 투자했는지 이야기를 하는 순간, 여러분의 행동에 제약이 생깁니다. 자신이 믿었던 것이 틀렸다고 판명 났는데도, 뱉어 놓은 말이 있어서 의사 판단을 과감하게 하지 못하는 경우도 많습니다. 스터디 그룹이나 지인 중 그런 부담이 없는 사람과만 종목 대화를 하는 것이 좋습니다.

16. 처음부터 모든 걸 배우려고 하지 마세요.

주식 투자하려고 회계를 공부하고, 재무제표 분석을 배우고, 가치 평가 방법도 보려면, 시간도 많이 걸리고 중간에 지치는 경우가 많습니다. 투자 실력은 공부-투자-피드백-공부의 순환 과정을 통해 늘어납니다. 그 과정에서 재미를 느끼지 못하면 포기하게 됩니다. 천천히 하세요. 자신이 공부한 수준에 맞춰 투자금을 키우면 됩니다.

17. 현명하게 자료를 찾으세요.

매수하기로 마음먹고 그에 맞는 자료를 찾지 마세요. 다른 사람의 의견이 적힌 자료보다는 사업보고서와 같은 객관적인 자료부터 보세요. 다른 사람의 의견은 관점 비교 차원에서 보는 것이 좋습니다. 객관적인 시각에서 찾거나 아니면 내 의견에 반하는 자료를 살펴보는 것에 더 신경쓰세요.

18. 분할 매매하는 것이 좋습니다.

자신이 매수한 후 더 하락하고, 매도한 후 더 상승하는 경우가 허다합니다. 분할 매매해야 후회하지 않습니다. 한 번에 지르면 그 이후의 상황을 유리하게 가져갈 수 없습니다. 꼭지에서 매도할 수 없고 바닥에서 매수할 수 없습니다. 꼭지와 바닥에서 거래할 수 있는 사람이 여러분이라고 과신하지 마세요. 모두가 변곡점에서 매매하고 싶어하지만 늘 변곡점에서 매매하는 사람은 늘 소수입니다. 그 소수도 운이 좋은 것뿐입니다.

19. 주식을 자주 보지 마세요.

이건 아마 초보자에게 가장 힘든 일일 것입니다. 여러분이 주식을 보고 있다고 주식이 여러분의 마음대로 움직이지 않습니다. 주식을 안 보고 있다고 여러분이 매매할 기회를 놓치는 것이 아닙니다. 돌아보면 안 보고 있었기 때문에 더 큰 수익을 낸 경우도 허다합니다. 자주 보면 정들고, 정들면 편견이 생깁니다. 자주 보면 주가의 깜빡임이 여러분의 마음을 흔들 것이고, 그 흔들림이 여러분의 계좌 수익률도 흔들 것입니다.

20. 투자 일지를 써 보면 도움이 됩니다.

투자 일지라고 거창한 거 없습니다. 간단히 써도 됩니다. 블로그에 정리하거나 엑셀에 투자 아이디어와 매매 판단 기준을 쓰세요. 그리고 복기하세요. 실수를 통해 배우는 데 큰 도움이 됩니다.

21. 원칙을 고수하세요.

투자를 해 나가면서 자신만의 원칙이 만들어질 것입니다. 그 원칙을 준수하려고 노력하세요. 어느 시점에 원칙을 벗어난 행동을 해서 이익이 날 것 같아 보이는 경우도 생길 것입니다. 하지만 욕심이 원칙을 넘어설 때 위험한 것입니다. 원칙을 벗어나 한두 번 이익이 나도 결국 그런 일탈이 습관이 되어 원칙이 무너지게 될 것이고, 비상 상황에서 여러분에게 큰 위험으로 되돌아올 것입니다.

22. 세상에 관심을 가지세요.

주식 투자는 세상을 이해하는 데서 출발합니다. 누군가가 어떤 것을 필요로 하고, 그 필요를 충족시킬 수 있는 사람이 돈을 버는 것이 자본주의입니다. 필요와 가능성을 눈여겨보세요. 신문을 보고, 책을 읽으세요. 그냥 돌아다니지 말고 어떤 브랜드가 뜨는지, 집 주변에 어떤 가게가 생기고 망하는지 지켜보세요. 세상이 어떻게 돌아가는지 통찰하는 눈이 생길 것입니다.

23. 무엇보다 자신을 믿으세요.

자신은 성공적인 투자자가 될 수 있다고 믿으셔야 합니다. 그런 믿음이 없다면 주식 시장의 변동성을 헤쳐 나갈 수 없습니다. 성공적인 투자자가 되기 위해서는 자신과 자신의 투자 결정을 믿어야 합니다. 부자는 늘 고독한 소수라는 것을 명심하세요.

에필로그

제 아들은 축구에 푹 빠져 있습니다. 아들이 속한 축구 클럽에서는 가끔 주말에 다른 클럽과 경기를 합니다. 어느 토요일 시합에서는 넉넉한 점수 차로 상대 팀을 이겼는데, 그 다음 일요일 시합에서는 엄청난 대패를 당했습니다. 토요일 시합의 상대 팀이 한 수 아래였다면, 일요일 시합의 상대 팀은 시에서 알아주는 강팀이었다고 합니다.

아들이 속한 팀에는 에이스 공격수가 있습니다. 그 친구의 아버지가 프로 축구 선수였기 때문에 어릴 때부터 축구를 해 왔다고 합니다. 이 친구의 놀라운 개인기를 바탕으로 팀은 승승장구했습니다. 마음이 아프지만, 제 아들을 포함한 나머지 아이들의 기량은 그 친구보다는 떨어지는 편입니다. 즉, 아들 축구 팀은 원맨 팀이라고 할 수 있습니다. 물론 이는 제 개인적인 판단입니다.

그동안은 이 에이스 친구의 놀라운 공격력 덕분에 팀이 나름대로 실력을 인정받았습니다. 나머지 선수들이 크게 실수만 하지 않으면 에이스인 선수가 상대 팀을 휘저으면서 공간을 찾고 골을 넣는 패턴으로 말이죠. 그런데 일요일 경기의 상대 팀은 대부분의 팀원이 보통 이상의 기량을 갖추고 있었습니다. 상대 팀이 조직력을 바탕으로 아들 팀의 에이스를 집중 마크했고, 그와 동시에 공격을 하니 에이스를 제외한 나머지 선수들은 우왕좌왕하는 모습이 많이 보였습니다. 당연히 결과는 대패였죠.

무엇이 문제였을까요? 에이스 선수의 아버지가 옆에서 한 말씀하시더라고요. "잘 보셨죠? 저게 기본기의 차이예요. 상대 팀 아이들은 대부분 기본기가 잘 되어 있어서 평균 이상의 실력을 갖추고 있어요. 반면 우리 팀 아이들은 공이 오면 당황하죠. 공 컨트롤이 안 되고, 패스 실수가 나오고, 후반에는 체력도 달려요. 기본기가 약한 팀은 조금만 강한 팀을 만나면 저렇게 돼요"라고 말이죠. 절로 고개가 끄덕여지더군요.

아마추어 축구라는 게 그렇습니다. 누가 잘 하느냐보다는 누가 실수를 안 하느냐의 싸움입니다. 실수를 안 하기 위해서는 기본기가 중요합니다. 기본기가 잘 갖추어져 있어야 상대편의 다양한 전술에 대응할 수 있죠.

축구만 그럴까요? 투자도 마찬가지입니다. 투자의 기본기를 갖추지 못하면 조금만 어려운 장이 와도 갈피를 못 잡고 우왕좌왕 당황하게 됩니다. 상승장에 올라탄 사람은 누구라도 돈을 법니다. 주식을 거래할 줄 알고 대강의 종목을 발견하고 분석할 수 있으면, 대체로 수익을 냅니다. 약간의 지식과 방향성만 맞추면 순풍을 타면서 돈을 버는 것이죠. 이때는 사실 운의 비중이 높은 편인데, 자신의 실력이 뛰어난 줄 착각하기 시작합니다.

그런데 투자의 기본기가 부족하면 변동기와 하락기에 큰 손실이 발생합니다. 변동기에는 상승장에서 겪어보지 못한 다양한 호재, 악재, 소음이 정신없이 터져 나오고, 이에 어떻게 대처해야 할지 모릅니다. 상승기에 좋던 운이 더 이상 통하지 않고, 상승기의 달콤함에 취했던 사람은 조급해서 빈번하게 매매를 시도하다가 손실을 봅니다. 기본기에 충실하게 종목 선정을 해서 시장에 남아서 견딜 수 있거나, 아니면 시장 변동기에 재빠르게 떠날 수 있어야 하는데, 이도 저도 아니게 됩니다. 상승장에 100% 수익을 내도, 하락장에 50% 손실이 나면 결국 본전입니다. 오히려 심적 고통은 클 수 있습니다.

그런데 투자의 기본기란 무엇일까요? 투자가 무엇인지 이해하는 것, 건강한 투자 철학을 갖추는 것, 좋은 기업을 선택할 수 있는 기본 지식을 공부하는 것, 외부 소음에 흔들리지 않는 마음가짐입니다. 이런 기본기는 한두 권의 책을 읽고 강의를 듣는다고 갖추어지는 것이 아닙니다. 끊임없이 갈고 닦아야 합니다. 매일매일 좋은 책을 보고, 좋은 자료를 읽고, 좋은 대화를 해야 합니다. 매일매일 정신 트레이닝을 하고, 마음을 비우는 연습도 필요합니다. 본인이 직접 할 수 있으면 좋고, 좋은 투자 동료가 있으면 금상첨화입니다.

아들은 축구 시합 대패로 많은 것을 깨달았습니다. 요즘 기본기 운동을 강화하고 있습니다. 평소에는 지루하고 힘들어 하던 운동을 자발적으로 하고 있습니다. 그 모습을 보니 나는 투자의 기본기를 갈고 닦고 있는지 반성하게 되더라고요. 저 같은 투자 전문가도 각종 정보의 홍수 속에 있다보면 종종 기본기의 중요성을 잊습니다. 이번에 이 책을 쓰면서 마음을 다잡는 기회로 삼았습니다.

아무쪼록 이 책을 선택하신 분들의 선택이 틀리지 않았길 바랍니다. 이 책을 읽었다고 당장 주식 고수가 되지는 않겠지만, 최소한 기본기를 갖출 수 있는 방향이 무엇인지 알게 되셨다면 기쁠 것 같습니다. 여러분의 투자 인생에 밝은 미래가 펼쳐지길 기원합니다.

이 책에서 소개한 추천 도서 목록

1.

막스 귄터 지음, 『스위스 은행가가 가르쳐주는 돈의 원리 The Zurich Axioms』, 송기동 옮김, 북스넛(2006)

- 뛰어난 은행가이자 투자자를 아버지로 둔 한 은행가가 저술한 책입니다. 12가지 돈의 원리와 16가지 보조 원리를 소개하는데, 투자의 기본 철학을 다는데 큰 도움이 됩니다.

2.

테드 윌리엄스 지음, 『타격의 과학 The Science of Hitting』, 김은식 옮김, 이상미디어(2011)

- 전설적인 야구 선수가 1939년부터 1960년까지 평균 타율 0.344를 기록할 수 있었던 비결을 정리한 책입니다. 이 책에서 소개하는 '능력 범위'의 개념을 잘 이해할 수 있는 내용이 담겨 있습니다.

3.

필립 피셔 지음, 『위대한 기업에 투자하라 Common Stocks And Uncommon Profits and Other Writings』, 박정태 옮김, 굿모닝 북스(2005)

- 가치 투자 중에서도 성장 집중 투자로 이름을 날린 대가의 투자

철학을 담은 책입니다. 투자 철학뿐 아니라 실무에 도움이 되는 내용이 많은데, 특히 장기 성장하는 기업을 발굴할 때 파악해야 할 내용이 잘 정리되어 있습니다.

4.

크리스토퍼 메이어 지음, 『100배 주식100 Baggers』, 송선재 옮김, 워터베어프레스(2019)

- 정말 좋은 주식을 골라서 큰 수익을 내기 위해서 점검해야 할 것들을 정리한 책입니다. 한정된 시간과 자원이 한정된 투자자, 즉 일반 투자자 입장에서 참고할 만한 원리, 철학, 실무에 대한 내용이 많습니다.

5.

트렌 그리핀 지음, 『찰리 멍거Charlie Munger』, 홍유숙 옮김, 처음북스(2015)

- 워런 버핏의 영원한 파트너 찰리 멍거의 가치 투자 철학을 담은 책입니다. 이 책에서 소개한 '경제적 해자'의 요소를 다섯 가지로 나누어 이해하기 쉽게 소개하는 등, 가치 투자를 위해 이해해야 할 개념들이 잘 설명되어 있습니다.

6.

팻 도시 지음, 『경제적 해자The Little Book That Builds Wealth』, 전광수 옮김, 리더앤리더(2009)

- 주식 리서치 전문가가 일반인도 알기 쉽게 경제적 해자를 설명한

책입니다. 여기서 제시하는 기준은 찰리 멍거의 기준과 비슷하지만, 더 친절하고 구체적으로 이야기를 합니다.

7.

윌리엄 손다이크 지음,『현금의 재발견 The Outsiders』, 이혜경 옮김, 마인드빌딩(2019)
- 자본 배분에 뛰어났던 CEO 8명의 경영 전략에 관한 책입니다. 2012년 워런 버핏이 주주서한을 통해 강하게 추천한 책이며, 경영자가 기업 가치에 얼마나 큰 영향을 주는지 알 수 있습니다.

8.

이은원 지음,『워런 버핏처럼 적정주가 구하는 법』, 부크온(2016)
- 실무적인 차원에서 워런 버핏이 어떻게 가치평가를 했는지 그의 철학을 기반으로 설명한 책입니다. 워런 버핏의 투자 철학을 따라 하고 싶어하는 많은 투자자들에게 큰 도움이 될 것입니다.

9.

팻 도시 지음,『모닝스타 성공투자 5원칙 The Five Rules for Successful Stock Investing』, 조영로·조성숙 옮김, 이콘(2006)
- 앞서 소개한『경제적 해자』의 저자가 벤저민 그레이엄과 워런 버핏의 투자 철학을 5가지의 투자 원칙으로 정리한 책입니다. 가치평가에 관한 부분이 충실해 보조 자료로 참고하기 좋습니다.